Yushin Ra
Der Unernst des Kitsches

Edition Moderne Postmoderne

Yushin Ra (Dr. phil.), geb. 1969, hat an der Seoul National University Ästhetik studiert und an der Freien Universität zu Berlin im Fach Philosophie promoviert.

Yushin Ra

Der Unernst des Kitsches

Die Ästhetik des laxen Blicks auf die Welt

[transcript]

Das vorliegende Werk wurde als Dissertation an der Freien Universität Berlin angenommen.

Bibliografische Information der Deutschen Nationalbibliothek
Die Deutsche Nationalbibliothek verzeichnet diese Publikation in der Deutschen Nationalbibliografie; detaillierte bibliografische Daten sind im Internet über http://dnb.d-nb.de abrufbar.

Umschlaggestaltung: Kordula Röckenhaus, Bielefeld
Korrektorat: Tanja Jentsch
Printed in Germany
Print-ISBN 978-3-8376-3551-5
PDF-ISBN 978-3-8394-3551-9

Gedruckt auf alterungsbeständigem Papier mit chlorfrei gebleichtem Zellstoff.
Besuchen Sie uns im Internet: *http://www.transcript-verlag.de*
Bitte fordern Sie unser Gesamtverzeichnis und andere Broschüren an unter: *info@transcript-verlag.de*

Inhalt

Danksagung

Mein großer Dank gilt zunächst Prof. Dr. Gunter Gebauer, der meine Arbeit nicht nur mit hilfreichen inhaltlichen Diskussionen und konstruktiver Kritik, sondern auch mit großer wissenschaftlicher und sozialer Offenheit betreut und unterstützt hat. Ohne seine Ermutigungen und Anregungen hätte ich das anfangs vage Thema nicht in eine Dissertationsschrift in der vorliegenden Form umsetzen können.

Ich danke auch meinen Kollegen aus den Kolloquien für die kreative und freundschaftliche Arbeitsatmosphäre, die meiner Arbeit sehr zugute kam.

Von Herzen bedanken möchte mich bei meinen Eltern.

Abschließend möchte ich mich bei Dr. Boris Friele bedanken für seine große Unterstützung. Ohne seine Motivation und persönlichen und fachlichen Gespräche hätte ich diese Arbeit nicht abschließen können.

Einführung

Bereits seit geraumer Zeit beschäftigen sich Wissenschaftler[1] intensiv mit dem Begriff Kitsch. Die einen wollen den „koboldhaften" Kitsch mit einem Begriff erfassen, andere führen Vorwürfe gegen ihn ins Feld, wieder andere verteidigen ihn. Kitsch wurde sogar schon als progressives Ausdrucksmittel gehandelt. Allmählich scheint der Kitsch überall in die Kultur eingedrungen, sich dort ausgebreitet und etabliert zu haben. Er ist sozusagen trivialisiert. Hinzu kommen die Importe aus der asiatischen Kultur, in der man anscheinend kein schlechtes Gewissen bezüglich offensichtlichen Kitsch hat.

Vor diesem Hintergrund stellt sich die Frage, warum nun abermals mit dieser Arbeit ein Diskurs um das Thema Kitsch geführt werden soll. Der Grund dafür ist zunächst einmal, dass Kitsch in der Gegenwart trotz aller Kritik und Häme quantitativ zunimmt und tief in die Kultur eingedrungen ist. Das wesentliche Motiv liegt jedoch in der m.E. gegebenen Notwendigkeit, die ästhetische Konnotation des Kitsches neu zu evaluieren und zu explizieren.

Bisherige Forschungen zu Kitsch beschäftigten sich meist mit der Erläuterung des Begriffs, also was Kitsch ist, und versuchen, einen Maßstab dafür zu finden. Man interessiert sich immer wieder für die Feststellung, dass der gute Geschmack sich vom schlechten unterscheiden lässt und der erste dem letzten in der Tat überlegend ist. Diese Motivation spiegelt die übliche Ansicht wider, dass Kitsch einen niedrigen Wert hat. Gewiss ist dies nicht ganz unbegründet, gerade mit Blick auf die Begriffsgeschichte: Zwar gibt es keine einheitliche etymologische Erklärung von „Kitsch", aber nach allgemeiner Auffassung sei das Wort „Kitsch" entstanden, um in einer kurzen Zeit und für kommerzielle Zwecke schnell produzierte Bilder pejorativ zu deklarieren.

Es gab seitdem nicht wenige Diskurse um Kitsch, aber das Verständnis desselben hat sich insofern kaum geändert, als man sich dem Kitsch zunächst unter dem Gesichtspunkt des Werturteils nähert. So befassen sich viele Forschungen zu Kitsch in dem Bereich der Kunst bzw. Ästhetik und der Soziologie tatsächlich mit der Frage, wie schädlich er sei; und auch sofern sie sich mit

---

1 | Mit Nennung der männlichen Funktionsbezeichnung ist in diesem Buch, sofern nicht anders gekennzeichnet, immer auch die weibliche Form mitgemeint.

verhältnismäßig neutralen Fragestellungen beschäftigen, wie etwa der, worin die Gründe für das Auftauchen des Kitsches und die Vorliebe dazu liegen, weicht die unterschwellige Tonart nicht sehr davon ab. Man fragt etwa, warum man wohl gerne zu so etwas Schlechtem wie Kitsch greift.

Der Kitsch wird als ein Mangel gegenüber der Kunst betrachtet. Das heißt, die Kunst und der Kitsch werden am selben Kriterium gemessen, wobei Letzterem die entscheidenden Eigenschaften der Kunst fehlen würden. In dieser Herangehensweise ist der Kitsch kaum als ein ernsthafter ästhetischer Begriff akzeptiert. Entzieht man ihn jedoch dem üblichen, werturteilenden Blick und betrachtet ihn aus einer anderen Perspektive, kann man auch etwas anderes über ihn – und von ihm – erfahren. Er zeigt sich dann nicht mehr nur als ein passiver Mangel an gutem Geschmack, sondern als ein aktiver Ausdruck eines eigenständigen ästhetischen Gefühls.

Um dies zu begründen, hilft es, einige Aspekte eingehender zu betrachten. So ist zunächst auf die Anwendung des Worts Kitsch als ein Geschmacksurteil einzugehen, um gegenüber einem Objekt das Gefühl eines Subjekts auszudrücken. Der Kitsch wird bislang nur aus dem Blickwinkel einer pejorativen Bezeichnung gesehen, um etwas Abstoßendes auszudrücken. Es ist jedoch im Laufe der Zeit zu beobachten, dass er in seiner praktischen Anwendung mehr als die Konnotation „das ist schlecht" oder „das ist ein schlechter Geschmack" aufweist. Das Geschmacksurteil „das ist Kitsch" verweist auf mehrere verschiedene Einstellungen. So ist in der gegenwärtig nicht selten zu sehen, dass man den Kitsch gerne mag, obwohl man weiß, dass es Kitsch ist. In der herkömmlichen Ansicht kann dieser Fall allenfalls exzentrisch oder rebellisch daherkommen, wobei die Sichtweise unverändert bleibt, dass Kitsch nur unter dem Gesichtspunkt des Werturteils und des Mangels gesehen wird. Diese Auffassung der Sache ist jedoch zu einfach und es gilt, das Geschmacksurteil „das ist Kitsch!" zu differenzieren. Folgende Fragen sind deshalb zu stellen: Was für ein Gefühl ist es, wenn man sagt „das ist Kitsch!"? Wie kann das Gefühl differenziert erfasst werden? Und kann der Kitsch als ein Beurteilungsprädikat ein Gefühl zum Ausdruck bringen, das sich auf eine bestimmte (von anderen zu unterscheidende) Sensibilität bezieht?

Der (Begriff) Kitsch kann auch als eine Geschmacksart mit eigenständiger Bedeutung angesehen werden, die sich durch spezifische Eigenschaften auszeichnet. Hier geht es nicht um ein subjektives Gefühl gegenüber einem Objekt, sondern eine ästhetische Richtung, über die man auf einem relativ objektiven Niveau diskutieren kann. Wie bereits gesagt ist es nach konventionellen Maßstäben eher ungewöhnlich, Kitsch als einen eigenständigen Geschmack anzuerkennen. Zumindest in der Praxis lässt sich diesbezüglich aber eine Wandlung oder Verschiebung erkennen. Der Begriff wird nicht mehr nur auf die Kunstszene beschränkt verwendet, sondern wird auch in anderen Bezügen wie bei Gebrauchsgegenständen, der Dekoration, der populären Kultur usw. gebraucht. Dabei ist auffällig, dass der Kitsch fast wie eine neutrale Bezeichnung daherkommt, mit der eine bestimmte ästhetische Tendenz benannt wird. Wenn man jemanden sagen hört, dass eine Wohnung voll kitschig eingerichtet sei, dann kann man sich einigermaßen vorstellen – es gibt konkret natürlich unzählige Möglichkeiten – wie sie aussieht; und man kann davon absehen, ob man der Meinung ist, dass die Wohnungseinrichtung von schlechtem Geschmack zeugt oder nicht. Daran ist zu erkennen, dass sich der Begriff Kitsch nicht nur zum Werturteil, sondern zum Verweisen auf bestimmte ästhetische Merkmale wandelt. Es kann sogar von einem „Kitschstil" geredet werden.[2] Die praktische Anwendung eines Begriffs soll aber, wenn er im Rahmen der Wissenschaft behandelt werden will, auch auf einer theoretischen Ebene gerechtfertigt werden können. Die Frage ist also: Wie kann man eine neutrale Anwendung des Begriffs theoretisch zur Geltung bringen?

Die Antworten auf diese Fragen bilden die Basis alle für weiteren Schritte leiten zunächst zum der Diskurs der nächsten Frage über: Was ist denn das Eigenständige am Kitsch? Dazu wird unter anderem auf seinen unernsten Charakter hingewiesen. Der Kitsch ist unernst. Aus dieser Ansicht heraus entspringen zahlreiche zu beantwortende Fragen, unter anderem: Was ist hier mit „unernst" gemeint? Dieser Frage wird sich sprachwissenschaftlich genähert und zunächst erkundet, was es in einer natürlichen Sprachumgebung heißt, dass etwas unernst ist. Weiter ist anschließend zu fragen, was es im Bereich der Kunst bedeutet. Und schließlich wird das Ergebnis dieser beiden Fälle auf den Kitsch angewandt, um zu erkennen, was es heißt, dass Kitsch nicht ernst ist.

Es sei an dieser Stelle bereits gesagt, dass dabei jedoch auch zu erkennen sein wird, dass sich der Unernst nicht allein über sprachliche Differenzierung erschließen lässt. Eine sachgerechte E Aspekt auf (siehe dazu rläuterung verlangt außerdem eine kommunikationstheoretische Perspektive, in der man die pragmatische Wirkung einer Aussage mit erkennt. So werden sowohl das Geschmacksurteil „das ist Kitsch" als auch das Merkmal „Kitsch ist nicht ernst" unter diesem Gesichtspunkt abermals erörtert. Für das Geschmacksurteil ermöglicht es die kommunikationstheoretische Annäherung, die Frage nach dem Inhalt (was „Das ist Kitsch" heißt) aufzuwerfen sowie eine Analyse der hintergründigen Motivation für diesen Akt (zu äußern: „Das ist Kitsch") anzugehen. Deshalb ist zu fragen: Warum äußert der Rezipient dies, anstatt zu schweigen? Was besagt es, wenn er die Handlung des Äußerns vollzieht? Dabei lassen sich die bislang nicht ausreichend beachteten (und geachteten) Implikationen der Aussage „Das ist Kitsch!" zu Tage fördern und mithin bestimmte Einstellungen der Rezipienten feiner unterscheiden. Bezüglich des behaupteten Unernsts des Kitsches erlaubt die kommunikationstheoretische Herangehensweise anhand prototypischer Beispiele aufzuzeigen, dass der

2 | N. Elias: Kitschstill und Kitschzeitalter, Münster 2004.

Kitsch unernst ist, und eine Analyse nach der Art und Weise dieses Unernsts zu vertiefen. Dabei ist die letzte Frage besonders wichtig. Die Einzigartigkeit des Unernsts des Kitsches zeigt sich unter anderem deutlicher im Vergleich mit der Ironie, dem Spiel oder der Lüge. Kitsch ist nicht so unernst wie die Ironie, bei der man absichtlich anderes sagt, als man eigentlich meint. Der Kitsch ist auch nicht in derselben Weise unernst wie ein Spiel, dessen Unernst etwa so auf den Punkt gebracht werden kann: „Was im Rahmen des Spiels geschieht, ist nicht ernst." Der Kitsch ist auch nicht in der Art unernst, wie es eine Lüge ist, bei der es sich um die Intention der Täuschung handelt. Wie ist er dann unernst? Das ist eine der Leitfragen dieser Arbeit.

Die Kommunikationstheorie von Gregory Bateson bietet einen Weg für weitere Überlegung an. Bateson befasst sich mit der Metaebene der Kommunikation. Dieser Begriff ermöglicht es, sogar jemandem oder einer Sache, eine Aussage zu unterstellen, der/die im Vordergrund etwas anderes äußert oder gar nichts artikuliert. Die Art und Weise des Unernsten des Kitsches lässt sich erst mit diesem Begriff adäquat erfassen. Denn der Kitsch äußert selber nicht „das ist nicht im Ernst gemeint". Man kann hier zu eilig zu dem Schluss gelangen, dass das alles ja eine Interpretationssache ist, es also eine Angelegenheit des Rezipienten sei zu befinden, ob eine (kitschige) Sache im Ernst oder als Unernst aufzufassen sei. Dieser Schluss scheint jedoch zu allgemein und zu undifferenziert. Es scheint eher so, dass der Kitsch tatsächlich bereits etwas sagt, wenngleich nicht auf die Weise, wie ein als autonom angenommenes Subjekt etwas mit vollem Bewusstsein sagt. Der Kitsch sagt dabei nie, dass er unernst sei und lässt keinerlei Intention erkennen zu signalisieren, dass etwas „nicht im Ernst gemeint" sei. Man könnte sogar sagen, dass er ernst sei, wenn man nur daran denkt, dass er nicht spielerisch ist.

Dies erfordert eine weitergehende Klärung. Die kitschigen Gebrauchsgegenstände weisen einen spielerischen Aspekt auf (siehe dazu *Kapitel 4*, „Der Unernst des Kitsches: Der Unernst der Disney-Kuckucksuhr"). Dieser zeigt sich zum Bespiel in Form von Disneyfiguren auf einer Uhr oder in einem Bismarckkopf auf einem Bierkrug. Es scheint dabei ein Widerspruch zu entstehen zwischen den Aussagen „der Kitsch ist spielerisch" und „der Kitsch ist nicht spielerisch". Ein Teil des Problems lässt sich klären, wenn die Bedeutung „spielerisch" weiter differenziert wird. Zum einen bedeutet „spielerisch" eine leichtsinnige, ambige Haltung, die man absichtlich einnimmt. Diese Bedeutung schließt an die Ironie an. Es ist in diesem Fall vorstellbar, dass man mit dieser Haltung (aus welcher Motivation auch immer) etwas nicht so sagt, wie man es eigentlich meint. Zum anderen bedeutet es eine Handlung, die sich zum Spaß wie im Spiel vollzieht. Hier ist weniger von einer gezielten Haltung als von Leichtigkeit die Rede. Hinsichtlich dieser Unterscheidung gesehen lässt sich sagen, dass der Kitsch nicht spielerisch ist, nicht in der Weise der ambiguen Haltung mit deren Intention spielerisch ist. Aus einem anderen

Blickwinkel jedoch lässt sich sagen, dass der Kitsch durchaus spielerisch ist, wenn die Bedeutung von „spielerisch" auf die Leichtigkeit bezogen wird, die das Spielen ausmacht. Der spielerische Aspekt des Kitsches findet sich hier also in einer kindlich oder auch kindisch lockeren Einstellung.

Wenn dies auf das Merkmal des Kitsches, also nicht ernst zu sein, bezogen wird, ist der Kitsch ernst, insofern er absichtlich keine ambige Haltung einnimmt. Doch kann man zugleich sagen, dass er auch unernst ist, insofern er nur locker und spielerisch wirkt.

Damit ist jedoch das Problem noch nicht gelöst. Ist der Kitsch in der Tat nur im Sinne der Leichtigkeit spielerisch? Soll das Merkmal des Unernstes dementsprechend nur so gedeutet werden, dass er naiv spielerisch ist? Wenn konstatiert wird, dass der Kitsch unernst ist, soll in der Tat nicht nur dieser Aspekt auswiesen werden. Der Kitsch ist noch in jener anderen Weise spielerisch, bei der man nicht das sagt, was man eigentlich meint. Wie sind all diese Facetten, oder gar aufscheinenden Widersprüche zu sortieren, wie sind sie aufzulösen? Der Kitsch ist naiv-spielerisch und geht zugleich spielerisch mit der Aufrichtigkeit seiner Aussage um. Ferner lässt sich sagen, dass der Kitsch vermittelt, dass er alles nicht im Ernst meine, obwohl doch zugleich etwas mutmaßlich Gegenteiliges behauptet wird.Auf den ersten Blick scheint es sich dabei wie bei der Ironie zu verhalten, wenn der Kitsch in solcher Weise nicht ernst ist, als dass man etwas anders sagt, als man eigentlich meint. Jedoch ist ein entscheidender Unterschied zwischen dem spielerischen Charakter des Kitsches und der Ironie, dass Ersterer anders als Letzterer nicht die Intention ausweist, die Nachricht zu vermitteln „das ist nicht im Ernst gemeint". So erscheint an dieser Stelle der Widerspruch des Unernstes des Kitsches am deutlichsten, dass der Kitsch trotz der fehlenden Intention die Nachricht vermittelt „das ist nicht im Ernst gemeint". Wie ist es dann aber möglich, ohne Intention der Vermittlung der Nachricht diese doch zu vermitteln? Der Kommunikationstheorie Batesons folgend, kann dieselbe aus verschiedenen Blickwinkeln betrachtet werden und ist dementsprechend jeweils anders zu verstehen. So kann das Verhalten eines Schimpansen einerseits als ein Zwicken in einem Angriff gesehen werden, aber auf der Metaebene als ein Spiel gedeutet werden. Das Verhalten wird also je nachdem von welcher Seite (Ebene) man es betrachtet, anders gedeutet. Obwohl der Schimpanse mit der Handlung etwas anderes als einen Angriff, als der sie ‚an der Oberfläche' erscheint, vollzieh, ist es verfehlt, wenn man ihn der Kategorie Ironie zuordnet. Das Verhältnis seiner „wirklichen" Intention zum Verhalten ‚an der Oberfläche' lässt sich vielmehr mit Batesons Begriff der Metaebene deuten.

Überträgt man diesen Gedankengang auf das Thema Kitsch anwenden, so kann dieser an der Oberfläche nur als naiv-spielerisch gedeutet werden. Auf dieser Ebene ist eine Intention, dass die Nachricht „das ist nicht im Ernst gemeint" vermittelt werden soll, nicht erkennbar. Betrachtet man jedoch seine „naive" spielerische Haltung auf der Metaebene daraufhin, was er mit seiner spezifischen spielerischen Haltung sagen will, ist erkennbar, dass er die Nachricht vermittelt „das ist doch nicht im Ernst gemeint". Kurz gesagt: Die „naive" spielerische Haltung des Kitsches ist die Metaebene, auf der er mitteilt, dass er es nicht im Ernst meint. Diese Art und Weise des Unernsten macht die Einzigartigkeit des Kitsches aus. Dies wird in *Kapitel 4* und *Kapitel 5* noch ausführlich erörtert.

Als letztes ist an dieser Stelle anzumerken, dass der Unernst des Kitsches unter einem philosophischen Gesichtspunkt betrachtet wird. Was ist der Sinn des Unernstes des Kitsches?

Diese Frage basiert ihrerseits auf einigen kulturwissenschaftlichen und ästhetischen Voraussetzungen.

Zunächst ist davon auszugehen, dass ein ästhetischer Ausdruck ein Austausch zwischen einem Subjekt und der Welt ist. Somit kann er nicht nur das Ergebnis sein, das sich aus den äußeren Bedingungen ergibt, sondern ist als ein von den schöpferischen Erzeugern bzw. den Rezipienten bewusst oder unbewusst gewählter „Ausdruck" zu sehen. Die Menschen drücken ihre Emotionen bzw. ihre Mentalität mit bestimmten Mitteln aus, wobei gewöhnlich angenommen wird, dass dies aus einer Absicht heraus geschieht. In der Regel kann man erklären, was und warum man etwas ausdrücken will. Oft geschieht dies aber auch nur aus einem „Ausdrucksimpuls" heraus, ohne eine bestimmte Vorstellung davon, was und warum man dieses oder jenes ausdrücken will.[3] Auch in diesem Fall ist der Ausdruck aber nicht beliebig, sondern auf einen bestimmten Grund zurückzuführen, auch wenn mitunter schwer zu ermitteln ist, welcher Grund das ist. Der Mensch wählt eine bestimmte Ausdrucksweise für sein Anliegen, um es ästhetisch auszudrücken.Das Empfinden, was schön ist und was nicht, entsteht also nicht durch die einseitige Wirkung von Subjekt oder Objekt. Es ist auch nicht die Folge subjektiver sinnlicher Eindrücke. Was die Schönheit eines Gegenstands ausmacht bzw. welchen Gegenstand ein Rezipient schön findet, beruht letztlich mehr darauf, welche geistige Haltung ein Individuum gegenüber der Welt einnimmt.[4] Unter der geistigen Haltung ist

3 | Wilhelm Worringers Interpretation von Riegls Begriff „Kunstwollen" lässt sich hier anschließen. Vgl. hierzu W. Worringer: Abstraktion und Einfühlung. Ein Beitrag zur Stilpsychologie, München 1959, S. 42 (Herv.i.O.): „Riegel führt zuerst in die kunstgeschichtliche Untersuchungsmethode den Begriff des ‚Kunstwollens' ein. Unter ‚absolutem Kunstwollen' ist jene latente innere Forderung zu verstehen, die, gänzlich unabhängig von dem Objekte und dem Modus des Schaffens, für sich besteht und sich als Wille zur Form gebärdet. Sie ist das primäre Moment jedes künstlerischen Schöpfens, und jedes Kunstwerk ist seinem innersten Wesen nach nur eine Objektivation dieses a priori vorhandenen absoluten Kunstwollens."

4 | Diese Ansicht wird von mehreren Ästhetikern bzw. Kunsthistorikern geteilt. Zum Beispiel vertritt sie Sedlmayr in Anlehnung an Riegels Begriff „Kunstwollen". Vgl. hiernicht nur eine bewusst gewählte Weltanschauung zu verstehen, sondern abstrakte Elemente, die für eine bestimmte Zeit die Kultur, die Kunst, die generelle geistige Tätigkeit usw. einer Gruppe von Menschen direkt oder indirekt beeinflussen. In Anbetracht dieses Verständnisses über das Wort lässt sich an den Foucault'schen Begriff „Epistemé“ anschließen. Obwohl man sich der geistigen Haltung nicht bewusst wird, wirkt sie gleichwohl für alle Mitglieder einer Gruppe wie die Luft zum Atmen. So steht ein ästhetischer Ausdruck gerade unter solcher geistigen Haltung. Verändert sich mit der Zeit das Kriterium für das Schöne bzw. die Kunst, geschieht das nicht nur wegen der Veränderung der äußeren Bedingungen (der Objekte), sondern es hängt auch mit dem Wandel der geistigen Haltung zusammen.

Diese Voraussetzungen gelten für den Kitsch. Von einem Rezipienten, der den Begriff Kitsch als ein Geschmacksurteil ansieht (und damit zugleich als ein Ausdruck seiner Vorlieben), wird angenommen, dass er bewusst sein Empfinden ausdrückt. Wenn der Begriff andererseits zum Verweis auf einen bestimmten ästhetischen Geschmack dient, kann er als ein ästhetischer Ausdruck einer Gruppe von Menschen gesehen werden. Wenn es dabei um die naiven Rezipienten geht, die Kitsch nicht als solchen erkennen und ihr Vergnügen unreflektiert genießen, wird ihr Geschmack in der gängigen Ansicht nicht als ein aktiver Ausdruck gesehen, der die eigene ästhetische Sensibilität darstellt. Ihr Geschmack wird nur als eine passive Folge ihrer beschränkten „Naivität“ ohne Wahlmöglichkeit gewertet. Wenn es um die reflektierten Rezipienten geht, die Kitsch als solchen erkennen und diesen trotzdem mögen,

---

zu H. Sedlmayr: Kunst und Wahrheit. Zur Theorie und Methode der Kunstgeschichte, Hamburg 1958, S. 24 (Herv.i.O.): „So gibt es auch in der Wahrnehmung der Außenwelt (und ebenso der Innenwelt) Spielraum für historisch wandelbare <Ideale>, <Interessen>, <Vorlieben> oder <Neigungen>. Und da die historische Wandlung dieser <Neigungen> verkettet ist mit den Wandlungen der gesamten Geistesstruktur einer Gruppe von Menschen und ihrer Glieder, so gehört zu jeder dieser idealen Arten, die Außenwelt aufzufassen, eine bestimmte Art von künstlerischen Gestaltungsprinzipien. [...] Zu jeder dieser geistigen <Einstellungen> gibt es nun bestimmte bevorzugte physische Einstellungen [...].“; hierzu Worringer: Abstraktion und Einführung, S. 46: „Eine Psychologie des Kunstbedürfnisse – von unserem modernen Standpunkt aus gesprochen: des Stilbedürfnisses – ist noch nicht geschrieben. Sie würde eine Geschichte des Weltgefühls sein und als solche gelichwertig neben der Religionsgeschichte stehen. Unter Weltgefühl verstehe ich den psychischen Zustand, in dem die Menschheit jeweilig sich dem Kosmos gegenüber, den Erscheinungen der Außenwelt gegenüber befindet. Dieser Zustand verrät sich in der Qualität der psychischen Bedürfnisse, d. i. in der Beschaffenheit des absoluten Kunstwollens und findet seinen äußerlichen Niederschlag im Kunstwerk, nämlich im Steil desselben, dessen Eigenart eben die Eigenart der psychischen Bedürfnisse ist.“

wird ihr Geschmack als ein pathologisches Phänomen gesehen, das eintritt, weil man von einer kommerziellen Kulturindustrie in die falsche Richtung getrieben wird. Es gibt allerdings zahlreiche Rezipienten und Produzenten, die sich nicht bewusst dem Geschmack des Kitsches zuwenden. Sie können nicht sagen, warum sie *das* schön finden. Dagegen können jene, die bewusst auf Kitsch zugreifen, zwar selbst erklären, warum sie es schön finden, aber es mögen noch darüber hinausgehende Gründe herauszufinden sein, die ihnen selbst nicht bewusst sind. Dies zu analysieren und herauszuarbeiten ist Teil dieser Untersuchung.

Dazu gilt es, sich mit der geistigen Haltung zu beschäftigen, die, wie bereits erwähnt, ein wichtiger Faktor dafür ist, was Menschen schön finden. Wenn die Kitschrezipienten und -produzenten Kitsch schön finden, so stellt sich die Frage: Durch welche geistige Haltung wird dies ermöglicht? Diese Kernfrage wird ebenfalls in *Kapitel 4* und *Kapitel 5* eingehend behandelt. Die geistige Haltung trägt schließlich dazu bei, die Frage nach dem Sinn des Unernsts des Kitsches zu beantworten. Wenn dargelegt werden kann, welche geistige Haltung hinter dem Geschmack des Kitsches steht, wird verständlich, welches Empfinden im Unernst des Kitsches ausgedrückt wird.

In *Kapitel 1* wird auf die spezifische Schwierigkeit der Definition von Kitsch eingegangen und die Frage aufgeworfen: Welcher Gegenstand als der eigentliche Forschungsgegenstand angesehen werden? Dabei wird die Möglichkeit erörtert, ob der Begriff Kitsch über ein Werturteil hinaus eine neutrale Anwendung finden kann und wie dies theoretisch gerechtfertigt werden kann. In *Kapitel 2* wird versucht, den Begriff Kitsch in historischer Sicht zu klären und verschiedene Perspektiven auf Kitsch vorzustellen, um dessen Facetten kennenzulernen. Eine kritische Frage begleitet diese Betrachtung: Welche Einschränkungen haben die vorliegenden Forschungen? In *Kapitel 3* werden die verschiedenen Rezeptionseinstellungen zum Kitsch konstatiert und in mehrere Typen unterteilt. Hierbei wird gezeigt, was für ein Gefühl die Rezipienten ausdrücken, wenn sie sagen, „das ist Kitsch!" In *Kapitel 4* und *Kapitel 5* wird der Unernst des Kitsches als eine eigene Eigenschaft des Kitsches anhand verschiedener Gegenstände, Gebrauchsgegenständen und des Arztromans, untersucht. In welcher Weise sind diese unernst? Die Verschlungenheit des Ernsts und des Unernsts wird in diesen beiden Kapiteln behandelt und insbesondere in *Kapitel 5* in Anlehnung an Batesons Kommunikationstheorie erläutert. Zudem wird in die Betrachtung einbezogen, welche geistige Haltung hinter dem Kitsch steht. Mit dieser Frage wird noch eine Explikation des Unernsts unternommen, der in einem philosophischen Sinn dem Kitsch zuzuschreiben ist.

1. Methodologische Anmerkung: Bestimmung des Forschungsumfangs

Ziel dieses Kapitels wird die Bestimmung des zu untersuchenden Forschungsgegenstandes sein. Dafür ist es zunächst notwendig, den Rahmen der Untersuchung zu bestimmen, also zu klären, was für ein Kitsch analysiert werden soll, da der Begriff Kitsch ein sehr breites Anwendungsspektrum hat. In der Tat finden sich häufig Klagen darüber, wie unergiebig die Suche nach einer konsensfähigen Definition von Kitsch ist. Ein wesentlicher Grund hierfür besteht darin, dass Kitsch ein ästhetisches Phänomen darstellt, bei dem es um die Einstellung eines Subjekts zu einem Gegenstand geht. Insofern Kitsch ein ästhetisches Prädikat ist, teilt er ein Definitionsproblem mit anderen ästhetischen Prädikaten. Doch was für ein Problem ist dies genau? Dieser Frage jedoch zunächst die folgende Frage voranzustellen: Kann Kitsch überhaupt als ein ästhetischer Gegenstand behandelt werden?

Kitsch wird in der Regel im Bereich der Ästhetik und der Kunst als eine „Entartung" (Fritz Karpfen) oder eine „Erbsünde" (Richard Egenter) angesehen, was den Verdacht nahelegt, dass ihm in der Kunst kein Platz zusteht. Im Vergleich dazu ist Kitsch für Wissenschaftler wie Wolfgang Braungart ein ästhetischer Begriff, weil „ästhetische Phänomene immer insofern ‚ästhetisch' sind, als sie unsere Sinne ansprechen, unsere Sinnlichkeit berühren und so unsere Einbildungskraft und unseren Verstand – mehr oder weniger – beschäftigen".[1]

Auch in dieser Diskussion hat der Begriff „das Ästhetische" eine umfassendere Bedeutung, die sich von der künstlerischen unterscheidet. Unter „dem Ästhetischen" ist hier gemeint, dass ein Gegenstand nicht unter einem funktionalen oder praktischen Gesichtspunkt gesehen wird, sondern hinsichtlich der Tatsache, ob er einem gefällt oder nicht.

---

1 | Vgl. W. Braungart: Kitsch, Faszination und Herausforderung des Banalen und Trivialen. Einige verstreute Anmerkungen zur Einführung, in: Ders. (Hg.): Kitsch. Faszination und Herausforderung des Banalen und Trivialen, Tübingen 2002, S. 6-7 (Herv.i.O.).

Dieses Verständnis des Ästhetischen steht der kantischen Ästhetik nahe. Demnach ist ein Gegenstand ästhetisch, wenn er nur in Bezug auf die subjektiven Gefühle beurteilt wird. Nach dieser Auffassung kann es kein Kriterium sein, ob ein Gegenstand an sich schön ist oder nicht, um einen Gegenstand als ästhetisch kennzeichnen zu können. Das Gefühl eines Subjekts ist entscheidend, um etwas als ästhetisch zu beurteilen. Wenn man im Vergleich dazu nicht vom Schönen an sich, sondern von „der schönen Kunst" redet, wird das Gewicht mehr auf die Seite der Gegenstände gelegt. Hier wird mehr über die bereits generell als Kunst akzeptierten Gegenstände selbst diskutiert als darüber, was „schön" bedeutet. Nach diesem Verständnis des Ästhetischen kann der Begriff Kitsch als ein ästhetischer Begriff behandelt werden. Denn der Begriff Kitsch bezieht sich ganz sicher auf die Frage, ob ein Objekt schön ist oder nicht. Auch wenn ein Gegenstand wegen seiner Unschönheit als Kitsch auf Ablehnung stößt, zeugt dies ja davon, dass er in ästhetischer Hinsicht beurteilt wird.

Solange der Begriff Kitsch als ein ästhetisches Prädikat behandelt wird, weist er dieselben Definitionsprobleme auf, die bei ästhetischen Prädikaten im Allgemeinen auftreten. So verweist ein ästhetisches Prädikat wie „schön" oder „kitschig" auf eine subjektive Einstellung zu einem Gegenstand, die üblicherweise als „das gefällt mir" oder „das gefällt mir nicht" formuliert wird.

Gerade die Tatsache, dass es bei den ästhetischen Begriffen um subjektive Einstellungen geht, verursacht jene Dilemmas, die für die weitere Diskussion aufzulösen sind, wie nachfolgend gezeigt wird.

1.1 Die Dilemmas

1.1.1 Das erste Dilemma: Die Schwierigkeit bei der Definition von Kitsch als ein Geschmacksurteil

Ein erster Grund für die Schwierigkeit liegt in der Besonderheit des Prädikats „Kitsch". Im Vergleich zu anderen Prädikaten wie „Baum", „-13 Grad Celsius", „rund" usw. ist das Wort „Kitsch" in der Regel eng mit einem subjektiven Gefühl verbunden. Natürlich sind nicht alle Wörter, die subjektive Gefühle ausdrücken, auch Geschmacksurteile. Aber alle Wörter, die ausdrücken, ob ein Gegenstand gefällt oder nicht, sind Geschmacksurteile. In der Forschung wurde schon häufig darauf hingewiesen, dass „Kitsch" ein Ausdruck der subjektiven Einstellung ist und deshalb als Werturteil einzustufen ist.[2] So fasst Jochen Schulte-Sasse den Begriff beispielsweise unter drei Aspekten zusammen:

2 | Vgl. C. Putz: Kitsch – Phänomenologie eines dynamischen Kulturprinzips, Bochum 1994, S. 5.

„a) spezifische Gefühle, b) Eigentümlichkeiten literarischer Werke und c) Werthaltungen von Rezipienten."[3] Hier ist zu sehen, dass „b) Eigentümlichkeiten literarischer Werke" sich zwar auf ein objektives Merkmale bezieht, „a) spezifische Gefühle" und „c) Werthaltungen von Rezipienten" sich jedoch auf die Gefühle und das Werturteil beziehen.

Sicherlich gilt ein Urteil, das danach vorgenommen wird, ob ein Gegenstand schön ist oder nicht, als Werturteil. Aber dieses Wort ist eigentlich für eine Definition von Kitsch zu umfassend, weil ein Werturteil nicht nur die ästhetischen Phänomene einbezieht. So kann man auch in Bezug auf ein moralisches oder sachliches Verhalten das Werturteil treffen, dass es gut ist oder nicht. Dagegen verweist das allgemein als negatives Werturteil geltende Wort Kitsch spezifisch auf die ästhetischen Einstellungen. Des Weiteren drückt ein Werturteil nur aus, ob man einen Gegenstand gut oder schlecht findet bzw. hoch oder gering schätzt. Ein solches Urteil kann man aber nicht nur aufgrund seines Gefühls, sondern auch nach seinem Verstand treffen. Die Grundlage für ein Werturteil muss also nicht zwangsläufig ein Gefühl sein. Dagegen drückt ein Geschmacksurteil tatsächlich das Gefühl des Urteilenden aus, ob ihm ein Gegenstand gefällt oder nicht. Demnach passt der Begriff Kitsch nicht zum Profil der Kategorie *Werturteil*; besser lässt er sich in die Kategorie *Geschmacksurteil* einordnen.

Aufgekommen ist der Begriff *Geschmack* bzw. das entsprechende englische Wort *taste* in Europa im 18. Jahrhundert; seitdem wird der Geschmacksbegriff in der Ästhetik diskursiv behandelt. Über das Geschmacksurteil gibt es viele Diskurse. Immanuel Kant zufolge kann bei einem Geschmacksurteil „dessen Bestimmungsgrund nicht anders als subjektiv sei".[4] Streng genommen heißt das, wenn man etwas schön oder kitschig findet, liegt der Grund dafür nicht in dem Gegenstand, sondern in einem Gefühl. So ist es aufgrund des Begriffs eines Gegenstands nicht bestimmbar, welcher Gegenstand schön oder kitschig sein soll. Die Bedingungen, die ein ästhetisches Urteil möglich machen, sind deswegen nur subjektiv und nicht auf ein objektives Gesetz gestützt. David Hume teilt diese Meinung, wenn er sagt: „Schönheit ist keine Eigenschaft der Dinge an sich: sie ist lediglich in dem Geist vorhanden, der die Dinge betrachtet."[5]

---

3 | J. Schulte-Sasse: Die Kritik an der Trivialliteratur seit der Aufklärung – Studien zur Geschichte des modernen Kitschbegriffs, München 1971, S. 3.

4 | I. Kant: Kritik der Urteilskraft, in: Kant's Gesammelte Schriften, hrsg. von der Königlich Preußischen Akademie der Wissenschaften, Bd. V, Berlin 1908/13, § 1, AA V 203.

5 | D. Hume: Of the Standard of Taste, in: T.H. Green/T.H. Grose (Hg.): The Philosophical Works. Bd. III: Essays Moral, Political and Literary (1882), Aalen 1964. Der Originaltext lautet: „Beauty is no quality in things themselves: It exists merely in the mind which contemplates them; and each mind perceives a different beauty." (S. 268)

Nach diesem Konzept von einem Geschmacksurteil kann die Aussage „das ist Kitsch" keinen objektiven Grund haben. Es wäre streng genommen ein Irrtum, eine normative Definition darin zu suchen, was kitschig ist.

Die Realität sieht jedoch etwas anders aus: Man stößt in Wirklichkeit auf viele normative Bestimmungen von Kitsch, die darauf konzentriert sind, Kitsch aufgrund seiner inhaltlichen Elemente zu definieren. Solche normativen Bestimmungen lauten beispielsweise: „Kitsch ist zu einfach, zu schematisch, zu mechanisch."[6] Oder: „Beim Kitsch ist Sentimentalität oder Sinnlichkeit zu sehr hervorgehoben."[7]

Kann man aber solchen gängigen Definitionen eine Objektivität zuschreiben, wie man vermuten mag? Dass derartige Bestimmungen keine so große objektive Geltung haben, ist bereits an den verwendeten Wörtern erkennbar. Was ist zum Beispiel unter „einfach" zu verstehen? Kann man dafür ein objektives Kriterium formulieren? Wenn das verstärkende Adverb „zu" dazukommt, ergibt sich die Frage: „Zu" einfach nach welchem Maßstab? Wie „einfach" denn? Diese Definitionen wären ihrerseits auf einen Konsens über die Begriffe in der Definition angewiesen, um die scheinbare Objektivität zu verifizieren. Die als angeblich normativen Bestimmungen verwendeten Vokabeln bezeugen eigentlich eine subjektive Anwendung.

Der Versuch, Kitsch auf einer objektiven Ebene zu bestimmen, scheint also nicht erfolgversprechend. Allerdings ist die entsprechende Motivation für die Suche nach normativen Kriterien von Kitsch durchaus nachvollziehbar. Denn wir reden de facto alltäglich über guten oder schlechten Geschmack, so als könne man darüber diskutieren. Die Ambivalenz um das Geschmacksurteil ist schon Kant aufgefallen, der diesbezüglich bekanntlich zwei sich gegenüberstehende Thesen als Antinomie des Geschmacks aufstellte:

> „1. Thesis. Das Geschmacksurteil gründet sich nicht auf Begriffen; denn sonst ließe sich darüber disputieren (durch Beweise entscheiden). 2. Antithesis. Das Geschmacksurteil gründet sich auf Begriffen; denn sonst ließe sich, ungeachtet der Verschiedenheit desselben, darüber auch nicht einmal streiten (auf die notwendige Einstimmung anderer mit diesem Urteile Anspruch machen)."[8]

Wenn Kant sagt, dass ein Geschmacksurteil sich auf ein Gefühl beruft und sich nicht auf einen Begriff gründet, meint er damit nicht, dass das Urteil deswegen nur in Bezug auf ein Subjekt gültig ist. So groß wie der subjektive Aspekt des Geschmacksurteils ist, so wird auch bei ihm darauf hingewiesen,

---

6 | G.C.F. Bearn: Kitsch, in: M. Kelly (Hg.): Encyclopedia of Aesthetics, Bd. 3, 2. Aufl., New York 1988, S. 66-67.

7 | W. Killy: Deutscher Kitsch. Ein Versuch mit Beispielen, Göttingen 1962, S. 20.

8 | I. Kant: Kritik der Urteilskraft, § 56, AA V 338-339.

dass das Urteil etwa Allgemeingültigkeit suggeriere.[9] Was ihn im Grunde interessiert, ist die Antinomie des Geschmacksurteils auf einer zwar nicht objektiv feststellbaren, aber subjektiv allgemeingültigen Basis zu synthetisieren. So sucht er die möglichen Bedingungen, die ein allgemeingültiges Geschmacksurteil ermöglichen.

Eine Lösung dafür zu finden, ist jedoch nicht Ziel dieser Arbeit. Mit dem Hinweis soll vielmehr verdeutlicht werden, welche Komplikation bei der Definition des Kitsches besteht.

In Anbetracht dessen, dass der Begriff Kitsch als ein Geschmacksurteil verwendet wird, ist eine normative Annährung problematisch. Kann dann also eine subjektive Definition zufriedenstellen? Wenn man einen ästhetischen Gegenstand in einem wissenschaftlichen Rahmen behandeln will, ist es eine gewisse Objektivität des Diskurses notwendig. Sollten alle denkbaren Diskussionen über den Kitsch nur auf einer subjektiven Ebene bleiben, wäre diese Arbeit überflüssig und würde als wissenschaftlicher Beitrag keinen Sinn ergeben.

Für den wissenschaftlichen Diskurs über Kitsch scheint es daher vor der Frage nach der Bedeutung von Kitsch unumgänglich zunächst zu klären. Inwiefern die Erörterung des ästhetischen Begriffs Kitsch Gültigkeit erlangen und somit einen sinnvollen theoretischen Diskurs bieten? Dieser Aspekt wird bei vielen Untersuchungen zu diesem Thema außer Acht gelassen und ohne auf das Problem, das ein ästhetischer Begriff generell mit sich bringt, einzugehen der Versuch unternommen, eine Definition von Kitsch zu liefern. Darum soll nachfolgend versucht werden Kitsch insoweit als einen objektiven Gegenstand darzustellen, dass daraus ein wissenschaftlich sinnvoller Diskurs entwickelt werden kann.

1.1.2 Das zweite Dilemma: Der Kitsch und der Traum

Bezüglich des zweiten Dilemmas ist bei Claudia Putz eine prägnante Zusammenfassung zu finden: Der Kitsch höre sofort auf zu sein, wenn er einmal als solcher erkannt sei.[10] Putz bezeichnet einen naiven Kitschliebhaber, der selber nicht weiß, dass Kitsch der Gegenstand seiner Vorliebe ist, als „Partizipanten". Dagegen kann der, der erkennt, dass es sich um Kitsch handelt, nicht mehr bloß ein „Partizipant" sein. Der Kitsch kann gemäß dieser Sicht nur aus dem Blickwinkel des Beobachters als solcher identifiziert werden. Es ist per definitionem unmöglich, dass ein „Partizipant" den Kitsch als solchen erkennt und genießt. Das, was er wahrnimmt und gut findet, ist für ihn kein Kitsch. Es ist nur etwas Schönes. Dass der Gegenstand als Kitsch besteht, ist nur im Blick ei-

9 | I. Kant, a.a.O., § 7, AA V 213.

10 | Putz zufolge finden sich diese Hinweise bei Deschner und auch bei Kundera. C. Putz: Kitsch, S. 86.

nes „Analysators" möglich.[11] Dem naiven Kitschrezipienten fehlt der Blick, den ein kritischer Kitschrezipient, also ein „Analysator", hat. Für Ersteren gibt es in der Folge keinen Kitsch, sondern nur eine rührende Geschichte, eine romantische Melodie, eine süße Katzenfigur.

Eben diese Tatsache, dass der Kitsch per definitionem nur außerhalb des Kitsches identifiziert werden kann, macht ihn vergleichbar mit einem Träumenden: Ein Träumender weiß im Traum nicht, dass er träumt. Weiß er es, ist er bereits wach, also nicht im Traum. So beschreibt Ernst Bloch diesen Zustand wie folgt: „Jeder träumt die Taten seiner bunten Helden, während er liest, und vergisst sie einige Zeit nach dem Erwachen. Dabei kann dem Leser der Kolportage sogar das Bewusstsein fehlen, dass er liest, genau wie dem Träumenden, dass er träumt."[12] Daran anschließend ist Batesons Beobachtung erwähnenswert, der den Zustand des Träumens wie folgt beschreibt:

> „Im Traum ist dem Träumer gewöhnlich nicht bewusst, dass er träumt [...] Ähnlich operiert der Träumer innerhalb des Traums oder der Phantasie nicht mit dem Begriff ‚unwahr'. Er operiert mit allen möglichen Behauptungen, ist dabei aber erstaunlich unfähig, zu Metabehauptungen zu gelangen. Er kann, solange er sich nicht kurz vor dem Erwachen befindet, keine Behauptung träumen, die sich auf seinen Traum bezieht (d. h. ihm einen Rahmen gibt)."[13]

So wie einem Träumer nicht bewusst ist, dass er träumt, ist einem „naiven" Kitschliebhaber nicht bewusst, dass es sich um Kitsch handelt.

Was bedeutet es aber für die hier geführte Untersuchung, dass es eine notwendige Bedingung für das Zustandekommen des Begriffs Kitsch ist, dass dem Rezipienten der Kitsch als solcher nicht bewusst ist? Dies zu klären ist wichtig, weil damit die Grenze für die nachfolgende Untersuchung gezogen und erklärt wird, auf welcher Ebene sie sich bewegt. Nach der genannten Bedingung zeigt die Tatsache, dass hier erklärtermaßen Kitsch untersucht und darüber geredet wird, dass dieser schon als solcher erkannt wurde. Diese Arbeit hätte somit nicht von einem naiven Kitschrezipienten verfasst werden können. Denn, solange hier über Kitsch geredet wird, muss die Position eines Beobachters, also eines Analysators eingenommen werden. Aber besagt das dann nicht, dass die Forschung generell nur aus dem einseitigen und parteiischen Blickwinkel des Analysators

---

11 | C. Putz, a.a.O., S. 87.

12 | E. Bloch: Traumschein, Jahrmarkt und Kolportage, in: Ders.: Erbschaft dieser Zeit, Frankfurt a.M. 1979, S. 173.

13 | G. Bateson: Eine Theorie des Spiels und der Phantasie, in: Ders.: Ökologie des Geistes: Anthropologische, psychologische, biologische und epistemologische Perspektiven, Frankfurt a.M. 1999, S. 25 (Herv.i.O.).

durchgeführt wird? Wird so ausgeschlossen, dass das ganze Phänomen erfasst und auch der Genuss der „naiven" Rezipienten untersucht wird?

Eine Lösung könnte das Argument sein, dass es zwischen einem „naiven" Kitschrezipienten und einem kritischen keine feste Grenzen gibt. So kann danach ein „naiver" Kitschrezipient erkennen, dass der Gegenstand seiner Vorliebe Kitsch ist, zum Beispiel indem jemand ihm erklärt, dass dies Kitsch ist. Er könnte dann durch diesen Hinweis nicht mehr denselben Genuss erleben, den er zuvor hatte. Er ist dann kein „naiver" Kitschrezipient mehr, kann also aus dem ‚Traum aufwachen'. Er findet dann den Gegenstand nicht mehr schön, sondern „kitschig", also abstoßend. Angenommen er kann aber im Rückblick aus seine vergangene Erfahrung den Genuss des „naiven" Rezipienten nachträglich darstellen, wie es war. Kann man dann nicht sagen, dass die vorliegende Arbeit damit eine Legitimität erlangt, den Genuss vom „naiven" Rezipienten gerecht darzulegen?

Leider ist die Sache nicht so einfach. Wer erstens seine Augen aufgemacht hat, kann nicht mehr über denselben Gegenstand dasselbe Gefühl wie früher empfinden. Er spricht nun über den Genuss, den er früher als „naiver" Rezipient erlebt hat, aus dem veränderten, kritischen Blickwinkel, darum kann der Genuss nicht mehr dieselbe Qualität haben wie zuvor. Wenn er zweitens auch vom Kitsch neutral oder positiv sprechen würde, nachdem er auch gewusst hat, dass es sich um Kitsch handelt, kann sich er nicht mehr in demselben Zustand befinden. Ihn begleitet nun das Bewusstsein, dass dies Kitsch ist, was dann nicht einfach vergessen oder verdrängt werden kann. Das hat auf welche Weise auch immer Auswirkung auf das Gefühl gegenüber dem Gegenstand. Ein neutrales oder positives Gefühl über Kitsch mit dem Bewusstsein, dass etwas Kitsch ist, kann nicht anders als ein reflektiertes sein, was sich nicht mit dem puren Genuss des „naiven" Rezipienten ausgleichen lässt. Dieses bleibt also immer noch in seinem eigenen Bereich verschlossen und bloß das Wissen über den Genuss unter dem reflektiertem oder kritischem Bewusstsein, dass das Kitsch ist, kann den Genuss des „naiven" Rezipienten nicht durchsetzen.

In einer weiteren Überlegung kann ein kritischer Rezipient vorgestellt werden, der in Bezug auf denselben Gegenstand zum naiven Rezipienten wird. Das scheint zunächst unmöglich zu sein. Weil die Kitschbeurteilung nicht nur ein spontanes Gefühl, sondern die Kenntnis voraussetzt, dass es sich bei dem Gegenstand um Kitsch handelt. Wenn hier trotzdem die Möglichkeit in Erwägung gezogen wird, dass er an dem Gegenstand aus welchem Anlass auch immer neue Aspekte entdeckt, dies auf seine Beurteilung wirken lässt und diesen letztendlich nicht mehr als kitschig ansieht, wird er den Genuss eines naiven Rezipienten erleben können. Auch in diesem Fall kann er aber nur von einer Art Genuss erzählen, nie vom kitschigen. Denn der Gegenstand ist für ihn kein Kitsch mehr. So bleiben hier auch die Bereiche des Genusses zwischen dem „naiven" und dem kritischen Rezipienten getrennt.

Aufgrund der bisherigen Überlegungen ist festzustellen, dass man nicht gleichzeitig ein „Partizipant" und „Analysator" sein kann. Zwar lässt sich zwischen einem kritischen Blick auf Kitsch und dem Genuss eines „naiven" Rezipienten ‚hin- und herschalten', aber es kann nicht beides zugleich geben.

Mit diesem Sachverhalt lässt sich an die Ansicht Ernst H. Gombrichs anschließen. Dieser weist anhand des Vexierbilds „Kaninchen oder Ente?" darauf hin, dass „wir unmöglich beide Sehweisen gleichzeitig erleben können".[14] Wir können entweder das Kaninchen oder die Ente sehen, aber nicht beide gleichzeitig.

Dass man in diesem Zustand einer bestimmten Sichtweise unterliegt, sich dieser jedoch bewusst sein kann, begründet er wie folgt: „Denn obwohl wir uns verstandesmäßig im Klaren darüber sein können, dass ein bestimmtes Erlebnis eine Illusion sein muss, können wir uns genau genommen nicht dabei ertappen, einer Illusion zu unterliegen, und können uns auch nicht beim Erleben einer Illusion selbst beobachten."[15] Man unterliegt hier also der Illusion der Wahrnehmung in der Malerei. Und erst wenn man eine bestimmte Sichtweise verlässt, kann einem diese überhaupt nachträglich, auf einer Metaebene, bewusst werden. Gombrichs Aussage lässt sich somit dahingehend interpretieren, dass man sich auf der Metaebene mehrerer Sichtweisen bewusst sein kann, aber praktisch zu einem bestimmten Zeitpunkt immer nur eine Sichtweise haben kann.

Übertragen auf den Kitschrezipient kann also auch dieser mal einen kritischen Blick, mal einen naiven haben kann, aber niemals beide gleichzeitig. Man könnte demnach auf einer Metaebene beide Blicke – also „ich finde es kitschig" und „ich finde es gut" – erkennen, aber wenn es um den Genuss am Objekt geht, kann man eben nur *einen* Genuss am Objekt haben. Dies erinnert wiederum an den Vergleich zwischen einem naiven Kitschrezipienten und einem Träumer, der im Moment des Genusses nicht den Blick eines Beobachters haben kann.

Putz fasst das genannte Hin-und-Herschalten als Blickwechsel auf. Dies ist zwar relevant, aber Putz stellt keine inhaltliche Verbindung zur Definition des Kitsches her, obwohl dieser Umstand dabei von entscheidender Bedeutung ist. Es wurde nach einer Begrenzung der Arbeit gesucht und gefragt, ob der Genuss eines naiven Rezipienten nur als ein Analysator konstruiert, nicht aber empirisch untersucht werden kann. Es müsste dann bei der Untersuchung ausgelassen werden, was ein naiver Rezipient am Kitsch genießt. Diese Arbeit will diesen aber ebenfalls einbeziehen. Insofern man sich aber als „Analysator"

14 | E.H. Gombrich: Einleitung. Das Rätsel des Stils und die Psychologie, in: Ders.: Kunst und Illusion. Zur Psychologie bildlichen Darstellung, Stuttgart/Zürich 1986, S. 21.

15 | E.H. Gombrich, ebd.

versteht, kann man seinen Genuss an sich nicht erreichen. Diese Problematik wurde hier als Dilemma bezeichnet. Wie sich dieses Dilemma auflösen lässt, wird im Folgenden gezeigt.

Die beiden Dilemmas, auf die bereits in Bezug auf die Definition von bzw. den Forschungsgegenstand Kitsch verwiesen wurde, lassen sich wie folgt zusammenfassen:

Dilemma 1: Kitsch kann sich nicht auf ein objektives Kriterium stützen.

Dilemma 2: Dem Genuss der „naiven" Rezipienten kann sich prinzipiell nicht direkt angenähert werden.

Es soll nachfolgend nicht nur auf diese Dilemmas hingewiesen, sondern darüber hinaus noch weitere Ziele gesetzt werden. Hinsichtlich Dilemma 1 bedeutet dies, für die Diskussion einen gemeinsam erkennbaren Gegenstandsbereich zu suchen. Und in Bezug auf Dilemma 2 soll auch die Genussart der „naiven" Rezipienten zum Untersuchungsgegenstand gemacht werden. Bevor nun aber im Folgenden (Abschnitt 3) aufgezeigt wird, wie diese Ziele umgesetzt werden können, soll zunächst kritisch darauf verwiesen werden, welche Probleme in bestehenden Kitschforschungen bezüglich der Definition des Begriffs Kitsches unbeantwortet bleiben.

1.2 Kritische Betrachtung von Positionen vorfindlicher Untersuchungen

Erstens ist auf einen logischen Irrtum hinzuweisen, der bei einer als objektiv ausgegebenen Definition unterlaufen kann. Denn bei dieser Definition wird einen Gegenstand als Ausgangspunkt genommen, der eigentlich selber Gegenstand des Beweises sein soll. Somit wird also aufzuzeigen versucht, dass der Gegenstand die Merkmale hat, auf die die Definition von Kitsch im Grund aufbaut. Diese Definition entsteht aber im Grunde dadurch, dass man an bereits als Kitsch ‚erkannten' Gegenständen Merkmale beobachtet und heraussondert und beinhaltet also einen Zirkelschluss.

Zweitens versuchen einige Untersuchungen, die erkannt haben, dass Kitsch erst aus einem bestimmten Blickpunkt heraus entstehen kann (vgl. Dilemma 2), einen anderen Weg zu finden, um den Begriff zu definieren. Wie zuvor gezeigt, erkennt Putz das Dilemma: „Die Texte der Kommunikation Kitsch, also die Artefakte, von denen als Kitsch gesprochen wird, können [...] nicht an sich beschrieben werden."[16] Es gibt nach Putz also kein Objekt, dass an sich

16 | C. Putz: Kitsch, S. 81.

als Kitsch bezeichnet wird und deshalb, so Putz weiter, ist die Kategorisierung Kitsch subjektabhängig. Ausgehend von dieser Erkenntnis zielt ihr Definitionsversuch nicht direkt auf Gegenstände, die als Kitsch gelten, sondern er versucht, „die Bedingung zu beschreiben, die das Urteil Kitsch ermöglichen".[17]

Ihre Einsicht wirkt aber in ihrer Arbeit nicht performativ, sodass sie in der Tat Kitsch als „ein gegenständliches Faktum" auffasst, ohne zu begründen, wie dieses „Faktum" möglich ist. Es scheint, als sie meine, dass es Objekte gibt, die im Allgemeinen eben als Kitsch angenommen werden. Dies ist jedoch nur schwer mit ihrem Hinweis zu vereinbaren, Kitsch könne *an sich* nicht beschrieben werden. Da Putz annimmt, dass Kitsch als Werturteil vom subjektiven Blick abhängt und darum nicht an sich beschrieben werden kann, dürften die Gegenstände auch nur bedingt vom subjektiven Blick abhängig sein. In ihrer Untersuchung führt sie aber gewisse Gegenstände als Beispiele für Kitsch an. Aus wessen Perspektive sind diese Gegenstände Kitsch, die sie als ein Faktum des Kitsches ansieht? Wenn dagegen jemand behauptet, es handele sich nicht um Kitsch, wie begründet sie gegenüber dessen Werturteil ihr eigenes? Sie kann auf die Kategorie der Kopie verweisen. Der Kitsch ist laut Putz ein Objekt, das das Original kopiert. Wenn man aber ein Objekt als Kopie identifizieren kann, ist es erforderlich zu wissen, wie das Original ist. Wenn jemand aber das Verhältnis von Original und Kopie nicht herstellen kann, kann auch ein Objekt für ihn nicht Kitsch in diesem Sinne sein. Putz erklärt deshalb, dass Kitsch ein Begriff ist, der rezeptionsabhängig ist. Das Es kann also nach Putz kein Objekt geben, das für alle gleichermaßen als Kitsch gilt. So gilt ihre Definition des Kitsches für diejenigen, die ein Objekt schon als Kitsch sehen. Wenn man aber von einem Faktum redet, ist vorauszusetzen, dass dieses rezeptions*un*abhängig als solches angenommen werden kann. Mit Putz' Definition werden aber diejenigen ausgeschlossen, die das Verhältnis Original-Kopie nicht herstellen können. Für sie wirkt dann das Faktum nicht als solches. Dass Putz diese Problemlage nicht erkannt hat, führt in der Folge dazu, dass sie nur den kritischen Rezipienten eine Definition bietet, die ein Objekt als Kitsch erkennen. Ist man nun nicht damit zufrieden, dass alle Objekte je nach Perspektive Kitsch sein können, und will man die Existenz jener Objekte rechtfertigen, die unabhängig von einer subjektiven Sicht generell als Kitsch bezeichnet werden können, dann reicht es nicht, nur auf das Dilemma hinzuweisen.

Drittens bleibt das Problem der Anwendung einer etwaigen Definition von Kitsch auf Gegenstände in der Praxis. Generell sind bei der Entscheidung über die Zugehörigkeit eines Gegenstands zu dieser Kategorie zwei Bereiche zu trennen: 1) der Bereich der begrifflich festgestellte Definition und 2) der Bereich der konkreten Objekte. Wenn etwas z.B. zu schematisch dargestellt wird,

---

17 | C. Putz, a.a.O., S. 2.

dann ist es Kitsch. Will man beurteilen, ob es sich bei einem Gegenstand um Kitsch handelt, ist zuerst zu entscheiden, ob er zu schematisch ist. Die Auffassung hierüber kann aber ganz unterschiedlich ausfallen. Aus diesem Grund ist die Definition real nur bedingt wirksam, auch wenn sie einen Konsens darstellt. Ferner kann Kant zufolge die Instanz für das Geschmacksurteil, welcher Gegenstand in die Kategorie „schön" eingeordnet werden soll, nicht in einem objektiven Prinzip gründen, sondern nur in einem subjektiven, das nur als Regulativ fungiert.[18] So ist der Prozess der Subsumierung der konkreten Objekte unter die Kategorie „Kitsch" immer noch von der subjektiven Meinung abhängig. Dies zeigt, dass dieser Art Definition bzw. ihre Anwendung, die als ‚wenn p, dann Kitsch' formuliert ist, die angebliche allgemeine Gültigkeit (Verbindlichkeit) nicht zugeschrieben werden kann.

Viertens soll noch die Beziehung zwischen dem „naiven" und dem „kritischen" Rezipienten betrachtet werden. Die meisten Forschungen zum Thema Kitsch unterstellen, dass beide Rezipiententypen nicht denselben Rang haben, sondern in einer hierarchischen Beziehung zueinander stehen. Der kritische Rezipient, der einen Gegenstand als Kitsch wahrnimmt, gibt sich als derjenige aus, der auf einer höheren Ebene mehr überblickt und darum mehr weiß. So soll er aus der Beobachterposition heraus etwas wissen, was der „naive" Rezipient nicht weiß, nämlich, dass der betrachtete Gegenstand Kitsch ist. Er denkt in seiner kritischen Perspektive, der „naive" Rezipient findet „Kitsch" schön und das sei natürlich nicht die Wahrheit. Er denkt weiter, der Kitschrezipient weiß auch nicht (meist wegen seiner Dummheit), was für ein Gefühl das eigentlich ist. Der Kritiker ist in dieser Konstellation derjenige, der immer mehr weiß, und der Kitschrezipient ist derjenige, der träumt, also derjenige, der noch nicht „erwacht" ist.

Die Kitschrezipienten werden darum aus dieser Perspektive oft als „die Masse"[19] angesehen, die nicht weiß, was sie tut. Sie seien so passiv, dass sie sich allen Manipulationen von Industrie und Medien aussetzen und kommerziell von ihnen ausgenutzt würden. Oder sie sind von der harten täglichen Arbeit einfach zu müde, um etwas Gutes und Anspruchsvolles zu wählen.

In dieser Perspektive, in der Kitsch mit dem Zustand des Träumens verglichen wird, gibt es für ihn keine andere Möglichkeit, als sehr mangelhaft zu erscheinen. Wenn die Kitschforschung nun die Position dieses Beobachters einnimmt, wird ihre Forschungsrichtung logisch davon beeinflusst. Oft geht es in den leitenden Fragen vereinfacht gesagt darum, warum der Kitsch so dumm sei, warum er vom normalen Geschmack abgewichen und zu einem schlechten geworden sei oder warum die Leute an solchen dummen Sachen Gefallen finden.

---

18 | I. Kant: Kritik der Urteilskraft, AA V 401-404, § 76 Anmerkung.

19 | N. Elias: Kitschstil und Kitschzeitalter, S. 29.

Diese Perspektive bringt mit sich, dass die Kitschforschung sich nur in eine Richtung orientiert und hält sie davon ab, die Problematik von einer anderen Seite aus zu betrachten. Der kritische Rezipient konstituiert in dieser Perspektive nur den Genuss des naiven Rezipienten. Es wird hierbei tendenziell nicht erwogen, das Thema von der Seite des naiven Rezipienten zu konstituieren.

Putz hat für die Beziehung zwischen dem naiven und dem kritischen Rezipienten eine neue Kategorie vorgeschlagen. Sie verwendet diese Begriffe neutral und erklärt, dass es nur um den Wechsel der „Rollen" gehe[20] und sich deswegen ein und dieselbe Person von einem „Partizipanten" zu einem „Analysator" wandeln kann. „Das Wechseln der Rolle" erweist sich aber als fragwürdig. Zwar stimmt es, dass einem naiven Rezipienten aus welchem Grund auch immer bewusst werden kann, dass ein Gegenstand Kitsch ist. Dabei wechselt er aber nicht nur die Rolle, was an sich schon eine gewisse Bewegungsfreiheit voraussetzt, sondern er ändert auch seinen Status. Partizipant und Analysator unterscheiden sich nicht nur darin, wer welche Rolle einnimmt, sondern auch darin, wer eine bestimmte Fähigkeit hat, Kitsch zu erkennen. Die Differenzierung der Fähigkeiten impliziert nun aber eine hierarchische Beziehung. So gesehen entfernt sich Putz' Vorschlag kaum von der gängigen hierarchischen Beziehung zwischen dem naiven und kritischen Rezipienten.

Darüber hinaus ist ein Rollenwechsel vom Analysator zum Partizipanten nicht einfach vorstellbar. Denn es ist im Prinzip möglich, dass er seine Meinung ändert und einen Gegenstand nun nicht mehr kitschig findet. Dies ist jedoch praktisch wohl nur selten der Fall. In einer anderen denkbaren Variante kann er nach wie vor denken, dass der Gegenstand Kitsch ist, doch nun findet er ihn nicht mehr ‚kitschig'. Das heißt, er meint immer noch, dass es sich um Kitsch handele, aber er findet ihn nicht mehr abstoßend, sondern genießt ihn. Das scheint theoretisch paradox zu sein, weil es heißt, dass man etwas kitschig findet und zugleich nicht. Auf diesen Fall wird später noch näher einzugehen sein. Hier sei zunächst nur festgehalten, dass das Wechseln der Rolle sich nicht so einfach vollzieht, wie Putz annimmt.

Es ist selbstverständlich unbestritten, dass es verschiedene Rezeptionsweisen gibt (wie die naive und die kritische). Es soll hier einzig darauf hingewiesen werden, dass bislang meist der Genuss des naiven Rezipienten aus der Sicht des kritischen Rezipienten konstituiert wurde. Die Sichtweise des naiven Rezipienten ist aber wie gesehen nicht ohne Weiteres zugänglich. Deswegen ist eine Klärung erforderlich, wie diese aus Sicht des naiven Rezipienten konstituiert werden kann.

Zusammenfassend dominiert in der Kitschforschung das Bemühen um eine Definition, die das Wesen des Kitsches bestimmen soll und ausdrücklich

20 | C. Putz: Kitsch, S. 87.

den Anspruch allgemeiner Gültigkeit verfolgt oder diesen impliziert. Dies gelingt aber nicht, weil sie sich dabei auf ein Kriterium stützen muss, dessen allgemeine Gültigkeit seinerseits zu verifizieren ist. Auf der anderen Seite gibt es eine Definition, die zwar die Problematik erkennt und darin einen Ausweg sieht, Kitsch als Werturteil zu begreifen, so dass eine objektive Definition nicht geleistet werden könne. Diese Lösung unterscheidet sich de facto aber nicht allzu sehr von jener, die das Wesen des Kitsches zu bestimmen sucht. Sie grenzt sich von dieser ab, sucht de facto aber weiter danach, was Kitsch eigentlich ausmacht.

1.3 Die Kategorisierung des Kitsches

Die Vorstellung der Dilemmas in Abschnitt 1 hat gezeigt, welche Schwierigkeiten die Definition des Kitsches bereitet. Das erste Problem ist, dass der Begriff nicht durch ein objektives Kriterium bestimmt werden kann. Das zweite Problem bezieht sich darauf, dass Kitsch ein Begriff ist, dessen Existenz erst durch eine bestimmte Perspektive zustande kommt. Das bedeutet, dass nur die „Analysator-Position“ eingenommen werden darf, solange ein Gegenstand als Kitsch untersucht wird. Und dies wiederum hat zur Folge, dass kein Zugang zum Genuss der „naiven“ Rezipienten möglich ist. Denn der Begriff Kitsch existiert nur für jene, die die „Analysator-Sicht“ haben. Unter Berücksichtigung dieser beiden Dilemmas scheint es, dass kein Objekt als Forschungsgegenstand fungieren kann, das unabhängig von einem subjektiven Blick als solches erkannt werden kann. Im Folgenden nun einige Überlegungen, wie die Dilemmas zu behandeln sind und wie dadurch das Ziel erreicht werden kann, Gegenstände, die mehr sind als die Folge eines subjektiven Blickpunktes, einer wissenschaftlichen Untersuchung zu unterziehen sind. Dieses Ziel lässt sich jedoch nicht nur dadurch erreichen, dass man mögliche Bedingungen für den Begriff Kitsch sucht, wie es Putz versucht hat. Vielmehr lassen sich dazu die Gegenstände zusätzlich auch direkt beobachten und analysieren, was den Diskurs nicht nur auf der Ebene einer Theorie über das Geschmacksurteil ermöglicht, die sich zum Beispiel mit den möglichen Bedingungen des Begriffs „Kitsch“ beschäftigt, sondern auch auf der empirischen Ebene der Gegenstände, wie zum Beispiel, von welchen Gegenständen de facto ausgegangen werden kann, wenn über Kitsch gesprochen wird.

Es sei nochmals betont, dass mit dieser Zielsetzung nicht versuchen werden soll, einen objektiven, allgemeingültigen Grund für das Geschmacksurteil über den Kitsch zu finden. Vielmehr kommt es hier darauf an, eine Grundlage zu schaffen, auf der sich eine weitere Diskussion entwickeln kann. Diese Grundlage lässt sich gewinnen, indem man die Grenzen der vorhandenen Diskurse aufzeigt: Dadurch kann diese Untersuchung ihren Geltungsbereich abstecken. Diese Aufgabe, die – wie durch Kants Versuch der Synthetisierung der Antinomie des Geschmacksurteils angedeutet – schwer zu vereinbarende Aspekte enthält, nämlich die Unmöglichkeit, den Begriff Kitsch normativ zu bestimmen, und die Absicht, darüber in einem allgemeingültigen Rahmen zu diskutieren, lässt sich von zwei verschiedenen Richtungen her angehen: zum einen indem die als Kitsch angesehenen Gegenstände erkenntnistheoretisch bestimmt werden und andererseits indem der Begriff Kitsch wertneutral angewendet wird. Bei der erstgenannten Möglichkeit wird untersucht, ob sich auch ohne eine Definition von Kitsch Gegenstände entsprechend einordnen lassen; bei der zweiten Möglichkeit wird erwogen, inwieweit der Begriff als wertneutrales Wort verwendet werden kann.

1.3.1 Die Möglichkeit, bestimmte Objekte ohne eine begriffliche Definition von anderen zu unterscheiden

Wie das erste Dilemma zeigt, ist Kitsch ein Geschmacksurteil. Daher kann man nicht objektiv bestimmen, welche Extension das Wort hat und auf welche Gegenstände es angewendet wird. Hier ist es also schwer, objektive Kriterien für kitschige Gegenstände festzustellen.

Es besteht hierbei nicht die Absicht, entgegen dieser Ansicht zu behaupten, dass dennoch objektive Kriterien gefunden werden sollten. Und es sei auch betont, dass jedem einzelnen das Urteil überlassen bleiben soll, was für ihn Kitsch sei. In der Tat reden wir im Alltag über Kitsch und ordnen ihm bestimmte Dinge zu. Wie zu sehen ist, gibt es eine Lücke zwischen der theoretischen Undefinierbarkeit des Begriffs Kitsch und seiner praktischen Anwendung. *Wie kann man diese Lücke überwinden und die praktische Anwendung theoretisch legitimieren?*

Um auf diese Frage einzugehen soll die Aufmerksamkeit zunächst auf die empirischen Beobachtungen von Kitsch gelenkt werden. Betrachtet man die Objekte, die unter dem Namen Kitsch genannt werden, so ist zu erkennen, dass unter dieser Bezeichnung sehr unterschiedliche Objekte gefasst werden. In einem Fall wird also ein Bild, das in einer Ausstellung als schöne Kunst exhibiert wird, am nächsten Tag in der Rezension eines Kunstkritikers als Kitsch kommentiert. In einem anderen Fall wird ein Gartenzwerg unabhängig von den Meinungen der Beurteilenden, ob sie ihn kitschig finden oder nicht, als Kitsch bezeichnet, als sei der Gartenzwerg als solcher definiert. Diese beiden empirischen Beispiele unterscheiden sich darin, dass sich im ersten Fall ein Objekt je nach Beurteilendem zwischen schöner Kunst und Kitsch in einem breiten Spektrum bewegt. Im Vergleich dazu ist im Fall des Gartenzwergs das Spektrum der subjektiven Sichtweisen viel enger, das Objekt (nicht) als Kitsch anzusehen. So hat die Extension des Begriffs Kitsch auch einen jeweils unterschiedlichen Grad an Objektivität.

Diese Beobachtung führt zu dem Gedanken, dass der Gegenstandsbereich des Begriffs Kitsch eine tiefergehende Betrachtung notwendig macht. Für diesen Zweck werden die für gewöhnlich unter dem Oberbegriff Kitsch gefassten Objekte in verschiedene Gruppen eingeteilt.

Wie aber lassen sich Objekte, die als Kitsch gelten, in Gruppen einteilen? Kann man bestimmte Objekte als einander ähnlich anordnen, auch wenn man keine Definition dafür hat? Wenn sich dies als möglich erweist, lässt sich auch eine Definition von Kitsch erhalten, die von anderen Bereichen abzugrenzen und zu unterscheiden ist.

Die Idee, die Objekte ohne eine Definition zu klassifizieren, bringt den von Ludwig Wittgenstein geprägten Begriff der „Familienähnlichkeit" in die Diskussion. Auch wenn man nicht definieren kann, was ein Ding ist, ist es nicht selten zu sehen, dass man es trotzdem von den anderen differenziert erkennen kann. Dies lässt sich am Beispiel eines kognitiven Prozesses von Kindern überprüfen: Ein Kind kann einen Kreis von eckigen Formen unterscheiden, obwohl es für sein Kriterium keine Erklärung angeben kann.

So ist es gut vorstellbar, dass man auch ohne Bezugnahme auf das Konzept des Kitsches einen Gartenzwerg als eine sich von einer griechischen Statue in einem höfischen Garten unterscheidende Art erkennen kann. Wenn man aufgefordert wird, einen Gartenzwerg von den griechischen Statuen zu differenzieren, wird man diese Aufgabe gut erledigen können, auch wenn man keinen Begriff von Kitsch bzw. Kunst hat.

Wenn sich ein Gegenstand auf diese Weise von anderen unterscheiden lässt, können die Gegenstände auch ohne einen dazugehörigen Begriff als solche erkannt werden. Denn sie werden unabhängig von ihrer Bezeichnung als solche wahrgenommen. Mit dieser Erkenntnis ist zwar noch keinen Begriff für Kitsch gewonnen, aber zumindest eine Auswahl von bestimmten Objekten, die von anderen zu unterscheiden ist. Sie existieren mit ihrer eigenen Identität, die sich von anderen unterscheidet, unabhängig davon, aus welcher Perspektive man die Objekte sieht und ob man sie als Kitsch erkennt oder nicht.

Für diese Untersuchung bedeutet das, auch wenn kein unmittelbarer Zugang zum Genuss der „naiven" Kitschrezipienten vorhanden ist, doch zumindest zu Recht gesagt werden kann, dass gemeinsam mit den „naiven" Rezipienten die Fähigkeit geteilt wird, bestimmte Objekte als eine sich von anderen unterscheidende Art zu erkennen. Was sie sehen, ist also eigentlich nicht sehr verschieden von dem, was hier gesehen wird. Sie erkennen zwar die Objekte nicht als Kitsch, und in dem Sinne kann man sagen, dass für sie Kitsch nicht vorhanden ist, aber das heißt nicht, dass sie die Objekte als solche nicht erkennen. Nur definieren sie sie nicht als Kitsch und fällen somit kein Werturteil.

Ergänzend zu dieser Betrachtung kann dieser Sachverhalt in einen interkulturellen Kontext übertragen werden. Objekte, die man in Europa leichthin als Kitsch beurteilt, werden in Asien oft nicht als solcher angesehen. Beispielsweise werden Comicfiguren wie „Hello Kitty", die in Europa in der Regel als kitschig empfunden werden, in asiatischen Ländern wie Korea, Japan und China nicht als Kitsch bezeichnet. Man könnte dies mit der Vermutung erklären, dass schon das Wort Kitsch in den asiatischen Ländern fehlt, während eine dem Kitsch vergleichbare Sichtweise wohl vorhanden sei. In der Tat ist der Begriff Kitsch unter anderem in Korea ein erst im Laufe der Modernisierung importiertes Wort, für das noch keine gängige Anwendung gefunden wurde.[21] Aber dass die Koreaner im Allgemeinen Hello Kitty nicht unter dem Blickpunkt des Kitsches sehen (können), liegt nicht nur daran, dass ihnen das Wort dafür fehlt, sondern auch dass diesen die entsprechenden begrifflichen Implikationen fremd sind. Die Art und Weise, wie Europäer diese Katzenfigur sehen, ist für Koreaner schwer nachvollziehbar. So sieht man in Korea Hello-Kitty-Figuren als süß, lustig oder kindlich an, man findet sie im schlimmsten Fall albern, aber jedenfalls nicht abstoßend bzw. kitschig. Es ist jedoch vorstellen, dass ein Koreaner lernt, die „kitschigen" von den nicht „kitschigen" Gegenstände zu unterscheiden, und zwar ohne eine Erklärung, was Kitsch sei. Wie bei einem Lernvorgang, in dem eine Form eines neuen Musters kognitiv gelernt wird, kann ein Koreaner lernen, anhand einer äußeren Eigenschaft des Gegenstands kognitiv zu erkennen, was die Europäer als kitschig bezeichnen.

Wenn der Koreaner dann jedoch aufgefordert würde zu definieren, welcher Art die kitschigen Objekte sind – er würde er nicht darauf antworten können. Trotzdem ist unschwer anzunehmen, dass er einen Gartenzwerg von einer antiken Statue unterscheiden kann, obwohl ihm das Konzept für Kitsch nicht bekannt ist.

Es sei zudem angemerkt, dass diese Sortierungsarbeit auch ohne Einmischung persönlicher Gefühle durchgeführt werden kann. Ein Asiat kann die Kategorisierung der kitschigen Objekte so durchführen, als würde er Fälschungen sortieren, wobei sein Gefühl zum Gegenstand nicht involviert sein muss. Man kann dies alles in einem kognitiven Prozess tun, der sich von einem emotionalen unterscheidet. Ein subjektives Gefühl ist nicht notwendig, um die kitschigen Objekte von den nicht kitschigen wie das Original von den Fälschungen zu unterscheiden.

Unabhängig davon, ob man einen Gartenzwerg schön oder minderwertig findet, kann man ihn in den meisten Fällen beispielsweise im Vergleich

---

21 | Zum Beispiel wird das Wort Kitsch als deutsches Wort unter anderem in intellektuellen Kreisen verwendet. Die Implikation des Wortes in Korea ist aber sehr viel beschränkter und es wird meist in Bezug auf künstlerische Fertigkeiten verwendet. Die Gegenstände, die in Europa als typisch kitschig empfunden werden, wie etwa Hello Kitty, findet man in Korea überhaupt nicht kitschig, höchstens süß, lustig oder kindlich. In der asiatischen Sichtweise solcher Sachen ist eine pejorative Bewertung kaum zu finden.

zu Michelangelos David-Statue als eine andere Gattung erkennen.[22] Auf diese Art kann man einen „normalen“ Krug von einem Krug mit einem Bismarckkopf, eine „normale“ Uhr von einer Kuckucksuhr mit Disney-Figuren unterscheiden. Selbst wenn man den Bismarck-Bierkrug oder die Disney-Kuckucksuhr nicht unter einen bestimmten Begriff einordnen, geschweige denn als Kitsch identifizieren kann, ist es möglich, die beiden Gegenstände von den „normalen“ zu unterscheiden. Es soll damit keineswegs behauptet werden, dass man nur anhand der äußeren Merkmale ohne Weiteres Michelangelos David-Statue von einer imitierten Statue unterscheiden kann. Es lässt sich aber zumindest feststellen, dass man die David-Statue auch ohne eine begriffliche Definition oder explizites Kriterium vom Gartenzwerg unterscheiden kann.

1.3.2 Die Möglichkeit, den Begriff Kitsch nicht in pejorativem Sinne zu verwenden

Was geschieht aber, wenn man es nicht bei solcher Unterscheidbarkeit belassen, sondern darüber hinausgehend einen Gegenstand *als* Kitsch *benennen* will? Was geschieht, wenn ein Koreaner nicht nur lernt, Gegenstände zu sortieren, sondern auch, sie unabhängig vom direkten Vergleich mit anderen Gegenständen als Kitsch zu benennen? Läuft dies nicht darauf hinaus, dass man das Wort nur als Ausdruck des subjektiven Gefühls verwendet? Das Wort Kitsch ist, wie bereits gezeigt, als abwertende Bezeichnung entstanden. Insofern rekurrierte er von Beginn an auf die Diskreditierung bestimmter subjektiver Empfindungen. Will man also bei bestimmten Gegenständen klären, ob sie kitschig sind oder nicht, scheint man sich nur auf die subjektive Einstellung beziehen zu können. Wäre dies aber der Fall, bliebe diese Untersuchung dann nicht im Bann der subjektiven Wahrnehmung, ohne die fraglichen Objekte selbst zu adressieren? Ist also allein eine rezipientenabhängige Definition von Kitsch möglich?

Um die Gegenstände nicht nur einzuordnen, sondern zudem unter dem Namen „Kitsch“ zu subsumieren, gilt es noch einen anderen Aspekt des Sachverhalts zu betrachten; dies vor allem weil der Begriff Kitsch nach konventioneller Sicht mit Gefühlen verbunden ist. Wie schon erklärt, ist der Begriff Kitsch ein Geschmacksurteil, das in seinem üblichen Gebrauch ein negatives Werturteil darstellt. Alle als Kitsch bezeichneten Objekte haben in ihrer

22 | Es soll hier nicht behauptet werden, dass diese Unterscheidung universell gelten kann. Sicherlich gibt es Unterschiede, je nach den Kulturen. Wie unterschiedlich und kreativ man die Dinge kategorisieren kann, hat bekanntlich schon Foucault gezeigt. Trotzdem ist zu postulieren, dass in ein und demselben Kulturraum ein Gartenzwerg von Michelangelos David-Statue unterschieden werden kann.

Genese diese Etikettierung des herabsetzenden subjektiven Werturteils. Denn sie wurden bereits von einer subjektiven Meinung als solche eingestuft. Führt diese Entstehungsgeschichte nun dazu, dass es keine neutrale, von einer subjektiven Meinung unabhängige Verwendung des Wortes Kitsch gibt? Gibt es Gegenstände, die sich ohne ein involviertes Geschmacksurteil, also gewissermaßen wertneutral identifizieren lassen?

Diese Fragen sind kein Gedankenexperiment aus dem Bestreben heraus, dieser Untersuchung eine objektive Allgemeingültigkeit zu verschaffen. Die Notwendigkeit, Kitsch als einen vom Geschmacksurteil abgelösten Gegenstand darzustellen und seine Existenz theoretisch zu legitimieren, ergibt sich eher aufgrund der Veränderungen im künstlerischen bzw. kulturellen Umfeld, die in der letzten Zeit zu beobachten sind.

Diese Veränderungen sind vor allem beim Rezeptionsverhalten zu erkennen. Ein Beispiel zeigen die Rezipienten, die Kitsch mögen, obwohl ihnen bewusst ist, dass der Gegenstand kitschig ist. So unterliegt mit der Zeit die Übereinstimmung zwischen dem Werturteil „das ist gut/schlecht“ und dem Geschmacksurteil „das gefällt mir/gefällt mir nicht“ gewissen Schwankungen. Diese Veränderung ist vor allem in der modernen Kultur zu beobachten, in der solche Gegenstände auftauchen, die unabhängig von einem subjektiven Urteil wertneutral als Kitsch eingeordnet werden. Denn in Kunst und Kultur tritt das Phänomen auf, dass man etwas trotz des Urteils „das ist Kitsch“ geradezu liebt. Dieses Phänomen bestätigt sich in Kunstströmungen wie „Camp“ oder in vielen so genannten postmodernen Kunstwerken. Hier werden kitschige Elemente in den Werken gerne und absichtlich verwendet. Auch in der Massenkultur finden sich im Internet kommerzielle Webseiten für Kitschliebhaber, die kitschige Dinge im vollen Bewusstsein dessen lieben, dass sie Kitsch sind. All diese Phänomene lassen sich in der Äußerung „das ist Kitsch, ich mag es gern“ zusammenzufassen. Sie können aber mit der herkömmlichen Bedeutung des Kitsches, nämlich ein abstoßendes Gefühl auszudrücken, nicht in Einklang gebracht werden. Es drängt sich die Frage auf, ob bzw. wie der Begriff eine andere Anwendung finden kann.

Das Wort „Schlager“ ist ein ähnlicher Begriff. Die Äußerung „das ist ein Schlager“ lässt sich nach zwei verschiedenen Bedeutungen auslegen: Wenn man zum Beispiel „normale“ Popmusik, beispielsweise von den „Scorpions“, als „Schlager“ bezeichnet, wird diese Äußerung pejorativ. Demgegenüber kann man sich eine andere Verwendung vorstellen. Patrick Farges fragt dazu in seinem Aufsatz über Schlager „Kitsch-Parade“: „Kann man den Schlager allerdings als Gattung definieren?“[23] Darauf antwortet er selber: „Obwohl Schlager keine besondere künstlerische Originalität aufweisen, so sind sie doch

23 | P. Farges: Kitsch-Parade. Der deutsche Schlager zwischen Ur-Kult und Kultur, in: O. Agard/C. Helmreich/H. Vinckel-Roisin (Hg.): Das Populäre. Untersuchungen zu In-

unverwechselbar und in gewisser Weise unübersetzbar. In anderen Kulturen gibt es einfach kein Äquivalent für dieses spezifisch deutsche Kulturobjekt."[24] Wenn man auch mit seinem Werturteil über den Schlager nicht einverstanden sein mag, so ist an der Anmerkung dennoch zu erkennen, dass Farges Schlager als etwas behandelt, was einen eigenen Bereich besetzt. Dies weist bereits darauf hin, dass Schlager in anderer Weise denn als ein pejoratives Wort benutzt wird. Hier erscheint „Schlager" als ein mehr oder weniger wertneutrales Musikgenre, das sich durch bestimmte musikalische Eigenschaften auszeichnet. Während also das Wort einerseits in einem pejorativen Sinne verwendet wird, hat es zugleich die Bedeutung einer neutralen Bezeichnung entwickelt. Diese doppelte Art der Verwendung verweist auf, dass es realistisch möglich ist, dass man eine Musik „Schlager" nennt und sie gleichzeitig gerne hört. So weist Farges darauf hin, dass es möglich ist, einen Schlager zu mögen, nicht weil er „gut" ist, sondern weil er „gefällt."[25]

Auf die Möglichkeit, dass ein pejorativ verwendeter Begriff im Lauf der Zeit eine wertneutrale Verwendung finden kann, hat schon Norbert Elias im Zusammenhang mit der Ästhetik hingewiesen, indem er darauf verwiesen hat, dass Begriffe wie „Barock" oder „Gotik" anfänglich keinen positiven Klang hatten, aber mit der Zeit als neutrale Bezeichnung für einen Stil verwendet wurden.[26] Mit diesem Hinweis begründet er seine Sicht, nach der der Begriff Kitsch seinen Wertgehalt „im Zug der gesellschaftlichen Entwicklung" neutralisiert hat und als „Kitschstil" aufgefasst wird.[27] Zwar beschränkt Elias zunächst das Zeitalter des „Kitschstils" auf die Vorkriegszeit, aber abgesehen von der Diskussion, ob seine zeitliche Eingrenzung gerechtfertigt ist oder nicht, wird jedenfalls die Möglichkeit bestätigt, dass der Begriff eine andere Verwendung fand. Um die Möglichkeit der neutralen Verwendung des Wortes zu veranschaulichen, sei noch einmal an das Beispiel des Koreaners erinnert, der gelernt hat, „kitschige" Gegenstände von anderen zu unterscheiden – und zwar mit einer wertneutralen Einstellung. Wenn er dazu nachträglich lernt, dass solche Objekte Kitsch genannt werden, wird diese Bezeichnung für ihn dann erst einmal eine gefühlsfreie, normale Bezeichnung sein wie „Tisch", „Souvenir" oder „Barock".

Bei dieser, vom Werturteil entkoppelten Verwendung des Wortes Kitsch ist darauf hinzuweisen, dass er damit auch vom Gefühl eines Subjektes unabhängig verwendet wird. Wenn man einen Gegenstand Kitsch nennt, muss

---

teraktionen und Differenzierungsstrategien in Literatur, Kultur und Sprache, Göttingen 2011, S. 207.

24 | P. Farges, a.a.O., S. 208.

25 | P. Farges, a.a.O., S. 216.

26 | N. Elias: Kitschstil und Kitschzeitalter, S. 5-6.

27 | N. Elias, a.a.O., S. 6.

dies nicht heißen, dass man ihn emotional abstoßend findet. Anders: Es ist möglich, ohne Einmischung des Gefühls einen Gegenstand als Kitsch zu bezeichnen.

1.3.3 Die Problematik der Definition und die Unterteilung des Kitsches

1.3.3.1 Ein Lösungsvorschlag für die Problematik der Definition

In den Abschnitten 3.1 und 3.2 wurden zwei Möglichkeiten aufgezeigt, wie der Begriff Kitsch entstehen kann, ohne sich auf das subjektive Gefühl zu beziehen. Ferner hat sich herausgestellt, dass bestimmte Gegenstände unabhängig von der Meinung des Beurteilenden anhand ihrer äußerlichen Merkmale als voneinander unterschieden erkannt werden.

Wenn damit auch gezeigt worden ist, dass es bestimmte Gegenstände gibt, die sowohl vom „naiven" Rezipienten als auch vom „kritischen" ähnlich wahrgenommen werden, muss das nicht bedeuten, dass der „naive" Rezipient sie in derselben Weise wie der „kritische" Rezipient identifiziert. Es kommt natürlich darauf an, mit welchem Begriff man sie identifiziert. Wenn man nur hinsichtlich der Unterscheidung zwischen dem naiven und dem kritischen Rezipienten einen Bismarckkrug sieht, gibt es nur zwei Möglichkeiten für die Identifizierung. Ein kritischer Rezipient nennt ihn Kitsch, während ein naiver nur einen Krug sieht. Wie oben gesehen, gibt es noch eine andere Sicht, in der ein Rezipient den Krug Kitsch nennt, aber nicht in einem pejorativen Sinne. Er verwendet das Wort als ein wertneutrales, um ohne Einmischung einer subjektiven Meinung äußerliche Merkmale zu bezeichnen.

Zusammengefasst kann grob von zwei Verwendungen des Begriffs Kitsch ausgegangen werden:

1. Kitsch steht für einen Gefühlsausdruck von Rezipienten gegenüber bestimmten Gegenständen.
2. Kitsch ist eine Bezeichnung für eine bestimmte Gruppe von Gegenständen.

Bei der ersten Kategorie bezieht sich das Wort Kitsch auf das Subjekt, bei der zweiten dagegen auf das Objekt. Kitsch als Ausdruck eines subjektiven Gefühls kann im Prinzip auf alle Gegenstände angewandt werden. Fragt man auf der Ebene des Objekts, welche Gegenstände sich als Kitsch bezeichnen lassen, können im Prinzip alle für kitschig gehalten werden.[28] Denn es ist im Grunde immer möglich, dass ein Subjekt gegenüber einem Gegenstand nach seinem eigenen Kriterium ein solches Geschmacksurteil trifft.

28 | Vgl. C. Putz: Kitsch, S. 105.

Steht hingegen Kitsch als Bezeichnung für bestimmte Gegenstände (siehe Kapitel 1.3.1 und 1.3.2), kann nicht jeder Gegenstand Kitsch sein. Hier ist ein Bismarck-Bierkrug von einem gewöhnlichen Krug zu unterscheiden.[29] Wenn jemand ersteren als Kitsch kategorisiert, heißt das nicht unbedingt, dass er ihn vom Gefühl her auch kitschig findet. Mehr oder weniger unabhängig von seiner subjektiven Meinung kann er ihn unter Kitsch einordnen, denn er wurde mittlerweile aufgrund seiner Andersheit als etwas Eigentümliches angesehen, auch wenn dies meistens nur pejorativ geschieht. So sind mit Kitsch gemäß Kategorie 2 solche Gegenstände gemeint, die vom subjektiven Gefühl und vom Kontext unabhängig generell als „Kitsch" angesehen werden.

Dieser Sachverhalt wird deutlicher vor dem Hintergrund, dass Geschmacksurteil und Kunst in der Ästhetik getrennt zu diskutieren sind. Die Diskussion zum Geschmacksurteil dreht sich hauptsächlich um subjektive Gefühle gegenüber einem Gegenstand. Unter dem Gesichtspunkt des Geschmacksurteils kann jedes Objekt je nach Sichtweise zu einem ästhetischen werden. Dabei muss man darauf fokussieren, was für ein Gefühl es ist, wenn man etwas schön findet. So richtet sich die Frage introvertiert auf das beurteilende Subjekt. Hingegen geht es bei der Kunst um die Gegenstände und um die Frage, welche Gegenstände schön sind und welches Kriterium für Kunst hervorgehoben wird. Es sollte hier auch klar sein, dass Kunst überhaupt nicht entstehen kann, ohne dass sie schon zuvor von jemandem schön gefunden wurde, und sie in diesem Sinne eigentlich das Ergebnis eines Geschmacksurteils ist. Doch auch bei diesen ursprünglichen Zusammenhängen kann differenziert beobachtet und diskutiert werden: Die schönen Gegenstände bilden ein eigenes Feld wie eine Institution der Kunst, das mehr oder weniger eine vom Geschmacksurteil der Rezipienten unabhängige Logik hat. So ist anzunehmen, dass Kitsch ebenso auf zwei unterschiedlichen Ebenen gesehen werden kann: auf der Ebene des Geschmacksurteils und auf der Ebene der Gegenstände.

Dementsprechend sind nachfolgend die beiden Kitsch-Kategorien jeweils gemäß dieser Ebenen zu betrachten. Die Kategorie 1 (Kitsch als Geschmacksurteil) wird in Kapitel 3 betrachtet, in den Kapiteln 4 und 5 wird ein Teil der Gegenstände aus der Kategorie 2 behandelt. Die gegenständliche Seite des Geschmacksurteils, wonach alle Gegenstände im Grunde Kitsch sein können, wird dabei in der vorliegenden Arbeit nicht behandelt. Allein die Gegenstände der Kategorie 2 werden in die Untersuchung mit einbezogen.

---

29 | Auf eine Ausarbeitung der Unterschiede der beiden Objekte wird hier verzichtet. Wie gezeigt wurde, ist es schwierig, allgemeine Kriterien aufzustellen, Kitsch im Allgemeinen von Kunst im Allgemeinen zu unterscheiden. Aber es ist durchaus möglich, einzelne Werke voneinander zu unterscheiden.

Als Letztes soll darüber gesprochen werden, welchen Beitrag die neuen Perspektiven auf die Anwendungen des Begriffs Kitsch für die Problematik der Definition leisten. In Abschnitt 1 wurde auf zwei Dilemmas hingewiesen, die eine objektiv gültige Definition über Kitsch nicht möglich erscheinen lassen.

Wenn der Begriff nun eine wertneutrale, von der subjektiven Meinung unabhängige Anwendung findet, kann es also Objekte geben, die unabhängig von dieser Meinung als Kitsch bezeichnet werden. Das heißt, es ist keine Definition, die ein objektives Kriterium hat, aber einen objektiven Gegenstand. Insofern kann man sagen, dass eine gemeinsame Grundlage für die Diskussion im Rahmen der Wissenschaft gegeben ist. So ist hier mit dem Kitsch nicht einfach etwas Geschmackloses gemeint, einen Gegenstand mit übertriebener Ausschmückung oder etwas, was sentimentale Emotionen erregt, sondern ein Bismarck-Bierkrug, eine Disney-Kuckucksuhr, ein Arztroman, ein Hello-Kitty-Kissen usw. Der Lösungsvorschlag für die Definition richtet sich also nicht darauf, eine Antwort auf die Frage zu geben, was Kitsch ist, sondern schlicht die Objekte herzunehmen, auf die sich der Begriff Kitsch bezieht.

Im Rahmen der Diskurse über Definitionen wurde unterschieden zwischen einem Diskurs über Objekte und einem anderen über das subjektive Gefühl bzw. die ästhetische Beurteilung. Bei der Bestimmung des Gegenstandsbereichs wurde das Dilemma behandelt, dass eine Definition von Kitsch sich nicht auf ein objektives Kriterium stützt, während für eine wissenschaftliche Diskussion doch eine objektive Grundlage benötigt wird. Dabei wurde zwar eine Anwendung des Begriffs Kitsch, die ohne Eimischung des subjektiven Gefühls auskommt, gezeigt. Zugleich jedoch entfällt mit dieser aber nicht jene Verwendung des Begriffs, mit der man ein Gefühl ausdrückt. Die Frage, was für ein Gefühl man ausdrückt, wenn einer sagt, „das ist Kitsch", fällt in den Untersuchungsbereich der ästhetischen Beurteilung. Es wurde zudem die Frage aufgeworfen, was für ein Gefühl das ist, wenn jemand über einen Gegenstand, der von anderen üblicherweise als Kitsch bezeichnet wird, sagt „das ist schön". Das Ergebnis, so hat sich gezeigt, ist, dass man davon nichts wissen kann. Der Grund dafür liegt vor allem in der Prämisse, dass solange man weiß, dass etwas Kitsch ist, man nicht das Gefühl jenes Rezipienten nachempfinden kann, der den Gegenstand schön findet. Unter diesem Blick ist es paradox, wenn man sagt, „das ist Kitsch" und gleichzeitig den Genuss eines Rezipienten empfindet. Die Unterscheidung zwischen dem naiven und dem kritischen Kitschrezipienten wirkt dann nicht nur auf der Ebene des ästhetischen Urteils, sie geht auch auf eine soziologische Ebene über. Hier wird dann zudem von dem Unterschied des sozialen Status der Rezipienten geredet, der die Kluft zwischen dem naiven und dem kritischen Rezipienten noch vertieft. Dieser Ausganspunkt kann nun mit der neuen Anwendung des Begriffs Kitsch aus einem anderen Blickwinkel gesehen werden.

1.3.3.2 Die Unterteilung des Kitsches

Im Folgenden werden die unter dem Namen Kitsch potenziell subsumierten Gegenstände gesammelt. Dabei werden nicht nur kitschige Gegenstände der Kategorie 2 zugeordnet, die konventionell als Exponenten des Kitsches erkannt wurden, sondern auch solche mit eingeschlossen, die je nach subjektiver Perspektive als Kitsch angesehen werden. Dieser Art von Kitschobjekten gilt zwar nicht das Hauptinteresse dieser Arbeit, sie wird dennoch in die Kategorisierung mit einbezogen, um möglichst alle Fälle zu berücksichtigen, in denen ein Objekt als Kitsch bezeichnet wird. Dabei galt es zu versuchen, die Gegenstände in verschiedene Kategorien zu unterteilen.

In der Kitschforschung haben bereits einige Untersuchungen Kitsch nach Typen unterteilt. Gustav E. Pazaurek etwa hat Kitsch „je nach der Flagge, unter der er segelt",[30] eingeordnet in Hurrakitsch, Devotionalienkitsch, Geschenkkitsch, Fremdenartikelkitsch, Reklamekitsch und Aktualitätskitsch.[31] Für ihn zählen dazu „religiöse und patriotische Motive, Heimatliebe und die Erinnerung an die schönsten und berühmtesten Stätten der Welt, Geschenke zu besonderen Anlässen, das entwickelte Bedürfnis der modernen Reklame, vor allem jedwede Aktualität in gutem oder bösem Sinne".[32] Nach Hans-Dieter Gelfert lässt sich Kitsch 18 „Standardtypen" zuordnen.[33] Einige davon sind: „niedlicher Kitsch, gemütlicher Kitsch, sentimentaler Kitsch, religiöser Kitsch, poetischer Kitsch, sozialer Kitsch" usw. Auch Gert Richter sammelt in seinem *Kitsch-Lexikon von A bis Z* Gegenstände, die mit Kitsch zu tun haben, und ordnet sie in alphabetischer Reihenfolge.[34]

Im Folgenden nun soll ebenfalls der Versuch unternommen werden, die Gegenstände zu sortieren. Zu betonen ist dabei, dass diese Sortierung nicht darauf zielt, alle möglichen Gegenstände zu erfassen und zu gruppieren. Vielmehr sollen die Gegenstände, die die eigene Gattung Kitsch schaffen und mehr oder weniger vom Kontext unabhängig als Kitsch bezeichnet werden, betrachtet werden. Wie zuvor erläutert, soll das Hauptaugenmerk der Untersuchung auf nur einen Bereich gelegt werden, in welchem die Gegenstände durch einen subjektiven Blick gefiltert und nur in einem bestimmten Blickwinkel als Kitsch konstruiert sind. Über die subjektive Perspektive hinweg sollen die Objekte direkt erreicht werden, um Kitsch auch für die „naiven" Rezipienten einzubeziehen.

---

30 | G.E. Pazaurek: Guter und schlechter Geschmack im Kunstgewerbe, Bremen 2012, S. 350.

31 | G.E. Pazaurek, a.a.O., S. 350-355.

32 | G.E. Pazaurek, a.a.O., S. 350.

33 | H.-D. Gelfert: Was ist Kitsch?, Göttingen 2000, S. 31.

34 | G. Richter: Kitsch-Lexikon von A bis Z. Zu Nutz und Frommen eines geschmackvollen Lesers präsentiert und kommentiert von Hrn. Gert Richter, Doctor philosophiae, Gütersloh/Berlin/München 1972.

Aber dieses Projekt kann im Prinzip nicht vollkommen logisch durchgeführt werden, weil man, wie anhand der Dilemmas oben angedeutet, logisch gesehen nur Beobachter sein kann, solange man über Kitsch redet. Trotzdem ist es zumindest durch Zusammenstellen der Gegenstände, die frei vom Geschmacksurteil Kitsch genannt werden, möglich, Objekte zu erfassen, die vom analytischen ebenso wie vom naiven Rezipienten als Kitsch erkannt werden.

Im Folgenden sind in den Kategorien B, C und D solche Gegenstände aufgeführt, die aufgrund bestimmter Merkmale eine selbstständige Gattung darstellen. In der Kategorie A hingegen sind Gegenstände erfasst, die stark vom subjektiven Blick abhängig sind:

A. *Gegenstände, die sich in der Regel nicht direkt auf Kitsch beziehen lassen.* Sie können wertneutral sein, wie ein gewöhnlicher Popsong oder Kunstwerke. Sie werden trotzdem vom Beurteilenden als Kitsch bezeichnet. So können etwa die Lieder der „Scorpions" von jemandem zu Kitsch herabgestuft werden. Auf diese Weise können fast alle Gegenstände als Kitsch gesehen werden. Es soll jetzt keine Diskussion über eine Berechtigung dieser Sicht geführt werden, sondern allein auf die Fälle hingewiesen werden, bei denen die Gegenstände Kitsch genannt werden. Hier kann der Einwand erhoben werden, dass es bei dieser Kategorie nicht um das Geschmacksurteil geht und diese Fälle darum nicht in die obige Kategorie 1 einzuordnen sind. Die nächste Gruppe sind die Kopien. Der Grund, dass sie mit in die vorliegende Kategorie aufgenommen werden, obwohl sie üblicherweise als ein Repräsentativ des Kitsches gesehen werden, liegt darin, dass sie im Grunde erst durch die Vorstellung des Originals zu Kitsch werden. Wie Putz aufzeigt, ist die Kopie im intertextuellen Kontext positioniert.[35] Das heißt, wenn jemandem das Wissen über das betreffende Original fehlt, kann man die Kopie nicht als Kitsch erkennen. In dieser Hinsicht kann man sagen, dass Kopien als Kitsch auch vom subjektiven Blick abhängig sind.
Aus demselben Grund werden von Laien angefertigte Gegenstände wie Bilder oder Ähnliches dieser Kategorie zugeordnet. Auch hier lässt sich ein Gegenstand erst als Kitsch einstufen, wenn man zuvor eine Vorstellung davon hat, wie ein nicht laienhaftes Werk aussieht. Die Möglichkeit, dass es einem wie ein normales Kunstwerk scheint, ist hier nicht völlig auszuschließen. Außerdem ist es nicht einfach zu bestimmen, ob und inwieweit technische Mängel eines „laienhaften" Werks objektiv festgestellt werden können. Wenn sie schon mehr oder weniger objektiv zu erkennen sind,

35 | Vgl. C. Putz: Kitsch, S. 69: „Der Kitsch nimmt in Bezug auf das Intertextualitätsproblem eine Doppelrolle ein. Es gilt einerseits, dass er sich nur aus dem Bezug zur Kunst erkennen lässt, dass er sich (man erinnere: als Werturteil) aus diesem Verhältnis erst konstituiert."

sollten sie in einer der nächsten Kategorien eingeordnet werden. Zudem fallen immaterielle Gegenstände, etwa bestimmte Gefühle wie Sentimentalität, bestimmte Verhaltensweisen, „Lebensstile, Welthaltungen, Frömmigkeitstypen“ usw.[36] in diese Kategorie. In Bezug auf zum Beispiel Sentimentalität gilt allerdings noch zu verstehen, was es bedeutet, wenn man sagt, dass das Gefühl Sentimentalität Kitsch sei. Anders als bei einem materiellen Gegenstand kann man nicht mit den Augen sehen, ob das Gefühl vorhanden ist. Wenn Sentimentalität kitschig sein soll, muss man zuerst das Gefühl als solches erkennen können. Kann man wissen, dass jemand in einer sentimentalen Stimmung ist? Ist es nicht so, dass man je nach subjektiver Sicht unterschiedlich bewertet, ob ein Gefühlszustand Sentimentalität ist oder nicht? Gewiss ist nicht immer deutlich erkennbar, in welcher Stimmung eine Person gerade ist. Trotzdem können wir beispielsweise Trauer von Freude unterscheiden. Man mag mitunter nicht sicher sagen können, ob jemand traurig ist, aber man kann die typischen Merkmale von Trauer benennen. Sentimentalität zu identifizieren mag schwieriger sein, aber auch sie zeichnet sich durch Merkmale aus, anhand derer man sie erkennen kann.

Insofern kann sie trotz ihrer Immaterialität als Gegenstand behandelt werden wie ein Krug oder eine Uhr. Daraus ergibt sich die nächste Frage, nämlich ob sie zum Kitsch gezählt werden kann. Sentimentalität wird in der Kitschforschung sehr oft als ein kitschiges Gefühl betrachtet, etwa bei Williams James.[37]

Darüber hinaus verweist das Wort Kitsch noch auf ein bestimmtes Verhalten bei der Rezeption.[38] Ludwig Giesz erklärt dies mit dem Begriff „Kitschmensch“ als einen emotionalen Zustand, in dem ein Rezipient nicht nur ein Gefühl empfindet, sondern darüber hinaus dieses Gefühl auch noch genießt. Zum Beispiel wird jemand davon noch zusätzlich gerührt, dass er gerührt ist. Dieses Rezeptionsverhalten, der Selbstgenuss, wird als Kitsch erkannt. Ferner wird das Wort auch auf größere Bereiche wie eine Welthaltung oder eine religiöse Einstellung im weitesten Sinne verwendet.

B. *Pseudo-Kunstwerke bzw. Pseudo-Populärkunst.* Diese Gegenstände werden für Gewöhnlich relativ unumstritten im Bereich von Kunst und Kultur als Kitsch erkannt. Sie haben sozusagen das Genre „Kitsch“ begründet und sind weitläufig als Kitsch bekannt, so etwa Bilder von einem röhrenden Hirsch oder einer Hütte mit Wasserrad, Arztromane, Kampfkunstromane,

36 | L. Giesz: Phänomenologie des Kitsches. Ein Beitrag zur anthropologischen Ästhetik, Heidelberg 1971, S. 44.

37 | Vgl. W. Lyons: On looking into Titian's *Assumption*, in: S. Laver/M. Hjort (Hg.): Emotion and the Arts, New York 1997, S. 139-156.

38 | L. Giesz: Phänomenologie des Kitsches, S. 36.

Schlager, Karl Mays Abenteuerromane, André Rieus Musik usw. Von Ausnahmen abgesehen, in denen ein Werk für Ironie oder Parodie bewusst Kitsch als Mittel verwendet, sind die Fälle sehr selten, in denen ein Bild ein röhrender Hirsch oder ein Roman ein Arztroman und gleichzeitig kein Kitsch sind. Es sei hier schon bemerkt, dass sie mehr oder weniger Formen der Kunst aufweisen. Äußerlich ähneln sie der Kunst, aber es ist nicht schwer zu erkennen, dass sie nur den Anstrich von Kunst haben, in Wirklichkeit aber keine ernsthafte Kunst sind.

C. *Gebrauchsgegenstände-Kitsch.* Diese Gegenstände haben einen funktionellen und zugleich einen dekorativen Zweck. Bespiele dafür sind: ein Pantoffel mit Obama-Gesicht, ein Picasso-Becher, ein Bismarck-Bierkrug, ein Teller mit einer Abbildung von Prinz Charles, eine Kuckucksuhr mit Disney-Figuren usw.

D. *Gegenstände, die weder Gebrauchsgegenstände noch Kunst sind.* Sie werden gemeinhin als typischer „Kitsch" erkannt. Da sie meistens nur als Dekoration dienen, scheinen sie einen Bezug zur Kunst aufzuweisen, sollen aber nichts mit dieser zu tun haben. Trotzdem ist natürlich nicht jeder ausschließlich zur Dekoration hergestellte Gegenstand Kitsch. Ob eine Dekoration Kitsch ist oder nicht, das kann in Abhängigkeit davon beurteilt werden, wie ästhetisch sie wirkt. Wenn beispielsweise die Darstellung von etwas für einen Beurteilenden zu oberflächlich wirkt, wird er den betreffenden Gegenstand bzw. das betreffende Werk kitschig finden. Doch diese subjektive Kategorisierung soll hier außen vorgelassen werden. Demgegenüber werden Gegenstände wie Gartenzwerge und Nippes weitgehend unabhängig von der ästhetischen Wirkung zum Kitsch gezählt.
Ebenso dazu gehören „characters" wie Hello Kitty, die insbesondere in Asien verbreitet sind. Sie werden in Europa als typischer Kitsch bezeichnet, auf alle Arten von Gebrauchsgegenständen appliziert und machen diese damit zum Kitsch. Die „characters" vermitteln dabei sehr unverblümt simple Botschaften wie: „das ist süß!", „das ist traurig!", „das ist lieb!" usw. Weil sie so direkt und offensichtlich auf diese simplen Botschaften verweisen, wirken sie letztlich langweilig. Hello-Kitty-Gegenstände als „characters" haben meistens nur dekorativen Zweck ohne eine gesonderte praktische Funktion.

Es gibt hier keinen Fall, in dem ein Gegenstand einen Hello-Kitty-Character hat oder ein Gartenzwerg ist und gleichzeitig kein Kitsch ist. Wenn ein Dekor einen Hello-Kitty-Character hat, dann gilt es als Kitsch.

2. Die Topographie des Kitsches

2.1 Die Etymologie des Kitsches

2.1.1 Der Zeitpunkt der Entstehung des Kitsches

Nach Ute Dettmar und Thomas Küpper, den Herausgebern von *Kitsch. Texte und Theorien*, besteht Einigkeit in der Kitschforschung über die Entstehungszeit des Wortes „Kitsch". Die Autoren führen sie auf das Jahr 1881 zurück, als nach *Trübners Deutschem Wörterbuch* das Wort Kitsch in der Berliner Künstlerszene auftritt.[1] Dieter Kliche bestätigt in *Kitsch*[2], dass das Substantiv Kitsch erstmalig 1881 in Berliner Künstlerkreisen auftaucht. Harry Pross geht in Bezug auf den Entstehungsort davon aus, dass das Wort Kitsch um 1880 in München für rasch angefertigte Malereien verwendet worden ist.[3] Auch Elias auch dieser Auffassung und vermutet, dass der Kitschbegriff am Anfang des 20. Jahrhunderts „in einem Spezialistenmilieu, in Münchener Künstler- und Kunsthändlerkreisen" Verwendung fand.[4] Putz weist ihrerseits auf eine Angabe zur Entstehungszeit hin: Das Wort Kitsch sei in Verbform zuerst 1877 in der Berliner Bürgerzeitung aufgetaucht.[5] Claus-Artur Scheier ergänzt diese Anmerkung mit einem Zeitungszitat: „Die kleinen Genrebilder werden mit fabrikmäßiger Oberflächlichkeit hergestellt, werden ‚gekitscht'."[6]

Jedoch muss diese einig bezeugte Entstehungszeit relativiert werden: Zwar kann man bestätigen, dass das Wort in dem oben genannten Zeitraum erstmals in den betreffenden Dokumenten aufgetaucht ist, aber das bedeutet nicht, dass sich das dem Wort entsprechende Konzept auch erst zu dieser Zeit gebildet hat.

---

1 | U. Dettmar/T. Küpper (Hg.): Kitsch. Texte und Theorien, Stuttgart 2007, S. 94.

2 | D. Kliche: Kitsch, in: K. Barak et al. (Hg.): Ästhetische Grundbegriffe, Bd. 3, Stuttgart/Weimar 2001, S. 273.

3 | H. Pross: Medium „Kitsch" und Medienkitsch, Berlin 1984, S. 5.

4 | N. Elias: Kitschstil und Kitschzeitalter, S. 25.

5 | C. Putz: Kitsch, S. 11.

6 | C. Scheier: Kitsch-Signal der Moderne? in: W. Braungart (Hg.): Kitsch. Faszination und Herausforderung des Banalen und Trivialen, Tübingen 2002, S. 25.

Braungart meint in diesem Zusammenhang: „Geprägt im letzten Drittel des 19. Jahrhunderts, wurde der Begriff des Kitsches rasch für ‚fabrikmäßig' hergestellte Bilder verwendet. Die Geburtsstunde des Kitsches und seiner ästhetischen Kritik liegt aber im 18. Jahrhundert."[7] Auch Dettmar und Küpper weisen darauf hin, dass das Konzept bis in das letzte Drittel des 18. Jahrhunderts zurückreicht. Ihnen zufolge ist zwar damals der Begriff selbst nicht in der zeitgenössischen Diskussion gefallen, doch weise diese Diskussion „im Ansatzpunkt deutliche Parallelen zu jenen Debatten auf, die seit dem späten 19. Jahrhundert mit dem Schlagwort *Kitsch* verbunden werden".[8] Die beiden Autoren beziehen sich dabei auf „das affektierte und übermäßige Gefühl", das damals in den üblichen Lesestoffen zu beobachten gewesen sei. Dass dieses überzogene Gefühl schon seit dem 18. Jahrhundert in der Kunst oft zu beobachten ist, zeigt in indirekter Weise die Kritik von Autoren wie Moritz, Schiller, Goethe usw.[9] So legt die Kritik von Schiller und Goethe gegen „Diletantismus" nahe, dass solch übertriebener emotionaler Umgang in der Kunst damals üblich gewesen sein muss.

Gelfert geht mit seiner Annahme zeitlich noch weiter zurück. Er vermutet das Aufkommen des Kitsches um etwa 1500: „Zwischen 1500 und 1900 vollzog sich eine schleichende Verkitschung."[10] Ihm zufolge manifestiert sich dies deutlich in der Malerei: „Eine Tendenz zum Süßlichen wurde von Zeitgenossen schon an Perugino (ca. 1445-1523) kritisiert, der die Vollkommenheit Raffaels mit einem Schuss Lieblichkeit zuckerte."[11] Er findet ein weiteres Indiz in dem „schmachtend zum Himmel gerichtete Blick", der damals mehr und mehr zu einem beliebten Stoff geworden war. Dafür nennt er Guido Renis (1575-1642) *Büßende Maria Magdalena* als repräsentatives Bespiel. Warum dies als Anfang des Kitsches angesehen werden sollte, begründet er damit, dass „der Betrachter dazu verführt wird, moralisches Pathos und erotisches Begehren gleichzeitig auf das Bild zu projizieren."[12] Er findet ähnliche Befunde bei verschiedenen

---

7 | W. Braungart: Kitsch. Faszination und Herausforderung des Banalen und Trivialen. Einige verstreute Anmerkungen zur Einführung, in: Ders. (Hg.): Kitsch. Faszination und Herausforderung des Banalen und Trivialen, Tübingen 2002, S. 10 (Herv.i.O.).

8 | U. Dettmar/T. Küpper (Hg.): Kitsch. Texte und Theorien, S. 56 (Herv.i.O.).

9 | U. Dettmar/T. Küpper (Hg.), a.a.O., S. 58. Hierzu erörtert J. Schulte-Sasse, dass ein Vorzeichen des Kitschs schon im 18. Jahrhundert zu beobachten ist. Zu der Zeit entstanden „der gelesenen Literatur zwei Ebenen: eine „hohe" und eine „niedrige", die Dichtung und die Trivialliteratur." (J. Schulte-Sasse: Literarische Wertung, Stuttgart 1976, S. 48.)

10 | H. Gelfert: Was ist Kitsch? S. 110.

11 | H. Gelfert, ebd.

12 | H. Gelfert, ebd.

Malern wie Pompeo Batoni (1708-87), Francesco Hayez (1791-1882),Pascal Adolphe Jean Dagnan-Bouveret (1852-1929) usw.

Abraham Moles geht noch weiter zurück und erläutert, dass Kitsch ein Phänomen sei, „das zu allen Zeiten und in allen Künsten vorkommt", obwohl „sein Triumpf in engster Beziehung zum Aufsteigen der bürgerlichen Klasse steht".[13] Demgegenüber gibt es Versuche, Kitsch in seiner noch spezifischeren Relevanz zu definieren. Zum Beispiel behauptet Gillo Dorfles, dass Kitsch ein Produkt der Moderne sei.[14] Dass man über die Kunst der Antike mit dem Begriff „kitschig" urteilt, wie es in einigen Auffassungen zu sehen sei, sei bloß ein Irrtum, der daraus resultiert, die je nach Zeit und Ort unterschiedlich anzuwendenden Kriterien der Schönheit auf ein einziges zu vereinfachen und dieses zu Unrecht zur Geltung zu bringen.[15] Ihm zufolge sei die Entstehung des Begriffs Kitsch mit dem modernen Konzept der Kunst auf solche Weise eng verbunden, dass der Begriff Kitsch als ein Gegenkonzept zur Kunst verstanden wurde, und es deswegen ohne den Kontrast zur Kunst nicht möglich sei, den Begriff zu verstehen.[16] Der amerikanische Wissenschaflter Matei Calinescu fasst den Kitsch als ein Produkt der Moderne auf: „[I]n fact it is not difficult to realize that kitsch, technologically as well as aesthetically, is one of the most typical products of modernity."[17] Auch Braungart und Scheier vertreten die Ansicht, dass der Kitsch ein „entschieden modernes Phänomen" ist und offensichtlich ein „Produkt der Industrialisierung".[18]

2.1.2 Die Etymologie des Kitsches

Die Etymologie des Wortes Kitsch lässt sich in der Kitschforschung generell auf drei verschiedene Ursprünge zurückführen. So hat als erster Ferdinand Avenarius darauf hingewiesen, dass das Wort auf den englischen Begriff „sketch" zurückzuführen sei.. Er erklärte, dass die Kunsthändler Anfang der 1880er Jahre in München „mit Engländern und Amerikanern die Ateliers und Bilderläden störten. Wer nicht viel daranwenden wollte, verlangte eine Skizze, eine ‚sketch'".[19] Dadurch bildeten sich zwei Bildergruppen, „‚Bilder', in denen ehrliche Arbeit steckte und die besser bezahlt wurden, und ‚Kitsche', für die

13 | A. Moles: Psychologie des Kitsches, München 1972, S. 79.

14 | G. Dorfles: Der Kitsch, Tübingen 1969, S.12.

15 | G. Dorfles, a.a.O., S.10.

16 | G. Dorfles, a.a.O., S, 12; vgl. C. Putz: Kitsch.

17 | M. Calinescu: Kitsch, in: Ders.: Five faces of Modernity, Ontario 1977, S. 226.

18 | W. Braungart: Kitsch. Faszination und Herausforderung des Banalen und Trivialen. Einige verstreute Anmerkungen zur Einführung, S. 14; C. Scheier: Kitsch-Signal der Moderne?, S. 27.

19 | F. Avenarius: Kitsch, in: Kunstwart und Kulturwart 33, Heft 2, S. 222 (Herv.i.O.).

man weniger bekam".[20] „Kitschig ist dem Künstler ein Bild, das dem breitesten Publikumsgeschmack entspricht und gleichzeitig leichte Verkaufsware ist."[21] Elias konstatiert, der Begriff ginge „als Bezeichnung für bestimmte „Skizzen", die bei dem amerikanischen Reisepublikum guten Absatz fanden, aus dem amerikanischen Wort für „Skizze" hervor."[22] „Was fürs Verkaufen bestimmt war, das sagte man, sei fürs ‚Verkitschen' gemacht."[23]

Eduard Koelwel findet hingegen den Ursprung des Begriffs im süddeutschen Wort „Kitsche".[24] Das sei ein Gerät, um Schlamm von der Straße abzuziehen und den Boden zu glätten.[25] So behauptet er, dass die Funktion des Gerätes mit der Glätte des kitschigen Bildes eng zusammenhänge.

Otto F. Best findet einen Ursprung des Worts Kitsch zunächst wertneutral in einer „Bezeichnung einer Transport- bzw. Handelsform".[26] Er weist zum Beleg dafür darauf hin, dass das Verb „ketschen" die Bedeutungen „schleppen" oder „schleifen" hat. Das Substantiv „Kitsch" bedeutete ursprünglich „kurzes Holz", „Abfall", das heißt einen kleinen Teil im Verhältnis zu einem Ganzen. Im schwäbischen Wörterbuch findet man die Verbindung des Wortes mit Handel; dort bedeutet „verkitschen": „auf listige Weise Kleinhandel betreiben." Die mit dem Verb verwandten Substantivformen haben auch mit dem Handel zu tun. So bedeutet „Kitscher" zum Beispiel „Käufer", und „Kätsch" in den elsässischen Mundarten „Bürde", „schwere Traglast". Das schwäbisches „Kitsch" verweist auf eine ähnliche Bedeutung, die „auch dem Wort Kolportage" zugrunde liegt: „Ware, die (mit dem Traggestell, im Rückenkorb, auf dem Kopf) getragen, im Kleinen verhandelt, unter der Hand verkauft oder auf listige Weise, also über Umwege oder ‚hintenherum', losgeschlagen wird."[27] In dieser Bedeutung sei der Umstand dann plausibel, dass „Kitsch als Buch-Ware für eine untere Volksschicht, ‚literarischer' Unwert, triviale, ‚profane' Un- und Gegenkunst, der Befriedigung von Bedürfnissen dienend" sei. Kitsch sei darum ein Synonym zu Kolportage.

20 | F. Avenarius, ebd. (Herv.i.O.).

21 | F. Avenarius, ebd.

22 | N. Elias: Kitschstil und Kitschzeitalter, S. 25-26.

23 | N. Elias, a.a.O., S. 26 (Herv.i.O.).

24 | E. Koelwel: Kitsch und Schäbs, in: Muttersprache. Zeitschrift des Deutschen Sprachvereins 52 (1937), S. 58-60.

25 | Vgl. „kitschen = den Straßenschlamm zusammen scharren, sowie kitschen = neue Möbel auf alt zurichten" (L. Giesz: Phänomenologie des Kitsches, S. 21).

26 | O.F. Best: Auf listige Weise Kleinhandel betreiben. Zur Etymologie von „Kitsch", in: U. Dettmar/T. Küpper (Hg.): Kitsch. Texte und Theorien, Stuttgart 2007, S. 109.

27 | U. Dettmar/T. Küpper (Hg.): Kitsch, S. 108 (Herv. i.O.).

2.2 Die Entstehungsbedingungen des Kitsches

2.2.1 Die außerästhetischen Entstehungsbedingungen

Wie andere ästhetische Phänomene brauchte der Kitsch neben den ästhetischen Bedingungen noch die außerästhetischen, um sich als ein markantes ästhetisches Phänomen anzusiedeln. Dabei spielte unter anderem die technische Entwicklung auch im ästhetischen Bereich eine wichtige Rolle. Sie hat in Bezug auf die Entstehung des Kitsches unter anderem dazu beigetragen, die materielle Grundlage für die Entwicklung des Begriffs zu legen. Die Massenproduktion, die in der technischen Entwicklung gründet, ermöglicht es nämlich, Waren im größeren Ausmaß zu produzieren, was für das Zustandekommen des Begriffs Kitsch eine unentbehrliche Bedingung ausmacht.[28] Der Kitsch, sozusagen als Phänomen der Massenkultur, ist nämlich per definitionem kaum denkbar ohne die Möglichkeit, sich massenhaft anzubieten. Die gedruckten Lesestoffe und Literaturen erleben in der Tat zu jener Zeit einen enormen Zuwachs.[29] Dementsprechend erscheinen zunehmend Familien- und Heimatromane, die heutzutage generell unter der Kategorie Kitsch eingeordnet werden. Gert Ueding beschreibt diesen Umstand so:

„Nicht erst im 19. Jahrhundert bemächtigte sich der Kitsch des sozialen Gefüges, dem er seine Entstehung verdankt: der Familie. Familie und Familienproblematik avancieren zum zentralen Gestaltungsthema, seit sich die literarische Massenproduktion im 18. Jahrhundert mehr und mehr dem Unterhaltungsbedürfnis eines breiten bürgerlichen, mittelständischen Publikums anzupassen begann."[30]

---

28 | U. Dettmar/T. Küpper (Hg.): a.a.O., S. 110-111.

29 | Inge Stephan beschreibt dies wie folgt: „Zwischen 1740 und 1800 schwoll die jährliche Buchproduktion von 755 auf 2569 Titel an." (I. Stephan: Aufklärung, in: W. Beutin et al.: Deutsche Literaturgeschichte: von den Anfängen bis zur Gegenwart, Stuttgart/Weimar 2001, S. 153.) Hierzu berichtet Peter Stein über die Statistik des Zuwachses wie folgt: „Das solchermaßen fundierte Informationsbedürfnis ließ, ermöglicht durch die Erfindung der Papiermaschine und der Schnellpresse [...], das Zeitungswesen und die Buchproduktion vor allem nach 1830 geradezu sprunghaft anwachsen. Zeitschriften, Zeitungen, Bücher, Broschüren und Flugblätter wurden in einer Menge verbreitet, wie zu keiner Zeit vorher. Zwischen 1821 und 1838 stieg die jährliche Buchproduktion um 150% auf über 10 000 Titel." (P. Stein: Vormärz, in: W. Beutin et al.: Deutsche Literaturgeschichte: von den Anfängen bis zur Gegenwart, Stuttgart/Weimar 2001, S. 244)

30 | G. Ueding: Glanzvolles Elend. Versuch über Kitsch und Kolportage, Frankfurt a.M. 1973, S. 23.

Dies alles wäre natürlich ohne die Entwicklung der Drucktechnik unmöglich gewesen.[31] Der Wandel der Produktionsweise übt nicht nur auf die Verbreitung der Unterhaltungsliteratur Einfluss aus, sondern auch auf die Herstellung der Bilder bzw. der kitschigen Artefakte. Pazaurek, der 1909 im Landesgewerbemuseum Stuttgart zum geschmackserzieherischen Zweck eine eigene Abteilung für „Geschmacksverirrungen" einrichtete, klagte über „die Überproduktion von Kitsch", deren Ursache er „dem gewaltigen großindustriellen Aufschwung im 19. Jahrhundert" zuschrieb.[32] Den Grund für das Auftreten solch „glänzend armselige[r] Fabrikware" sah er in kommerziellen Interessen: „Der Grund für diese Erscheinung ist die durch die wilden Konkurrenzverhältnisse gesteigerte, fast krankhafte Sucht des Produzenten nach einem möglichst raschen und möglichst großen Gewinn."[33] Die massenhafte Veröffentlichung von Publikationen, die Reproduktion kitschiger Gegenstände wie Nippes oder Devotionalien oder die Kopie von Meistermalereien wären ohne die physikalische Basis der modernen Produktionsweise und der technischen Entwicklung undenkbar gewesen.

Ein weiterer Ansatz bezieht sich auf die soziopolitische Ebene. Nach Ueding, der die soziologische Basis für die Entwicklung des Kitsches untersucht hat, resultiert der Prozess, wie solche Nachfrage nach „Kitsch" entsteht und warum sie immer größere Zunahme erlebt, aus der weitgehenden Veränderung der Lebensverhältnisse im 18. Jahrhundert. So weist er mit Jürgen Habermas auf die Unterteilung des Lebens im 18. Jahrhundert in Privat- und Berufsleben hin.[34] Im Vergleich zu früheren Zeiten, als in einem Haus die Werkstatt zur Handwerksarbeit und der Haushalt zusammengelegt war, sei die Trennung zwischen Arbeitsort und Wohnung über die Jahrhunderte allmählich zur vorherrschenden Form geworden. Bei dieser Veränderung der Arbeitsumgebung wurde der Familie eine besondere Bedeutung zugeschrieben. So werden nun Haus und Familie zu einem „Refugium", in dem man sich von dem harten beruflichen Leben draußen friedlich ausruhen kann.

> „Je undurchschaubarer die gesellschaftliche Totalität für das Individuum wird, um so größere Bedeutung kommt den klar geordneten, übersichtlichen Bereichen seines Lebens zu, und um so gewichtiger wird die Literatur, die es in dem Bewusstsein bestärkt, allen sozialen Veränderungen zum Trotz bleibe sein Heim die heile Welt, das objektive Fundament seiner Menschlichkeit."[35]

---

31 | F.N. Mennemeier: Kind des Massenzeitalters. Die „Trivialliteratur" – von Marlitts Familienromanen zur Science-Fiction, in: Ders.: Literatur der Jahrhundertwende. Europäische-deutsche Literaturtendenzen 1870-1910, Berlin 2001, S.219.

32 | G.E. Pazaurek: Guter und schlechter Geschmack im Kunstgewerbe, S. 349.

33 | G.E. Pazaurek, ebd.

34 | G. Ueding: Glanzvolles Elend, S. 27.

35 | G. Ueding, a.a.O., S. 33.

Dementsprechend übernehmen die Frauen als „Hüterinnen" des Hauses eine wichtige Aufgabe. Sie sollen nun das Haus als kleines Paradies gegen die grobe und harte Außenwelt gemütlich einrichten und schön schmücken, etwa mit Bildern. So bemerkt Karpfen eine entsprechende Tendenz, die noch längere Zeit in Form von so genannten „Schmücke-dein-Heim-Bilder" anhält.[36]

Zudem ist bedeutsam, dass die Zahl der Lesefähigen im 18. Jahrhundert stark anstieg und infolgedessen auch die Nachfrage nach Lesestoffen wie der Familienzeitschrift oder der Unterhaltungsliteratur wuchs.[37] Diese Lesefähigen bildete somit das Publikum von sich immer weiter verbreitenden Lesestücken und Literaturen. Das Publikum kam dabei zum größten Teil aus dem Bürgertum, das immer mehr Freizeit genoss und aufgrund dessen immer auf der Suche nach neuen Möglichkeiten zum Zeitvertrieb war.[38] Menschen, die sich von der harten Arbeit in ihrem Beruf erholen wollen und müssen, neigen dazu, etwas Unterhaltsames zu genießen, wie etwa Romane. So bestätigt Elias auch diese Bedürfnisse als ein „Zusatzbedürfnis zu dem primären: Arbeit und Brot"[39] und beschreibt das Freizeitbedürfnis wie folgt:

„Es ist niemals so lebenswichtig wie dies [primäre Bedürfnis] und wird in seiner Gestaltung von ihnen her bestimmt, etwa von der ständigen Angespanntheit des beruflichen Lebens, dem Entladungsverlangen der im Berufsleben hart gepressten Gefühle oder der Tendenz zu einer freizeitlichen Ersatzbefriedigung der im Berufsleben nicht erfüllten Wünsche."[40]

Das in der bürgerlich-kapitalistischen Gesellschaft neu entstandene Bedürfnis suche dann in solchem Unterhaltungsmaterial wie den Romanen Erfüllung. Diese Zusammenhänge zwischen der Nachfrage nach Kitsch und der Gestaltung der Freizeit haben sich gemäß Calinescu auch im 20. Jahrhundert weiter fortgesetzt. Viele Menschen aus der Arbeiterschicht wie aus der „Middle-Class" hätten kaum eine andere Alternative bei der Gestaltung ihrer Freizeit gehabt, als sich mit Kitsch zu beschäftigen.[41] Diesbezüglich zitiert Calinescu Adorno:

---

36 | F. Karpfen: Der Kitsch. Eine Studie über die Entartung der Kunst, Hamburg 1925, S. 13.

37 | U. Dettmar/T. Küpper (Hg.): Kitsch, S. 56; C. Greenberg: Avantgarde und Kitsch, in: K. Lüdeking (Hg.): Die Essenz der Moderne, Dresden 1997, S. 39.

38 | G. Ueding: Glanzvolles Elend, S. 31.

39 | N. Elias: Kitschstil und Kitschzeitalter, S. 30.

40 | N. Elias, ebd.

41 | M. Calinescu: Kitsch, S. 244.

„People want to have fun. A fully concentrated and conscious experience of art is possible only to those whose lives do not put such a strain on them that in their spare time they want relief from both boredom and effort simultaneously. The whole sphere of cheap commercial entertainment reflects this dual desire. It induces relaxation because it is patterned and pre-digested.“[42]

Und weiter:

„Cheap or expensive, kitsch is sociologically and psychologically the expression of a life style, namely, the life style of the bourgeoisie or the middle class. This style can appeal to members of both the upper and lower classes and, in fact, become the ideal life style of the whole society – all the more so when the society grows affluent and more people have more spare time.“[43]

Ein weiterer soziopolitischer Ansatz bezieht sich auf die Gesellschaftsordnung. Das Bürgertum, das sich im Laufe der Zeit immer weiter zur herrschenden Gesellschaftsschicht erhob, war bestrebt, zu den anderen Schichten der Gesellschaft Distanz zu halten und eine eigene Kultur zu entwickeln.[44] Dabei hat es sich bemüht, seine eigene Ordnung und Wertsetzung in allen Bereichen zu schaffen.[45] In diesem Etablierungsprozess der sozialen Macht spielt das Interesse der bürgerlichen Schicht an der Kunst eine besondere Rolle. Wie Pierre Bourdieu analysiert hat, benutzt die herrschende Klasse einer Gesellschaft die Kunst und den Geschmack als Ausdifferenzierungsstrategie.[46] An dieser Stelle findet das Wort Kitsch in zweierlei Hinsicht Aufschluss: Erstens hat es in seinem grundlegenden Gebrauch die pejorative Konnotation und wird de facto normalerweise dafür verwendet, eine herabsetzende Einschätzung über bestimmte Objekte auszudrücken. Zweitens überschneidet sich die Entstehungszeit des Kitsches (siehe Abschnitt 1) in etwa mit dem Aufschwung des

42 | T.W. Adorno: On popular music, in: Studies in Philosophy and Social Science 9 (1941), S. 38.

43 | M. Calinescu: Kitsch, S. 244.

44 | Vgl. H. Broch: Einige Bemerkungen zum Problem des Kitsches, in: H. Arendt (Hg.): Erkennen und Dichten, Zürich 1955, S. 299.

45 | A. Moles: Psychologie des Kitsches, S. 82-83.

46 | Vgl. P. Bourdieu: Die feinen Unterschiede. Kritik der gesellschaftlichen Urteilskraft, Frankfurt a.M. 1987, S. 355 (Hervi.O.): „Ist unter allen Gegenstandsbereichen keiner so umfassend geeignet zur Manifestation sozialer Unterschiede wie der Bereich der Luxusgüter und unter ihnen besonders die Kulturgüter, so deshalb, weil *in ihnen die Distinktionsbeziehung objektiv angelegt ist* und bei jedem konsumtiven Akt, ob bewusst oder nicht, ob gewollt oder ungewollt, durch die notwendig vorausgesetzten ökonomischen und kulturellen Aneignungsinstrumente reaktiviert wird.“

Bürgertums. Kann man daher aus diesen Sachverhalten die Hypothese aufstellen, dass das Bürgertum das Konzept des Kitsches (auch wenn der Begriff Kitsch als solcher noch nicht bekannt war) dafür eingesetzt hat, gegen die anderen gesellschaftlichen Schichten, wie die Arbeitsklasse oder die alte Adelsschicht, seine eigene soziale bzw. kulturelle Identität zu etablieren und durchzusetzen?

Elias gibt zu dieser Frage einen aufschlussreichen Hinweis. Um diesen zu verstehen, ist es aber nötig, zuvor einen kurzen Überblick über sein Verständnis von Kitsch zu geben. Elias sucht ein noch tiefer liegendes Verständnis von Kitsch, das mehr bedeutet als „ein beliebiges Sammelsurium von geschmacklosen Scheußlichkeiten".[47] Er behandelt den Begriff als ein ernstes Kunst- und Kulturphänomen, das mit der bürgerlich-kapitalistischen Gesellschaft in enger Verbindung steht. Diese wird, so meint er, in ästhetischer Hinsicht im Vergleich zur früheren höfischen Gesellschaft durch eine „größere Formunsicherheit" und durch „Gefühlsausbrüche" gekennzeichnet. So sieht Elias im Grunde, dass man „in der ästhetischen Sphäre der industriellen Gesellschaft eigentümliche Spannungen" findet, „welche ziemlich genau den jeweiligen sozialen Spannungen entsprechen".[48] Und diese Spannungen, so Elias, rühren aus der Auseinandersetzung von zwei Polen: Ein Pol nimmt „bewusst oder unbewusst die Formgebung der früheren Gesellschaft zum Vorbild".[49] Ein anderer Pol sucht hingegen „die traditionelle Art der Formgebung zu sprengen und der neuen, menschlich-sozialen Situation, den veränderten Beziehungen und Erlebnissen der industriellen Gesellschaft neue Formen" zu schaffen.[50] Elias nennt eine dieser neuen Formen, die sich durch die „Formlosigkeit"[51] auszeichnet, den „Kitschstil".

Während er mit dem Kitschstil etwa auf einen Stil verweist, den man mehr oder weniger durch objektive Merkmale feststellen kann, verwendet er gleichzeitig das Wort „Kitsch" für eine andere Anwendung, die als Ausdifferenzierung fungiert.[52] Diese differenzierende Funktion ist auf zwei verschiedene gesellschaftliche Schichten angewiesen. Die Grenze, die der Begriff Kitsch hierbei zieht, verläuft aber nicht einfach zwischen den sozialen Klassen, wie man vielleicht denken könnte. Man darf zum Beispiel nicht kurzerhand annehmen, dass sich das Bürgertum mit dem Prädikat Kitsch von der Arbeiterklasse distanzieren wollte. Kitsch

47 | N. Elias: Kitschstil und Kitschzeitalter, S. 5.

48 | N. Elias, a.a.O., S. 34.

49 | N. Elias, ebd.

50 | N. Elias, a.a.O., S. 35.

51 | N. Elias, a.a.O., S. 8.

52 | Elias artikuliert keinen Unterschied zwischen den beiden verschiedenen Anwendungen des Begriffs „Kitsch". Dies ist mit einen Grund, warum die Idee seiner kurzen Schrift trotz ihres Einfallsreichtums nicht ganz einfach erfasst werden kann.

als Begriff der Ausdifferenzierung zieht, so Elias, stattdessen die Grenze zwischen „dem Geschmack der großen Spezialisten, der großen Kunst aller Art auf der einen Seite und dem Geschmack der Massengesellschaft, der Nicht-Spezialisten auf der anderen Seite".[53] Zu dieser Grenzziehung gekommen ist es, so Elias weiter, da in der früheren, höfischen Gesellschaft „der gute Geschmack" wie „die gute Haltung" fast automatisch tradiert wurden, was aber mit dem Aufkommen der bürgerlichen Gesellschaft nicht mehr auf dieselbe Weise funktionieren konnte. Die Haltung und der Geschmack sollten „durch Unterricht aus der Hand von Spezialisten an Einzelne weitergegeben werden".[54] Somit haben die Spezialisten die Autorität im Bereich der Kunst gegenüber der adligen Schicht gewonnen und ihren Geschmack durchgesetzt. Diese Wandlung sei von der Individualisierung des künstlerischen Schaffens noch gefördert geworden, die sich im Laufe der Zeit aus der konventionellen Erschaffung von Auftragsarbeiten entwickelt hat. „Der gute Geschmack" wurde somit von den Adligen in die Hand von Spezialisten übergegeben. Vor diesem Hintergrund kann man nun gut verstehen, wenn Elias sagt, dass der Begriff Kitsch „nichts anders als ein Ausdruck für diese Spannung zwischen dem reich durchgebildeten Geschmack der Spezialisten und dem unentwickelten, unsicheren Geschmack der Massengesellschaft" ist.[55] Bourdieu erklärt diesen Sachverhalt so:

> „Sobald Kunst ihrer selbst bewusst wird, bei Alberti zum Beispiel, definiert sie sich, wie Gombrich zeigt, durch Verneinung, Ablehnung, Verzicht, die auch jener Verfeinerung zugrunde liegen, durch die der Abstand zu simpler Sinnenlust und zu den oberflächlichen Befriedigungen durch Gold und Verzierungen sich dokumentiert, zu denen sich der vulgäre Geschmack der Philister verführen lässt."[56]

Es sei an dieser Stelle noch einmal auf die gesellschaftliche Gruppe hingewiesen, die durch das Wort Kitsch distanziert wird: Die „Masse", die nicht rein wirtschaftlich erfasst werden kann, bildet das „Publikum" des Kitsches. Dieses steht dann nicht dem Bürgertum gegenüber, sondern den „Spezialisten".[57]

Es scheint, dass sich aufgrund dieser Einsicht die oben aufgestellte Hypothese nicht mehr halten lässt, dass sich das Bürgertum mit dem Konzept Kitsch von den anderen gesellschaftlichen Schichten distanziert. Noch deutlicher wird dies, wenn man sich vor allem auf die Entstehungszeit des Kitsches beschränkt: Zu diesem Zeitpunkt ist das Hauptpublikum des Kitsches das Bürgertum

53 | N. Elias: Kitschstil und Kitschzeitalter, S. 23-24.

54 | N. Elias, a.a.O., S. 21.

55 | N. Elias, a.a.O., S. 25.

56 | P. Bourdieu: Die feinen Unterschiede. Kritik der gesellschaftlichen Urteilskraft, S. 357.

57 | N. Elias: Kitschstil und Kitschzeitalter, S. 29.

selbst.[58] Ueding weist diesbezüglich mit einem Zitat von Rudolf Schenda auf den „Adressatenwechsel" hin:

„Die Geschichte der populären Lesestoffe zeigt, dass man sich deren Publikum nicht constant derselben niederen sozialen Schicht zugehörig denken darf, sondern dass sich diese Konsumenten vom feudalen, aber wenig gebildeten Adel über das wenig gebildete höhere und niedere Bürgertum bis zum wenig gebildeten Proletariat in einem Prozess ausdehnen, der noch heute nicht abgeschlossen ist. Im neunzehnten Jahrhundert hat die Lesebewegung die Arbeiterklasse noch keineswegs ergriffen. Der Leserfortschritt vollzog sich vielmehr nur vom höheren zum niederen Bürgertum [...]."[59]

Die Grenze, die das Konzept Kitsch zog, lag also nicht zwischen dem Bürgertum und den anderen Schichten, sondern zwischen den „Spezialisten" und den „Nicht-Spezialisten". „Die Spezialisten" der Kunst bzw. des Geschmacks sind aber keine Gruppe, die sich mit dem Bürgertum deckte. Im Gegenteil wird der Geschmack des Bürgertums in der Biedermeierzeit als etwas Kitschiges eingeschätzt. Zudem stammte das anfängliche Publikum des Familien- und Heimatromans, wie bereits gezeigt wurde, aus der bürgerlichen Schicht. Soll man daher den Schluss ziehen, dass Kitsch als Begriff, dem eine ästhetische Ausdifferenzierungsfunktion zugewiesen wird, mit sozialpolitischen Machtverhältnissen kaum etwas zu tun hat?

Diese Frage ist mit Nein zu beantworten, denn: Wer wird in der Regel in einer Gesellschaft als „Spezialist" angesehen? Wenn auch einige „Spezialisten" in der damaligen Gesellschaft nicht unbedingt zur wirtschaftlichen Elite gehörten, hatten sie doch, mit Bourdieu gesprochen, „kulturelles Kapital". Als die Münchener Künstler sich mit dem Wort Kitsch vom Geschmack der gewöhnlichen bürgerlichen Schicht abgrenzen wollten,[60] hatte der ästhetisch pejorative Begriff auch zum Ausdruck gebracht, dass man gegenüber der sozialpolitischen Macht des Bürgertums eine eigene kulturelle Macht der Künstler demonstrieren wollte. Wer den Begriff Kitsch verwendete, wollte also Stärke zeigen. Der Versuch der Spezialisten, die früher nicht zu den Macht- und Wirtschaftseliten der Gesellschaft gehörten, ihre Macht gegenüber diesen zu behaupten, hatte dabei eine die alte Macht herausfordernde Bedeutung. Diese ist aber im Lauf der Zeit verblasst. Denn die Spezialisten gewannen mittlerweile auf der Basis der kulturellen Macht auch die soziale. Sie sind oftmals selber in die Eliten der Gesellschaft integriert geworden.

---

58 | G. Ueding: Glanzvolles Elend, S.61-66.

59 | R. Schenda: Volk ohne Buch: Studien zur Sozialgeschichte der populären Lesestoffe; 1770-1910, München 1977, S. 457.

60 | N. Elias: Kitschstil und Kitschzeitalter, S. 25; hierzu auch H. Pross: Medium „Kitsch" und Medienkitsch, S. 5.

Dieser Vorgang wird mit dem Begriff „das kulturelle Kapital“ von Bourdieu gut erklärt. In der modernen Gesellschaft spielt das kulturelle Kapital wie Geschmack, Erziehung, Benehmen usw. eine große Rolle, um einen höheren sozialen Status zu erlangen oder diesen zu bewahren. Man kann allerdings nicht verallgemeinern, dass die kulturelle Macht immer mit der sozialen bzw. der ökonomischen gleichgestellt ist. Trotzdem steht erstere immer noch mit letzterer in engem Zusammenhang. Es ist natürlich auch vorstellbar, dass ein Arbeiter ein „Spezialist“ der Kunst ist, aber es ist sicherlich kein Regelfall. Tatsächlich werden die Gegenstände, die als typischer Kitsch angesehen werden wie Schlager, Arztromane, Nippes usw. von den „einfachen“ Leuten konsumiert. Im Wort Kitsch ist eine Manifestation der kulturellen Macht desjenigen, der das Wort verwendet, repräsentiert und er nimmt realistischerweise häufig eine höhere soziale bzw. ökonomische Position ein. Mit der Entwicklung, in der die Nicht-Spezialisten mit der sozioökonomisch niedrigeren Schicht der Gesellschaft immer mehr zusammenfielen, veränderte sich somit die Schicht, die der Begriff Kitsch diskreditiert, von den Nicht-Spezialisten zu der niedrigeren Schicht der Gesellschaft.

In Anbetracht dessen könnte man sagen, dass „die Masse“, die bis in die zeitgenössische Gesellschaft hinein das Publikum des Kitsches ausmacht, nichts anderes ist als ein Ausdruck dafür, dass „die Masse“ in einer schwachen Position im kulturellen Machtverhältnis steht. Ob die „Masse“ in unserer zeitgenössischen Gesellschaft wirklich nur solch eine schwache Position einnimmt, ob sie etwa hinsichtlich der Kulturindustrie ein anderes Verhältnis hat, muss allerdings in anderen Untersuchungen geklärt werden. Jedenfalls gibt sie sich in unserer kapitalistischen Gesellschaft mehr und mehr als Konsummacht, die auf das Werturteil bezüglich des Geschmacks einen großen Einfluss auszuüben vermag.

2.2.2 Die ästhetischen Bedingungen

Es ist eine gängige Auffassung, dass die Entstehung des Kitsches in ästhetischer Hinsicht eng mit der Romantik verbunden ist. Daher soll nachfolgend das Verhältnis zwischen Kitsch und Romantik unter anderem hinsichtlich der Frage betrachtet werden, was in der Romantik das Aufkommen des Kitsches angeregt hat.

Hermann Broch gilt als ein starker Vertreter für eine Verbindung zwischen Kitsch und Romantik. Er kündigte in seinem hochinteressanten Aufsatz „einige Bemerkungen zum Problem des Kitschs“ an, dass die Romantik Mutter des Kitschss sei.[61] „So sehr der Kitsch seinen Stempel dem 19. Jahrhundert aufgedrückt hat, er selber stammt zum überwiegenden Teil aus jener Geistes-

61 | H. Broch: Einige Bemerkungen zum Problem des Kitsches, S. 305.

haltung, die wir als die romantische erkennen."[62] Wo findet Broch den Knotenpunkt von Kitsch und Romantik? Broch blickt auf die Tradition der Reformation zurück. Die Reformation, die dem Autor zufolge schließlich zur Romantik geführt hat, habe „das Absolutheitsbewusstsein, das Unendlichkeitsbewusstsein, das Gottesbewusstsein in der menschlichen Seele gefunden".[63] Die Seele des Individuums wurde dann „übermütig, weil ihr solch göttlich-kosmische Aufgabe zugetraut worden war" und „damit Unbewältigbares zugemutet wurde".[64] Genau hier findet er den Ursprungspunkt der Romantik, nämlich in „der Überschwänglichkeit, mit der sie unter Anspannung all ihrer Kräfte, nicht zuletzt der künstlerischen, das armselige irdische Alltagsgeschehen in absolute und pseudo-absolute Sphären emporzusteigen sucht". [65]

In dieser Tendenz der Romantik kann „die Schönheit" keine jenseitige Idee mehr bleiben, sondern sie wird hier in der irdischen Welt gesucht. Es scheint, dass auch das Triviale durch Emporhebung ins Ewige einen besonderen Sinn dem Transzendentalen abzugewinnen vermag, aber selbst dieser transzendentale Sinn in der Romantik liege in der Realität nicht mehr in der Ideenwelt, die man mit „dem irdischen Auge" nicht erreichen kann. Die Romantik versuche dagegen eher die Idee zum „handgreiflichen" Ziel zu machen, woraus sich dann die Verkitschung der Schönheit ergibt. Denn die Schönheit soll Broch zufolge eigentlich „das in unendlicher Ferne schwebende Systemziel" sein und „das Ziel platonische Idee".[66] Die Kunst soll also eher ein offenes System haben, weil sie sich immer wieder „von Neu-Faktum zu Neu-Faktum schrittweise vorwärts [bewegt], also das Ziel außerhalb des Systems bleibt".[67] In der Romantik ist dieses System aber quasi aufgehoben, „das unendliche System wird zum endlichen",[68] die Idee wird profanisiert. An dieser Stelle, so Broch, findet sich die Vorbedingung des Kitsches, der ein „eigenes, und zwar geschlossenes System" bilde. Dabei müsse die Romantik nicht selber Kitsch sein, sondern sei ihm nur als seine Mutter zum Verwechseln ähnlich.[69]

Die Analyse Brochs erklärt überzeugend das Verhältnis der schematischen Struktur, die als ein typisches Merkmal des Kitsches gilt, zur Romantik. Er führt damit den Grund für die Struktur des Kitsches nicht einfach auf die Disposition zurück, etwas Einfaches zu suchen, sondern führt ihn auf die Veränderung der Mentalität in der Romantik zurück. Somit erschließt er sich eine Ebene, auf

62 | H. Broch, a.a.O., S. 299.

63 | H. Broch, a.a.O., S. 300.

64 | H. Broch, ebd.

65 | H. Broch, ebd.

66 | H. Broch, a.a.O., S. 305.

67 | H. Broch, ebd.

68 | H. Broch, ebd.

69 | H. Broch, ebd.

der die schematische Struktur des Kitsches mit der Mentalität verbunden betrachtet werden kann. Ein geschlossenes System der Romantik ist bei Broch eng mit der Säkularisierung verbunden. Man sucht das Absolute nicht mehr in der jenseitigen Welt, sondern im Diesseits. Dies bringt auch eine wichtige Veränderung für die Ästhetik mit sich, nämlich dass die Kunstwerke das Schöne unmittelbar darstellen sollen. Wie diese Veränderung tatsächlich in den Kunstwerken der Romantik erscheint, dem kann nicht hier nachgegangen werden. Es ist aber zu bemerken, dass die Tendenz, in der weltlichen Form etwas Ewiges finden zu wollen, im Kitsch eindeutig zu sehen ist. So wird zum Beispiel die so oft als ein Lieblingsthema des Kitsches dargestellte ewige Liebe, üblicherweise in einer romantischen Liebe repräsentiert. Der Versuch, in dem menschlichen Gefühl der romantischen Liebe, das nur schwer als unendlich vorzustellen ist, eine so enorme Größe wie die Unendlichkeit reinzupacken, verfehlt das ursprüngliche Projekt und gerät dann leicht zum Kitsch. Die größeren Themen, die üblicherweise eine metaphysische Dimension aufweisen, werden durch die Verdrängung in den kleinen, geschlossen Rahmen wie in dem des Kitsches trivial und banal. Diese Tendenz ist auch in der Malerei zu beobachten. In einem als kitschig geltenden Werk wie, etwa einem Bild mit einem röhrenden Hirsch, ist die Natur, die ein wichtiges Motiv der Romantik ist, als eine solche Heimat dargestellt, in die man immer zurückkehren möchte und von der man eine Urenergie zum Leben erhalten würde. Dabei ist aber das Image so starr auf eine Botschaft fixiert, dass das Bild keine weiteren, neuen Aspekte entfalten kann. Wenn ein eigentlich vielschichtiges Thema in einer schematischen Form auf nur einer Ebene dargestellt wird, kann das nicht anders als zum Kitsch geraten. Broch verbindet hervorragend die Ebene des Geistes, auf der man sich mehr und mehr auf die profane Welt richtet, mit der ästhetischen Tendenz, in Form und Inhalt zunehmend säkularer zu sein, und er erklärt überzeugend, wie diese Tendenz zur Bildung der schematischen Struktur des Kitsches beiträgt.

Calinescu ist hier derselben Auffassung, wenn er sagt, der Kitsch sei das Resultat der Romantik,[70] weil die romantische Revolution habe die Relativierung der Normen des guten Geschmacks herbeigeführt. In Anlehnung an Broch weist er darauf hin, dass in der Romantik die ästhetischen Werte nicht mehr auf dem Transzendentalen basieren, sondern auf dem Immanenten. Somit verlieren die Kriterien der idealistischen Ästhetik ihre Geltung als Norm, was zur Relativierung der Kriterien der Schönheit führt.[71] So sei die Romantik das Zeitalter gewesen, in dem die erste wichtige populäre Literatur aufgetaucht ist. Hier diente die Literatur nicht nur dazu, etwas Ernstes zu vermitteln, sondern sie war auch Mittel zur Entspannung.[72] Vor diesem Hintergrund konn-

70 | M. Calinescu: Kitsch, S. 237-240.

71 | M. Calinescu, a.a.O., S.239.

72 | M. Calinescu, a.a.O., S. 237-238.

ten auch kitschige Werke und Gegenstände eine Gruppe mit einer Vorliebe für diese finden. Des Weiteren hätten die Romantiker ein sentimental orientiertes Konzept der Kunst vorangetrieben, was wiederum mit einem ästhetischen Eskapismus zusammenhänge. Diese Tendenz zur Flucht vor der Wirklichkeit finde dann eine Affinität im Kitsch.[73] Obwohl Calinescu keine nähere Erklärung dafür abgibt, wie sich Sentimentalität, Eskapismus und Kitsch zueinander verhalten, ist es leicht, zwischen diesen einen Zusammenhang herzustellen. Ein Romantiker hält seine Realität meist nicht für den Ort, den er sich wünscht. Er will gerne woanders hingehen. Oft bleibt dieser Wunsch abstrakt, weil er bedeutet, aus der Realität zu fliehen. Diese Sehnsucht und der Wunsch nach der Flucht aus der Realität sind ganz nah am Gefühl der Sentimentalität. In der Kunst soll ein Trost gefunden werden und viele Künstler ihre Sehnsucht befriedigen. Wenn die Sehnsucht und die daraus entstehenden sentimentalen Emotionen übertrieben werden, geraten diese zum Kitsch.

Auch Putz widmet sich der Verbindung von Romantik und Kitsch. Sie nimmt als Ausgangspunkt Gieszs Hinweis, dass „der Kitschige sich seines lustvollen Genießens und damit der Nähe zum unreflektierten puren Genuss bewusst sei und dass er diesbezüglich Scham empfinde“. Er wende sich dann dem „transzendentalen Gefühlsaufschwung“ zu, um das Schamgefühl zu verbergen und seine ästhetische Freiheit vorzutäuschen, die aber eigentlich nur durch die Distanz zum Gegenstand erreicht werden kann. Putz gibt zwar in diesem Punkt Giesz Recht, dass das Kitschurteil am deutlichsten ausfällt, „wenn es um jenen ‚Gefühlsaufschwung zum Erhabenen‘ geht“.[74] Sie widerspricht aber Giesz darin, dass das Interesse des Kitsches an dem Transzendenten ein „Alibi“ sei. Es sei vielmehr „ein primäres“ Interesse. Durch diesen Moment des Erhabenen sieht Putz den Kitsch mit der Romantik verbunden, in der das Erhabene ein großes Thema war.

Putz zufolge ist auf die Verbindung zwischen Kitsch und Romantik schon von Forschern wie etwa Freidländer, Dahlhaus und Broch hingewiesen worden, wobei die Erklärung über dieses Verhältnis ihrer Einschätzung nach auf intuitivem Niveau geblieben ist.[75] Infolgedessen wolle sie die Verbindung der beiden näher untersuchen, wobei sie von der Frage ausgeht: „Was macht romantische Werke so geeignet für einen Prozess der Verkitschung, dass noch heutiger Kitsch die Residuen der Epoche aufweist?“[76]

Um dies zu klären, greift sie auf die Konzeption der Romantik mit Vischers Begriff des Schönen zurück, demzufolge die romantische Kunst „in besonderer Weise bemüht ist, die Idee, das Absolute, in das Diesseitige zu projizie-

73 | M. Calinescu, a.a.O., S.237.

74 | C. Putz: Kitsch, S. 136 (Herv.i.O.).

75 | C. Putz, a.a.O., S. 137.

76 | C. Putz, ebd.

ren".[77] Putz weist diesbezüglich auf die romantische Vorstellung hin, dass das Absolute auch im Gefühl des Subjekts ermittelt werden könne. Dieses subjektive Gefühl komme dabei zwar dem „Erhabenen" nahe, aber die Gefahr des Absturzes ins „Lächerliche" sei auch dementsprechend größer.

Putz verbindet an dieser Stelle die Spannung zwischen dem Absoluten und dem Endlichen mit ihren Thesen vom Verhältnis zwischen Original und Reproduktion, das die mögliche Bedingung für Kitsch sei, und erklärt darüber, wie sich die romantische Kunst zum Kitsch verhält: „Was sich bei Vischer in der Rede vom Unendlichen einerseits und dem begrenzten Profanen andererseits ausdrückt, ist nichts anderes als jene Spannung zwischen dem Unikat, dem Original einerseits und dem Stereotypen, der Reproduktion andererseits."[78] Wie also das Erhabene leicht ins Lächerliche stürzen kann, sei „umso größer die Spannung zur Idee des Unikats und die Gefahr des Umschlags ins Komische", „je näher das Abgebildete beim Stereotypen liegt".[79]

Zusammengefasst lässt sich sagen, dass Putz also ein paralleles Verhältnis zwischen der Konstellation ‚das Erhabene – das Komische' und der Konstellation ‚das Original – das Stereotyp' herstellt, um den Kitsch zu verorten. Obwohl Putz keine ausführliche Erklärung dazu abgibt, warum das Erhabene so leicht ins Komische stürzen kann, ist zu vermuten, dass das Gefühl des Erhabenen in einem subjektiven Gefühl nicht so problemlos empfunden werden könnte. Das Erhabene ist ein Gefühl, das dann entsteht, wenn man sich überwältigt und darum hilflos einer Sache ausgeliefert fühlt. Das Erhabene ist von seiner Natur her zu groß, um es als angenehm zu empfinden. Darum sagt man oft, dass das Gefühl zwei ambivalente Aspekte habe, zum einen etwas Unangenehmes, das von seiner nach menschlichen, sinnlichen Fähigkeiten bemessen unfassbaren Größe herrührt und zum anderen etwas Rührendes, das nach der unangenehmen Anspannung des Überbewältigten durch die Ausweitung des Gemüts entsteht. Das Erhabene bleibt aber nach Kant immer noch ein subjektives Gefühl. Das heißt, das Gefühl ist noch abhängiger von einem Subjekt als beim Schönen.

Wegen dieser Eigenschaft des Erhabenen kann es passieren, dass eine Sache von einer Person als erhaben erlebt wird, von einer anderen aber nicht.

Es ist in jedem Fall schwer, das Gefühl so genau zu beschreiben, wie ist es ‚ist'. Ein Grund dafür liegt darin, dass es sich beim subjektiven Gefühl normalerweise um ein relativ kleines Maß handelt, während das Gefühl des Erhabenen erst dann erlebt wird, wenn einen ein Gegenstand überwältigt, die sinnlich-emotionalen Erfahrungsmöglichkeiten sozusagen transzendiert werden. Wird dieses Gefühl nicht angemessen beschrieben, sondern zu stark ausgedrückt, wirkt es übertrieben und erzeugt einen komischen Effekt. Ähnliches

77 | C. Putz, a.a.O., S. 139.

78 | C. Putz, ebd.

79 | C. Putz, ebd.

geschieht in der Konstellation das ‚Original – das Stereotyp'. Wenn man dem Original so eine große Bedeutung verleiht und es ganz genau so, wie es ist, nachahmen will, begünstigt dies, ein Stereotyp zu bilden. Denn aus der Sorge, das Original nicht erfolgreich nachzuahmen, fixiert man sich auf eine zum Beispiel zugespitzte Form der Darstellung, die am besten das Original wiedergeben möge.

Eine weitere Affinität des Kitsches zu Romantik findet Putz in der ursprünglichen Psychologie des Menschen. Putz weist mit Walter A. Koch darauf hin, dass diese ein oft in der Romanik zu findendes Thema ist, das der Kitsch wahrscheinlich von ihr übernommen hat. Die Romantik habe eine Breitenwirkung und „den offensichtlichen Appeal", weil in ihr die archetypischen und universalen Formen der menschlichen Emotionen ausgedrückt seien, was auch als „anthropologische Konstante" angesehen werden könnte.[80] So sagt Putz: „Es ist die besondere geistesgeschichtliche Situierung der Romantiker, die das starke Interesse an urmenschlichen Ausdrucksformen und entsprechenden emotionalen Reaktionsmustern begründet."[81] Wegen dieses emotionalen Appeals, das Archetypen haben, mache die Industrie so oft davon Gebrauch, wobei die Archetypen leicht zur Stereotypen degradiert würden. Wenn diese Stereotypen noch weiter abgenutzt werden, werden sie zum Kitsch.[82]

Auch der Literaturwissenschaftler Günter Waldmann weist auf die Wirkung der Romantik auf die Entstehung des Kitsches hin. Ihm zufolge wirkte die Romanik am Anfang des 19. Jahrhunderts in immer weitere Lebensbereiche hinein, wo „bestimmte kulturelle und literarische Erscheinungen in Deutschland als ‚Biedermeier' zusammengenommen werden".[83] Er sieht, dass der Keim des Kitsches in der bürgerlichen Schicht des Biedermeier erwachsen ist. Aus der politischen Hilflosigkeit in der Zeit der Restauration musste man sich immer stärker dem Heim zuwenden, wo man Trost und „Flucht" finden konnte. Dort habe man Aktivitäten gesucht, um sich beschäftigen zu können. Hierfür habe die Literatur die passende Unterhaltung angeboten. Die Romantik, die zu dieser Zeit ihre kulturelle Ausbreitung erlebte, trug dazu bei, starke emotionale Ausdrücke zu ermöglichen. Somit konnten „empfindsame und romantische bzw. romantisierende Rezeptionsmuster literarisch aufgegriffen und biedermeierlich einverwandelt werden und für immer größere Leserschichten praktizierbar werden".[84]

---

80 | C. Putz, a.a.O., S. 143.

81 | C. Putz, a.a.O., S. 144.

82 | C. Putz, a.a.O., S. 145.

83 | G. Waldmann: Literarischer „Kitsch" als Wertungsästhetisches Problem, in: J. Schulte-Sasse (Hg.): Literarischer Kitsch. Texte zu seiner Theorie, Geschichte und Einzelinterpretation, Tübingen 1979, S. 107 (Herv.i.O.).

84 | G. Waldmann, a.a.O., S. 110.

2.3 Die Topographie des Forschungsfeldes

In diesem Abschnitt wird ein Überblick über vier Perspektiven auf den Kitsch gegeben. Es handelt sich um diejenigen von Walther Killy, Ludwig Giesz, Harry Pross und Claudia Putz. Walther Killy, ein renommierter Literaturwissenschaftler, bietet in seinem Buch *Deutscher Kitsch. Ein Versuch in Beispielen* (1962) eine klassische Sicht auf Kitsch an. Die in diesem Zusammenhang so oft erwähnte Publikation von Ludwig Giesz, *Phänomenologie des Kitschs. Ein Beitrag zur anthropologischen Ästhetik* (1971), versucht sich dem Thema Kitsch philosophisch anzunähern. Seine Orientierung bei der Untersuchung übt auf die weiteren Forschungen einen beträchtlichen Einfluss aus. Harry Pross behandelt in dem von ihm herausgegebenen Buch *Kitsch. Soziale und politische Aspekte einer Geschmacksfrage* (1985) und im zu seiner Abschiedsvorlesung veröffentlichten Heft *Medium „Kitsch" und Medienkitsch* (1984) aus einer kultur- und medienkritischen Perspektive das Thema Kitsch. Claudia Putz versucht in ihrer Dissertation *Kitsch – Phänomenologie eines dynamischen Kulturprinzips* (1994) eine Definition von Kitsch zu geben und die den Kitsch begleitenden Phänomene zusammenzustellen und zu analysieren. Die vorliegende Vorstellung der jeweiligen Perspektiven der vier Autoren zielt weniger auf eine kritische Überprüfung ihrer unterschiedlichen Auffassungen von Kitsch als vielmehr darauf, die im Forschungsfeld über Kitsch bekannten Diskurse vorzustellen.

2.3.1 Walther Killy

Killy vertritt die Position, dass eine objektive Norm dafür möglich ist, was Kitsch ist. Er nimmt für seine Untersuchung die in diesem Bereich signifikanten Werke und zeigt auf, welche typischen Merkmale der Kitsch hat. Wie in Kapitel 1 gesehen, ist hierbei das Problem, dass die Gegenstände, die erst durch einen Prozess der Beweisführung als Kitsch bewiesen werden sollen, schon als solche an den Ausgangspunkt gestellt werden. So sind die als Beweisgrund gewählten Untersuchungsgegenstände eigentlich das Ziel des Untersuchungsergebnisses. Trotz dieser methodologischen Schwäche und der nicht mit der Perspektive der vorliegenden Arbeit übereinstimmenden Einstellung zum Kitsch soll hier die Auffassung Killys umrissen werden, weil dieser dennoch viele zutreffende Merkmale des Kitsches beschreibt. In seiner Analyse weist er unter anderem darauf hin, dass der Autor von Kitsch-Literatur die Gefühle der Leser manipulativ in eine bestimmte Richtung zu bewegen versucht. Wohin will der Autor die Leser leiten? Killy zufolge sei dessen Absicht vorzugsweise auf Reiz gerichtet. „Sie möchte Gefühlserregtheit, ‚poetische' Stimmung; sie möchte dem Leser den vagen Genuss verschaffen."[85] Dafür verwende der Kitschautor

85 | W. Killy: Deutscher Kitsch, S. 11 (Hervi.i.O.).

allerdings nur inhaltslose Worte und versuche infolgedessen seine literarische „Impotenz" durch „Kumulation und Repetition" zu kompensieren.[86] Die vom Kitschautor verwendeten Worte und Dinge seien nicht mit Notwendigkeit, sondern „mit einer gewissen Beliebigkeit" eingesetzt, darum bräuchten sie „die Gefühlsstütze des Adjektivs oder Attributs", um die fehlende Notwendigkeit zu ergänzen.

Die Wirkung von kumulierten Reizen hält aber nicht lang an, deswegen müsse einem Reiz rasch noch ein anderer folgen. „Der damit einhergehenden Einbuße an anschaulicher Bestimmtheit sucht der Autor als einem Mangel zu begegnen, indem er den rasch vergehenden Reiz zu stärken und das Vage in der erstrebten Richtung bestimmbarer zu machen unternimmt. Kein gewöhnliches Haus soll es sein, sondern *ein Gold-Haus*."[87] „Sie hat kein Haar, sondern Flechten, es ist nicht rot, sondern feuerfarben, es hängt nicht herab, sondern lastet."[88]

Killy merkt zudem an, die Reize würden nicht mit einer sinnlichen Eigenartigkeit ausgedrückt, sondern die Sinne ließen sich gegenseitig austauschen. So würden „die Töne mit Anschaulichem kumuliert". Dies ähnele den „Synästhesien" von Giesz oder dem „Prinzip synästhetischer Wahrnehmungen" von Moles, wonach die verschiedenen Sinne im Kitsch synchron und austauschbar angegeben seien.[89] Der Grund, warum im Kitsch häufig eine synästhetische Darstellung gebraucht werde, liege darin, dass im Kitsch eine bestimmte Sorte Reiz unzulänglich sei, um gezielte Effekt zu gewinnen. Weil einem Kitschautor die Fähigkeit fehle, für eine Stimmung oder einen Reiz genau angemessene Ausdrücke zu finden, häufe er ohne stilistische Notwendigkeit Worte an, um die Leser von einer gezielten Wirkung zu überzeugen. So sagt Killy: „Die Worte sind dann nicht mit Notwendigkeit gebraucht und nicht unersetzlich, sondern ersetzbar und auszutauschen, solange sie den Stimmungsreiz gemein haben, welcher die Kompilation ermöglicht hat."[90] Diese Anhäufung der Reize sei zudem mit der generellen Tendenz der kitschigen Literaturen verbunden, alle möglichen Gegenstände dem Reizeffekt unterzuordnen.[91] Dabei werde dieser Reizeffekt dann „bewerkstelligt durch die Aufputzung der vertrauten Erscheinung zur unvertraut auffallenden, reizvoll-pretiösen".[92]

86 | W. Killy, ebd.

87 | W. Killy, a.a.O., S. 11 (Herv.i.O.).

88 | W. Killy, a.a.O., S.12.

89 | A. Moles: Psychologie des Kitsches, S. 68: „Prinzip synästhetischer Wahrnehmung". Hierzu L. Giesz: Phänomenologie des Kitsches, S. 57-60.

90 | W. Killy: Deutscher Kitsch, S. 11.

91 | W. Killy, a.a.O., S. 14.

92 | W. Killy, ebd.

Darauf aufbauend hat Killy bemerkt, dass anscheinend im Kitsch häufig Symbole sichtbar sind. Er führt folgendes Beispiel dafür an: „Das Meer ist eine riesige Stadt, die schütternde Zeit, die bittere Welt. Die Insel darin sind ihre eigenen Herzen. Ein Herz die Heimat des anderen […].“[93] Die hier angewandten Symbole seien aber keine echten Symbole, „denn der Bedeutungsgehalt hat einen sachwidrigen Vorrang vor dem Sachgehalt.“[94] „Dies steht gerade dem echten dichterischen Symbol gegenüber, wo es sich nicht aufdrängt und schon gar nicht den explikatorischen Hinweisen bedarf.“[95] Diese „Pseudosymbole“ entständen aus beliebigen bildlichen Assoziationen, die keine vernünftigen Erklärungen geben, warum solche Symbole oder Vergleiche eingesetzt werden sollten. Aus der Unsicherheit des Autors gegenüber seiner Darstellung neige dieser dazu, solche Symbole quantitativ zu häufen, die nie den Sachverhalt zutreffend darstellten.

Was Killy zufolge am Kitsch noch markanter ist als die Kumulation, ist „die als Lyrisierung erscheinende Entgrenzung der Gattungen“.[96] Während in der Kunst eine Erzählung vorzugsweise auf epische Weise erzählt und die Gattung mit der Notwendigkeit der eigenen Tonart verbunden ist, wird die Erzählung im Kitsch lyrisiert, denn die Autoren hielten die Erzählung allein als nicht anreizvoll genug für den Leser. Sie bräuchten die lyrische Einlage zur Fortsetzung der Reize und als „ein weiteres Mittel der Gefühlskumulation“[97].

Im Besonderen ist es bemerkenswert, dass Killy den Kitsch mit Märchen vergleicht. Die Idee zu diesem Vergleich erhält er durch die Frage, warum im Kitsch immer wieder die gleichen, einfachen Gegenstände vorkommen.[98] Seiner Beobachtung nach ist dies darauf zurückzuführen, dass „der Kitsch die Grundfiguren des Märchens bis auf den heutigen Tag wiederholt“.[99] Bei der Kitscherzählung sei zwar der Stil auf den momentanen Effekt gerichtet und von diesem bestimmt, aber die Stoffe scheinen demgegenüber auf „Zusammenhänge zu weisen, die sehr alt sind und enthalten Motive, welche von jeher jedem Menschen erzählenswert waren“.[100] Obwohl der Kitsch auf den ersten Blick zeitgebunden scheine, wiederhole er im Grunde dieselben Menschen-

93 | W. Killy, a.a.O., S. 21.

94 | W. Killy, ebd.

95 | W. Killy, ebd.

96 | W. Killy, a.a.O., S. 14.

97 | W. Killy, a.a.O., S. 16.

98 | W. Killy, a.a.O., S. 24.

99 | W. Killy, ebd.

100 | W. Killy, a.a. O., S. 22. Vgl. hierzu Putz, die diesbezüglich diesen immergleichen Charakter des Kitschs mit dem Begriff ‚Archetypus‘ verbindet, womit die in den Erzählungen immer wiederholt erscheinenden Menschen-Figuren bezeichnet werden. Ihr zufolge greift die Romantik auf die anthropologisch universal wirkenden Archetypen zu-

Typen wie „ein Held, der durch Prüfungen geht", „die arme Schöne, das verlassene Kind, der treue Diener, der wahre und falsche Freund, der böse und der treue Bruder" usw.[101] In der Kitscherzählung werde somit „wie im Märchen, die menschliche Wirklichkeit auf ihre extremen Möglichkeiten reduziert und wie dort werden die sich ergebenden Grundfabeln miteinander gemischt und immer aufs Neue kombiniert".[102] Aufgrund der Affinität der Kitscherzählung mit Märchen entzieht sie Killy dem Verdacht der Lüge, trete doch „ihre Irrealität so offen zutage wie ihr simplifikatorischer Charakter".[103]

Zudem wird noch ein Punkt in der Fabel als Gemeinsamkeit mit der kitschigen Erzählung benannt, nämlich dass sie „einem zur Reflexion unfähigen Publikum Fälle vorführt, an denen die Daseinsbedingungen erkennbar werden; sie zeigt – auf der Folie des Bösen – wie der Mensch sein sollte".[104] Sie halte dabei an einer simplen Moralität fest, und zwar in der Überzeugung, dass „das Gute siegen müsse, wenn das Leben überhaupt einen erträglichen Sinn haben soll".[105] Auf diese Weise seien die Fabel wie das Märchen mit einer bestimmen „Welt-Anschauung" gekoppelt.

Die kitschige Erzählung sei daher in diesem Punkt nicht viel anders als die Fabel und das Märchen. „In vergleichbarer Weise verschafft die Erzählung dem denkunfähigen und ästhetisch ungeübten Leser diejenige Vorstellung von der Welt, die durch viele Jahrhunderte vom Märchen geboten wurden."[106]

„Indem sie den Zufälligkeiten der Wirklichkeit Ordnungsmuster unterlegt, gibt sie Weltdeutung, für deren Bewertung die Abweichungen von der Realität unerheblich sind. Im Gegenteil - sie führt vor, wie die Welt sein sollte, und wenn sie die Wünsche erfüllt, deren Gewährung die harte Wirklichkeit vorenthält, so handelt sie wiederum wie das Märchen und setzt wie dieses vor die Erfüllung die Bewährung."[107]

Mit dieser Verbindung des Kitsches zum Märchen macht Killly aber zugleich klar, dass Ersterer vom Letzteren abgegrenzt werden muss. Zusammengenommen sieht er den Grund für eine strenge Abgrenzung darin, dass der Kitsch das Märchen „gründlich säkularisiert".[108] Gegenüberstellungen im Märchen

---

rück und übernimmt sie als Motiv der Kunst. Kitsch übernehme diese dann von der Romantik (C. Putz: Kitsch, S. 143-145).

101 | W. Killy, Deutscher Kitsch, S. 24.

102 | W. Killy, ebd.

103 | W. Killy, a.a.O., S. 25.

104 | W. Killy, a.a.O., S. 26.

105 | W. Killy, ebd.

106 | W. Killy, ebd.

107 | W. Killy, ebd.

108 | W. Killy, a.a.O., S. 27.

wie das Böse/das Gute bzw. das Reine/das Unreine seien laut Killy eher ein theologischer Gegensatz als ein moralischer. Der Kitsch habe aber diese religiösen Werte in seiner vereinfacht schematisierten Erzählung eingeebnet in nur moralische. Zu dieser Säkularisierung des Kitsches trage „die immer erneute Historisierung der Grundformen“[109] am meisten bei. Im Märchen würden die ursprünglichen Ängste und Mächte der Figuren als solche bewahrt und symbolisch dargestellt, womit „jede übersinnliche, jede eigentlich religiöse Dimension“ zum Ausdruck gebracht werde. So betont Killy noch einmal: „Das Märchen konnte für seine archaische Weltdeutung einen Wahrheitsanspruch erheben.“[110] Hingegen bearbeite der Kitsch die ursprünglichen Typen und passe sie an die Realität des modernen Lebens an. So versuche der Kitsch seine Erzählung zu vergegenwärtigen, damit er sie noch glaubhafter und „realistischer“ machen und damit mehr Reiz erzeugen könne. Aber die „Realität“, die Kitsch darstelle, sei de facto keine richtige Realität, sondern eher so, „wie ein milder Romantismus sich darstellt“.[111] Den Grund, warum der Kitsch zwischen der sentimental-romantischen Seite und der realistisch-gesellschaftskritischen schwanke, findet Killy vor allem darin, dass „er seinen fundamentalen, märchenhaften Antirealismus überspielen muss“.[112] Die Figuren verlören durch diese Historisierung der Prototypyen die ursprüngliche Kraft des Märchens, und die Erzählung könne sich nur auf eine einfache und zeitgebundene moralische Lehre beschränken. So bleibe der Kitsch nur eine epigonale Version vom Märchen.

Killy differenziert die Rezipienten des Kitsches vom „normalen“ Kunstkenner, womit er den ersten als ein „Publikum“ benennt.[113] Dieses suche ihm zufolge ohne Kunstverstand die „Tröstung durch die Produkte der Phantasie“, ähnlich wie „Tagträume“.[114] Killy identifiziert die Leser von Kitschliteratur gleichzeitig als Konsumenten, weil die Trivialliteratur massenhaft produziert werde wie Produkte in einer Fabrik und das Publikum diese wie einen Verbrauchsgegenstand immer wieder läse. Die Kitsch-Konsumenten genössen nicht nur die märchenhafte Phantasie der Erzählung, sondern „den Vorzug einer sozialen Illusion“.[115] So wollten sich die Kleinbürger als Kunstgenießer ausgeben, weil dies als Standesprivileg gelte. Allerdings handele es sich bei ihrem Genießen unglücklicherweise zumeist um keine echte Kunst, sondern um „Kitsch“. Trotzdem sähen die Kleinbürger den Gegenstand ihres Genusses als

109 | W. Killy, a.a.O., S. 28.
110 | W. Killy, a.a.O., S. 29.
111 | W. Killy, a.a.O., S. 30.
112 | W. Killy, ebd.
113 | W. Killy, a.a.O., S. 31.
114 | W. Killy, ebd.
115 | W. Killy, ebd.

Kunst: „Die Konsumenten wissen nicht, was sie konsumieren."[116] „So ist der Kitschkonsum eng mit einer kleinbürgerlichen Halbbildung verbunden."[117]

2.3.2 Ludwig Giesz

Als Philosoph situiert Giesz die Problematik des Kitsches im Feld von Ästhetik und Philosophie und verwendet dabei als Methodologie die anthropologische Ästhetik. Er distanziert sich von der Kunstwissenschaft, die angeblich ‚objektiv' die Kunstgegenstände erforsche, und fordert mit der anthropologischen Ästhetik, dass diese „die Analyse von Grunderfahrung vor aller wissenschaftlich versachlichender Schematik"[118] ermöglichen solle, indem sie vom „Ineinander und Wechselspiel von Gegenständlichkeit und erlebendem Subjekt"[119] ausgehe.

Ausgehend von solcher Position bezweifelt Giesz das Projekt, den Begriff Kitsch vom Gegenstand her zu definieren.[120] Er übersieht nicht, dass der Kitsch ein Urteil ist, das sich auf die Lust und Unlust eines Subjekts bezieht und dass ohne diesem Aspekt Rechnung zu tragen keine richtige Bestimmung des Kitsches erfolgen könne. So fragt er, „Wie werden wohl die sogenannten objektiven Kriterien jenseits von subjektivem ‚Geschmack' eigentlich gewonnen?"[121] Damit stellt er die „Objektivität" bei der Definition von Kitsch in Frage. Um die Relativität der angeblich objektiven Kriterien zutage zu fördern, kritisiert er darüber hinaus die Versuche, den Kitsch der Kunst gegenüberzustellen und anhand eines „objektiven Kanons der eigentlichen Kunst" zu bestimmen, was Kitsch ist. Er argumentiert, dass sich ein Kanon im Bereich der Kunst, wenn es ihn überhaupt geben sollte, mit der Zeit verändere, und dass es deswegen unmöglich sei, anlehnend an den veränderbaren Kanon, eine objektive Bestimmung von Kitsch durchzuführen.

Giesz lehnt vor diesem Hintergrund die Definition Deschners ab, der nämlich Kitsch als „technischen Mangel" definiert.[122] So sei Deschner zufolge „Kitsch eine künstlerische Schwäche, eine ästhetische Entgleisung, ein dekoratives Versagen".[123] Giesz weist dies zurück und sagt stattdessen: Es gibt „viel technisch Ungekonntes, das noch diesseits der Problemebene Kitsch/ Kunst steht, während es andererseits technisch äußerst gekonnten Kitsch

116 | W. Killy, ebd.

117 | W. Killy, a.a.O., S. 32.

118 | L. Giesz: Phänomenologie des Kitsches, S. 17.

119 | L. Giesz, a.a.O., S. 20.

120 | L. Giesz, a.a.O., S. 26.

121 | L. Giesz, a.a.O., S. 14 (Herv.i.O.).

122 | K. Deschner: Kitsch, Konvention und Kunst. Eine Literarische Streitschrift, München 1957, S.24.

123 | K. Deschner, ebd.

gibt".[124] Darüber hinaus weist er darauf hin, dass Deschners Beispiele etwa für technisch unzulängliche zeitgenössische Autoren nicht immer kitschig wirkten, sondern allenfalls „ästhetisch unbefriedigend".[125] Es gebe keine logische Notwendigkeit für die Schlussfolgerung, dass ein Werk dann Kitsch sei, wenn es als technisch mangelhaft beurteilt werde. Zudem weist er darauf hin, dass „technische Grenzen sehr wohl zum künstlerischen Stil sublimiert werden" können und „virtuoser Prunk" oft verkitschen kann.[126] Außerdem könne die eigentümliche Kitschigkeit nicht nur mit technischem Mangel bewerkstelligt werden: „Das spezifisch Penetrante, Schmelzende, Rührende usw. des Kitschs ist mit technischem Versagen keineswegs zu klären."[127]

Somit weist er objektive Kriterien zurück, um zur Definition des Kitsches zu gelangen, stattdessen fängt er mit der Betrachtung der schon angeführten Bemerkungen über Kitsch an. Denn er denkt, dass in Beschreibungen von Kitsch wie „Süßlichkeit, Unechtheit, Unwahrhaftigkeit, billiger Geschmack." bereits die dem Kitsch eigenen Erlebnisse mitgeteilt werden, und folgert daraus, dass solche Erlebnisse die Ausgangsbasis seiner anthropologisch ästhetischen Untersuchung über Kitsch sein müssen.[128] Er macht damit klar, dass sein primärer Untersuchungsgegenstand die Erlebnisse der Menschen seien. Insofern soll ein Mensch im Mittelpunkt stehen, der Kitsch erlebt. Er knüpft hier an Brochs Begriff „Kitsch-Mensch" an. Broch nimmt mit dem Begriff folgende Haltung gegenüber dem „Kitsch" ein:

> „Ich spreche eigentlich nicht über Kunst, sondern über eine bestimmte Lebenshaltung. Denn Kitsch könnte weder entstehen noch bestehen, wenn es nicht den Kitsch-Menschen gäbe, der den Kitsch liebt, ihn als Kunstproduzent erzeugen will und als Kunstkonsument bereit ist, ihn zu kaufen und sogar gut zu bezahlen."[129]

Es ist nicht schwer nachzuvollziehen, dass Gieszs anthropologische Ästhetik zum Begriff „Kitsch-Mensch" sich leicht an diesen Begriff anschließen lässt. Denn sie versteht diesen einen gewissen „Zustand" als ein wesentliches Moment einer ästhetischen Erfahrung und hebt das Ineinander von Subjekt/Objekt beim Erlebnis hervor. Zudem ermöglicht der Begriff „Kitsch-Mensch" *Kitsch* nicht nur auf bestimmte Gegenstände zu beziehen, die gewisse Erfahrungen erzeugen, sondern im Grunde auf diese Erfahrungen selbst.

---

124 | L. Giesz, Phänomenologie des Kitsches, S. 25. Vgl. T. Kulka, der diesbezüglich einen ähnlichen Hinweis gibt (T. Kulka: Kitsch and Art, Pennsylvania 1996, S. 50-51).

125 | L. Giesz, Phänomenologie des Kitsches, S. 2.

126 | L. Giesz, a.a.O., S 29.

127 | L. Giesz, a.a.O., S. 25.

128 | L. Giesz, a.a.O., S. 28.

129 | H. Broch: Einige Bemerkungen zum Problem des Kitsches, S. 295.

Dieser Blickwinkel fördert nicht nur die Betrachtung der „Phänomenologie der kitschigen Gegenstände", sondern auch der „Bedingung der Möglichkeit des Kitschs".[130] Diese Bedingung ist bei Giesz „der kitschige Zustand", den der „Kitsch-Mensch" erlebt. Seiner Ansicht nach kann der Gegenstand Kitsch erst mit diesem subjektiven Erlebnis zustande kommen.[131] Somit konzentriert sich seinen Versuch, Kitsch zu erklären, erst einmal darauf, „den kitschigen Zustand" zu erörtern.

Dieser Zustand ist ihm zufolge eine Art des ästhetischen Genusses. Was für ein Genuss ist der kitschige Genuss? Um dies verständlich zu machen, teilt Giesz die Genüsse in drei verschiedene Kategorien ein. Er weist dabei darauf hin, dass Genuss eine gewisse Distanz von Genießendem und Genussgegenstand voraussetzt, und unterteilt die Genüsse danach, inwieweit der Genießende zum Gegenstand „ästhetische Distanz" hält. Nach diesem Kriterium werden Genüsse dann wie folgt unterteilt: Der (reine) Genuss, der ästhetische Genuss und der kitschige Genuss.[132] Die Distanz wird dabei daran gemessen, ob der ästhetische Genuss zu dem Gegenstand in einem reflektierenden Bezug steht und inwiefern der Gegenstand mit dem sinnlichen Genuss zu tun hat.

Er betrachtet die Genüsse zuerst von der Seite des Genießenden her. Der reine Genuss, der durch „seine eigentümliche Selbstgenügsamkeit"[133] gekennzeichnet sei, sei „in Isolation", weil der Genießende diese Art Genuss von „weltlichen Motivationsketten und -systemen" abgehoben genieße. Im Vergleich dazu habe der ästhetisch Genießende „ein distanziertes Verhältnis zum Genussobjekt: Er spannt gleichsam den Genussakt in Weltzusammenhänge ein".[134]

Giesz erläutert, dass es an der Handlung des Genießens zwei unterschiedliche Formen – „Erfassung des Genussobjektes und der Genuss selbst"[135] – gebe, je nachdem, wie man mit dem Objekt umgehe. In der Form der „Erfassung des Genussobjektes" sei die Einstellung des Genießenden aktiv zum Genussobjekt. Giesz erklärt diesen Sachverhalt mit Moritz Geiger: „Die Aktivität geht nur die Stellung des Ich zum Genuss, nicht die Stellung des Ich im Genuss an."[136] Diese Form des Genießens betreffe in der obigen Unterteilung des Genusses den ästhetischen Genuss. Hingegen sei der Genießende in der

130 | L. Giesz, Phänomenologie des Kitsches, S. 23.

131 | L. Giesz, a.a.O., S. 43: „Die Kitschigkeit der Kitschgegenstände wird gewissermaßen hergeleitet vom kitschigen Erleben selbst."

132 | L. Giesz, a.a.O., S.34.

133 | L. Giesz, ebd.

134 | L. Giesz, ebd.

135 | L. Giesz, a.a.O., S. 35.

136 | M. Geiger: Beiträge zur Phänomenologie des ästhetischen Genusses, in: Jahrbuch für Philosophie und phänomenologische Forschung. Bd. I, Teil 2 (1931), S. 606.

Form des „Genusses selbst“ nur passiv und einseitig hinnehmend. Hier fehle „das Stellungnehmen“, das ihm zufolge ein zusätzliches Moment ist, „das den Genuss erst als ästhetischen Genuss qualifiziert“.[137] Dieser Art des Genießens entspreche dann in der obigen Unterteilung der (reine) Genuss.

Noch ein wichtiger Punkt, worin sich der ästhetische Genuss vom reinen Genuss unterscheide, finde sich in der „Freiheit“, die sich der Genießende gegenüber dem Genussobjekt nehme.[138] Im ästhetischen Genuss „transzendiert“ man das Objekt und könne mit ihm spielerisch eine Illusion aufbauen und diese genießen. Im Gegenteil dazu fehle dem reinen Genuss die Distanz zum spielerischen Empfinden gegenüber dem Genussobjekt, darum gebe es hier nur eine direkte Befriedigung der Sinnlichkeit.

Der kitschige Genuss nimmt in dieser Konstellation einen Zwischenplatz ein: „Grob gesprochen würde der Kitschgenuss eigentlich eine spezifische Unentschiedenheit zwischen purem Genuss und ästhetischem Genuss bedeuten, wobei eben dieses vage Zwischensein genossen wird.“[139] Der kitschige Genuss wird bei Giesz schließlich dadurch gekennzeichnet, dass bei ihm der Genießende „sich als Genießender genießt“: „Er genieße, dass er genieße.“[140] Diesen Selbstgenuss nennt Giesz, vom ästhetischen Genuss abgehoben, „Genüßlichkeit“.[141] Diese zeichne sich dadurch aus, dass Distanz zu den Genussobjekten nur scheinbar vorhanden sei.[142] Der Kitschgenießende täusche „die Freiheit ästhetisch-distanzierten Genusses vor, bleibt aber de facto dennoch weitgehend im Banne seines nicht-transzendierten Objektes“.[143] So sei der Kitschgenuss nicht so direkt mit dem Genussobjekt verbunden wie beim reinen Genuss, weil bei ihm der Gegenstand zum Genießen nicht das Objekt sei, sondern das eigene Selbst. Diese Distanz, die der Kitschgenießende zum Objekt einnehme, sei aber nur vortäuschend, weil er nicht frei mit dem Gegenstand umgehen könne. „Ihm genügt ja die isolierende und fixierende Gebanntheit an sein Genussobjekt auch nicht; aber statt es nun (ästhetisch oder spielend) zu transzendieren, bleibt er erst recht bei ihm, indem er seinen Genuss genießt.“[144]

Nachdem Giesz sich mit dem Kitsch als subjektivem Erlebnis beschäftigt hat, richtet er das Augenmerk auf die Ebene der Objekte. Methodologisch erklärt er, dass es zwar stimme, dass „die Kitschigkeit der Kitschgegenstände“[145] vom

137 | L. Giesz, Phänomenologie des Kitsches, S. 36.

138 | L. Giesz, a.a.O., S. 40.

139 | L. Giesz, a.a.O., S. 45.

140 | L. Giesz, a.a.O., S. S. 40.

141 | L. Giesz, a.a.O., S. 41.

142 | L. Giesz, ebd.

143 | L. Giesz, ebd.

144 | L. Giesz, ebd.

145 | L. Giesz, a.a.O., S. 43.

subjektiven Bewusstsein abhänge, aber dies die Beobachtung der Kitschobjekte nicht ausschließe.[146] Dieser Perspektivwechsel erscheint aber recht abrupt, denn – wie in Kapitel 1 bereits erklärt – verdeutlicht Giesz nicht, wie diese beiden Perspektiven – Kitsch in starker Abhängigkeit vom subjektiven Erlebnis und als Gegenstand objektiver Beschreibung – vereinbar sein sollen. In dieser Unklarheit bezüglich der Kompatibilität beider Perspektiven drängen sich wieder die schon erwähnten Fragen auf (siehe Seite 62). Wenn der Kitsch vom subjektiven Erlebnis abhängig ist, müssen die Kitschobjekte nicht auch davon abhängig sein? Denn, insofern der Kitsch vom subjektiven Erlebnis abhängig ist, sollten sie die Objekte benennen, die von jemandem als Kitsch empfunden werden. In diesem Fall ist zu klären, von welchem Subjekt die Kitschobjekte, die Giesz als seinen Untersuchungsgegenstand ansieht, als Kitsch erlebt werden. Wenn diese Erlebnisse sich auf ihn beziehen, dann solle er klären, wie die Objekte seiner subjektiven Erlebnisse als ein allgemeiner Fall für eine wissenschaftliche Arbeit gelten können. Dieser Problematik schenkt er jedoch keine Aufmerksamkeit.

Mithin ist das qualitativ stärkste Charakteristikum, das Giesz für Kitschprodukte behauptet, jenes, dass Kitsch sentimental sei.[147] Er will dem Kitsch aber nicht Sentimentalität im Allgemeinen vorwerfen, sondern vielmehr die Besonderheit der kitschigen Sentimentalität extrahieren. Dies hieße in diesem Kontext „Rührseligkeit", „also die Bereitschaft und Fähigkeit, sich rühren zu lassen".[148] Dabei weist er darauf hin, dass der Rührselige zum Genüsslichen strukturell eine enge Affinität hat: „Er wird durch seine Rührung gerührt."[149] Diese Art Rührung habe nicht jene „expansiven" Tendenzen, „die über das fühlende Ich hinausweisen".[150] Vielmehr werde die Sentimentalität bei den kitschigen Gegenständen „reflexiv" genossen, fühle der Rührselige nicht nur das Gefühl, sondern genieße er, dass er es fühlt. So finde der Rührselige auch da einen rührenden Aspekt, wo dieser eigentlich gar nicht vorhanden ist. Diese erfinderische Eigenschaft des Gefühls bezeichnet Giesz deshalb als „Unwahrhaftigkeit" und „Unechtheit". Diese falsche Emotion zeige sich vor allem darin anschaulich, dass der Kitsch die wichtigen Szenen im Leben, wie Tod, Sexus, Kriege, Geburt usw., „entdämonisiert".[151] Der Kitsch vermöge die „Grenzsituationen" der menschlichen Existenz „in rührende Idylle zu verwandeln, die angemessenen numinosen Schauer (Angst, Ehrfurcht, Andacht, Verzweiflung usw.) durch annehmliche Gerührtheit zu ersetzen".[152] So fasst er diese Merkmale

146 | L. Giesz, a.a.O., S. 44.

147 | L. Giesz, a.a.O., S. 45.

148 | L. Giesz, a.a.O., S. 46.

149 | L. Giesz, ebd.

150 | L. Giesz, ebd.

151 | L. Giesz, ebd.

152 | L. Giesz, a.a.O., S. 47.

des Kitsches als „Idyllisierung der Grenzsituationen" zusammen. Die Ereignisse, die wohl die gewöhnliche Größe der Emotionen überschreiten, werden dadurch aufgelockert und maßvoll dosiert. Dann gibt es nichts Schockierendes, es sei denn in Richtung des bloß Sensationellen.[153]

Als nächstes findet Giesz im „selbstgenießerischen und weinerlichen Sentimentalen" eine für Kitsch typische Struktur der Subjekt-Objekt-Beziehung: „Penetranz und Klebrigkeit".[154] Die beiden Eigenschaften stellen dar, wie ein Subjekt beim kitschigen Erlebnis mit dem Objekt umgeht. Das Subjekt schafft hier nicht die für eine Kunsterfahrung benötigte Distanz zum Objekt. Das Kitschige an einem Gegenstand lässt es nicht zu, diesen voll genießen zu können, sondern es drängt immer wieder ins Bewusstsein und meldet den Zustand, dass man gerade etwas genießt. Es lässt einen Rezipienten nie beim Genießen sich selbst vergessen. So wirkt das Kitschige penetrant oder andersherum auch klebrig. Denn das Bewusstsein der Tatsache, dass man gerührt ist, hängt dem Erlebnis des Kitschigen immer an. Giesz beschreibt dies wie folgt: Der Kitsch ist „deswegen penetrant, weil uns der expansive Anspruch der genüsslichen Ich/Welt- (oder Subjekt/Objekt-)Vermanschung selbst bei Widerstandsreaktion nicht recht loslassen will. Klebrigkeit drückt solches Adhärieren eines Fremden" aus.[155] Dies beschreibe auch gut die Bewusstseinsverfassung des Kitschigen, dass sie mal „passiv, weich, folgsam" sei und mal erscheine wie das „mich besitzende gerade in dem Augenblick, da ich es zu besitzen glaube".[156]

Eine weitere wichtige Eigenschaft des Kitsches findet Giesz darin, dass er Stimmungen erzeugt. Die Stimmung, die Martin Heidegger zufolge „überfallen" sollte, wird beim Kitsch manipulierbar und verfertigend. So, wie der Mensch den Trieb verdränge, unterdrücke er auch die Stimmung, was aber dazu führe, dass er die verdrängte Stimmung durch ein Surrogat zu kompensieren versuche. Kitsch biete dabei Stimmungen an, wie etwa diminutive, exotische, transzendente und nostalgische. Diese Stimmungen seien aber keine echten, weil sie nicht frei von „reflexiven" Gefühlen als Selbstgenuss genossen werden. Die Kitschstimmung wird „schon absichtlich induziert" und „noch während ihres Abklingens sozusagen gelutscht".[157]

Dem Kitsch kann es jedoch nicht richtig gelingen, die erzielten Stimmungen zu erzeugen, greift er doch häufig als „Sicherheitsmaßnahme" nach einer Anhäufungen von „Symbolen, Allegorien, Metaphern usw.".[158] Dazu gehört

153 | L. Giesz, ebd.

154 | L. Giesz, a.a.O., S. 48.

155 | L. Giesz, a.a.O., S. 49.

156 | L. Giesz, a.a.O., S. 50.

157 | L. Giesz, a.a.O., S. 54.

158 | L. Giesz, a.a.O., S. 57.

auch die „willkürliche Bereitstellung von Synästhesien“, die dann zur Erzeugung von Stimmungen eingesetzt werden.[159] Unter „Synästhesien“ meint er die Zusammenstellung der verschiedenen Sinne in der Darstellung eines Gegenstandes. So wird beispielsweise eine optische Darstellung gleichzeitig von einer akustischen begleitet. Aber das Endergebnis solcher Maßnahmen sei, wie man am Versuch von dem Walt-Disney-Film „Fantasia“ gut konstatieren könne, miserabel: „peinlich, süßlich, klebrig, widerlich parfümiert“.[160]

2.3.3 Harry Pross

Harry Pross macht bei seiner Untersuchung die Problematik der Definition des Kitsches nicht zum großen Thema. Ihn interessiert nicht so sehr, was Kitsch sein soll, eher konzentriert er sich darauf, das *Phänomen* des „Kitsches“ zu analysieren. Als Untersuchungsgegenstand im Feld des Kitsches betrachtet er das Andenken. Einen Angelpunkt für die Analyse sieht Pross zunächst darin, dass Kitsch eine Art „Selbstdarstellung“ ist.[161] So seien „das Amulett, das Foto, der Granatsplitter, der uns ‚beinahe‘ getroffen hätte, das Häkeldeckchen der Urgroßmutter, Hausrat von anno dazumal“.[162] Gegenstände der Selbstdarstellung. Denn sie verliehen den Menschen, die sich mit ihrer Umgebung auseinandersetzten, einen „Rückhalt“[163], indem sie sich vergewisserten, was sie seien. So scheint es hier, dass Pross mit dem Wort „Selbstdarstellung“ die Problematik der Identität mit dem Kitsch verbindet. Die Selbstdarstellung ist Pross zufolge aber eine „Selbsttäuschung“, denn die Auseinandersetzung des Individuums mit der Umgebung, die sich beim Kitsch präsentiert, kann auch da kein richtiges Bild der Wirklichkeit bilden, wo es gefordert ist, sondern bietet nur „eine Zusammensetzung mit irgendwie kombinierten Formen, Farben und Gestalten als Selbstdarstellung“ an.[164] Diese „Synthese“ erzeuge dann nämlich eine Magie, in der das, was sich durch den Kitsch zeigt, und die Wirklichkeit nicht mehr deutlich zu unterscheiden seien. Diese Ununterscheidbarkeit führe dann oft zur „Erhöhung des eigenen Subjekts“.[165] Aufgrund dieser „magischen“ Kraft des Kitsches, die Wirklichkeit anders wahrnehmen zu lassen, sieht Pross eine Verbindung mit der Unterhaltungsindustrie. Man nehme nämlich

159 | L. Giesz, a.a.O., S. 59.

160 | L. Giesz, a.a.O., S. 60.

161 | H. Pross: Kitsch oder nicht Kitsch? In: Ders. (Hg.): Kitsch. Soziale und politische Aspekte einer Geschmacksfrage, München 1985, S. 25; H. Pross: Medium „Kitsch“ und Medienkitsch, S. 6.

162 | H. Pross: Kitsch oder nicht Kitsch? S. 24 (Herv.i.O.).

163 | H. Pross, ebd.

164 | H. Pross, a.a.O., S. 25.

165 | H. Pross, ebd.

als ihr Motto die „Wirklichkeit als schlimmstem Feind des Menschen" und behaupte, dass die Menschen daher die „Illusion als täuschenden Erlöser" (Erich Heller) brauchten. So lebe die Unterhaltungsindustrie vom Bedürfnis nach der Illusion. In dieser Industrie ist der Kitsch „dem Arrangement unentbehrlich, denn er transportiert die Lebenslüge des Systems, indem er die kleinen Gefühle, die emotionalen Defizite in die Hierarchie einbindet".[166]

Das Andenken spiegele darüber hinaus auch „die Angst vor der Vergänglichkeit" wider, „das Subjekt materialisiert die Flüchtigkeit einer Reise in einem Andenken, setzt es der Flüchtigkeit seiner biologischen Existenz ein Zeichen entgegen".[167] Folgt man seinem Gedanken, kann man sagen, dass das Subjekt seine vergängliche Anwesenheit durch ein Zeichen, das materiell eine lange Dauer garantiert, zu gewährleisten versucht.

Pross formuliert zudem einen Ansatz für eine kommunikative Perspektive. Kitsch sei „ein Kommunikationsmittel, ein Medium, das rasch Affekte transportieren soll, indem es die Unterscheidungen von Vorstellung und Wahrnehmung, von Wunsch und Erfüllung, von Bild und Sache zu überspielen sucht".[168] Um die Affekte noch schneller zu vermitteln, ziele Kitsch auf Zeitgewinn[169], und für diesen Zweck verwende er die Metapher, mit der mehr Informationen in verkürzter Form vermittelt würden. Er meint mit „Metapher" eingängig angewandte Ausdrücke wie „Kreuzfeuer", „Schuldenberg", „Fehlschlag" usw. Sein Hinweis auf das Verhältnis des Kitsches zum Zeitgewinn erklärt dann zutreffend, warum Kitsch dafür berüchtigt ist, immer schon abgeschliffene Vergleiche zu verwenden: Er versuche nämlich seine *Messages* ökonomisch mitzuteilen. Diese Tendenz ist jedoch Pross zufolge nicht nur beim Kitsch markant, sondern ist eine allgemeine. Dies beschreibt er in einem kulturkritischen Ton: „Die menschlichen Mitteilungstechniken folgen der Tendenz, den Aufwand für die Einzelmitteilung zu verringern und mit demselben Signal immer größere Mengen von Leuten über immer weitere Räume in kürzester Zeit zu erreichen."[170]

Diese Beschleunigung des Zeichenverkehrs helfe dabei, ein größeres Publikum zu schaffen.[171] Und damit wird dies zu einer „Machtfrage", denn Millionen werden dadurch in Symbolnetze gebunden.[172]

Zwar hätten sich elektronische Produktionen wie Fernsehsendungen ausgedehnt, aber die Beiträge wären nicht länger geworden. Zeit, um etwa die

166 | H. Pross, a.a.O., S. 28.

167 | H. Pross: Medium „Kitsch" und Medienkitsch, S. 6.

168 | H. Pross: Kitsch oder nicht Kitsch?, S. 27.

169 | H. Pross: Medium „Kitsch" und Medienkitsch, S.12.

170 | H. Pross, a.a.O., S.13.

171 | H. Pross, a.a.O., S.14.

172 | H. Pross, ebd.

Wahrheit zu sagen, hätten solche elektronischen Produktionen nicht.[173] Immer wieder bringen sie so mehr und mehr Zuschauer zu dieser schematisiert gewordenen Verbindung zwischen Zeichen und Inhalt. Diese Verbreitung des inhaltslosen Signalverkehrs ergibt dann im Satelliten-Zeitalter „internationalen Kitsch" in der Unterhaltung wie in der Information.[174] So nennt er die TV-Unterhaltung „aufwendigen Kitsch". Mit den Berichterstattungen ist Pross vorsichtiger und sagt, dass hier nicht alle Kitsch seien, aber wenn sie „Signalökonomie und die Arroganz der Macht" zuließen, würden sie Kitsch.[175]

Bezüglich der Wirkung des Kitsches warnt er, visueller Medienkitsch sei den Seelen weit mehr als der Sprachkitsch schädlich, denn er bilde „eine magische Einheit gegen die Ratio".[176] Der Kitsch verstelle nämlich mit dieser magischen Kraft die Realität und verhindere, die Geister wach zu halten.

2.3.4 Claudia Putz

Im Folgenden soll die Dissertation über Kitsch von Claudia Putz etwas ausführlicher betrachtet werden. In ihrer umfangreichen Arbeit erörtert sie unter anderem, wie Kitsch definiert werden kann, und beschreibt und analysiert die vielfältigen Facetten des Kitsches. Ein Vorteil ihrer Arbeit ist vor allem, dass sie das Verhältnis Kunst-Kitsch anhand der Intertextualitätstheorie Manfred Pfisters und der Kommunikationstheorie Kochs konkret ans Licht bringt. Auch wenn das dieser Arbeit zugrunde liegende Interesse sich nicht mit der Arbeit Putz' deckt, ist diese doch so sinnvoll und ergiebig, dass sie hier ausführlicher behandelt werden soll. Dadurch vermag man nicht nur einen breiteren Überblick über das Thema Kitsch erhalten, sondern sich auch der gegenwärtigen Forschungsrichtung annähern, die versucht, das Verhältnis Kunst-Kitsch mit Blick auf philologische, kommunikationstheoretische und kulturwissenschaftliche Methoden zu erklären.

Putz befasst sich zunächst damit, eine gemeinsame Struktur zu beschreiben, die „die offensichtliche Disparität der Gegenstandsbereiche [umfasst], in denen mit dem Begriff Kitsch operiert wird".[177] Dieses Ziel kann sie allerdings nicht etwa dadurch erreichen, dass sie objektive Merkmale des Kitsches ermittelt, denn „Kitsch" ist ihr zufolge ein Werturteil.[178] Das besagt, dass es stark von der Rezeption abhängig ist, ob ein Gegenstand Kitsch ist oder nicht. Putz erklärt, dass bei ihrer Untersuchung deswegen eine andere Frage in den Vor-

173 | H. Pross, ebd.

174 | H. Pross, a.a.O., S. 15.

175 | H. Pross, a.a.O., S. 16.

176 | H. Pross, ebd.

177 | C. Putz: Kitsch, S. 1.

178 | C. Putz, ebd.

dergrund rücke: „Wie sind die Bedingungen zu beschreiben, die das Urteil Kitsch ermöglichen?“[179]

Bemerkenswert ist bei ihr im Vergleich zu anderen ähnlichen Versuchen, dass sie diesen Sachverhalt mit der Kommunikationstheorie zu erklären versucht, und zwar gestützt auf Koch. Um der Frage der möglichen Bedingung des Kitschurteils nachzugehen, wird zunächst die allgemeine Ansicht Kochs über einen Text besprochen. Ein Text als Grundlage der Kommunikation hat an sich keine Ordnung, an der man eine Struktur als solche erkennen kann. Diese kann nur von den an der Kommunikation Beteiligten hergestellt werden. Also liegt die Struktur eines Textes nicht im Text an sich, sondern wird vom Beteiligten konstituiert. So sagt Koch: „Der Text hat keine Strukturen-!“[180] „Die Texte der Kommunikation Kitsch, also die Artefakte, von denen als Kitsch gesprochen wird, können [...] nicht an sich beschrieben werden.“[181] Koch will „alle Textstrukturen letztlich als das Ergebnis von Verarbeitungsprozessen in den Gehirnen der an der Kommunikation beteiligten Personen verstanden wissen“.[182]

Wenn man nun aber einen Text haben will, der unabhängig vom subjektiven Blick als Kitsch gilt, reicht diese Beschreibung alleine nicht aus, sondern es ist eine zusätzliche Erklärung oder gar eine andere Herangehensweise erforderlich. Denn wenn er nur von den Leuten, die in ihm die „kitschige“ Struktur sehen, als Kitsch erkannt werden kann, sind die Erlebnisse der „naiven“ Kitschrezipienten ausgeschlossen. Denn jene erkennen gemäß dieser Sichtweise jene Struktur nicht, die die reflektierten Rezipienten zu identifizieren in der Lage sind. Sie lesen den Text anders, haben insofern einen anderen Text als die reflektierten Rezipienten. Will man daher für die Untersuchung einen gemeinsamen Text für naive und reflektierte Rezipienten annehmen, der bei beiden „wirkt“, muss man auf diese Problematik eingehen.

Putz scheint in der Tat für ihre weitere Untersuchung einen solchen Gegenstand zu benötigen. Wenn sie von „einem gegenständlichen Faktum“ redet, scheint es, dass sie vom Kitsch spricht, der im Allgemeinen als solcher gilt. Tatsächlich behandelt sie in ihrer Arbeit die als Kitsch geltenden Werke wie Gegenstände, eben als ob sie ein solcher Text wären, der unabhängig vom subjektiven Blick als solcher angenommen werden kann. An ihrer Arbeit fehlen aber die kritischen Überlegungen zu dieser Problematik in Bezug auf die Allgemeingültigkeit des Textes. Sie merkt nur an: „Wenn dennoch der Kitsch bisweilen wie ein gegenständliches Faktum in den Blick genommen wird, dann immer unter der Vorgabe, dass es sich dabei letztlich um ein Rezeptionsphä-

179 | C. Putz, a.a.O., S. 2.

180 | C. Putz, a.a.O., S. 81.

181 | C. Putz, ebd.

182 | C. Putz, ebd.

nomen handelt."[183] Hier scheint sie nur mit dem Hinweis, dass es für den Begriff Kitsch noch eine Grenze der Rezeptionsabhängigkeit gibt, die Legitimität erhalten zu wollen, Kitsch als „ein gegenständliches Faktum" zu behandeln. Aber es reicht nicht aus, nur eine Bedingung zugrunde zu legen. Vielmehr ist eine subtilere Klärung erforderlich, wie ein gegenständliches Faktum „Kitsch" trotz der Relativität des Begriffs Kitsch möglich ist.

Wenn sie ohne darauf zu achten die Bedingung des Kitschurteils für diejenigen betrachtet, die Kitsch als solchen erkennen, dann wird die Frage auf Folgendes beschränkt: Welcher Mechanismus funktioniert, wenn jemand etwas zutreffend als Kitsch definiert? Dabei wird der Kitsch als ein kulturelles Phänomen, in dem die Erlebnisse und die Fälle der naiven Kitschrezipienten eingeschlossen sind, im Forschungsfeld nicht gesehen und die Rede von einem gegenständlichen Faktum kann nur beschränkt gültig sein.

Im Umgang mit dem Begriff Kitsch weist Putz zunächst darauf hin, dass Kitsch ein Begriff ist, der erst in seiner Konstellation mit der Kunst denkbar ist. Hier könne also mittels der Forschungsfrage geklärt werden, was Kunst ist. Somit beschäftigt sie sich zunächst mit der Frage der Definition von Kunst. Dabei beschränkt Putz diese weit reichende Problematik auf das Verhältnis, das Kunst und Kitsch zueinander haben. Grundsätzlich wird dieses Verhältnis von ihr als Beziehung von Original und Reproduktion definiert.[184] Unterstützt fühlt sie sich hierbei durch die Auffassung Amerys, der sagt: „Verzichten wir auf Spekulationen über das niemals Definierbare. Halten wir uns an die sinnvolle und intersubjektiv kontrollierbare Aussage, ob ein Werk Originalität besitzt oder sein Schöpfer nur ein trister Epigone ist."[185] Gemäß dieser Sicht wird der Kunst der Wert des Originals zugeschrieben, dem Kitsch dagegen das nur „Konventionelle". Diese Verteilung der Werte wird außerdem im gleichen Sinne reflektiert durch die Kontraste „Innovation vs. Imitation, Neuschöpfung vs. Epigonalität, Authentizität vs. Nicht-Authentizität".[186]

Putz sieht allerdings diese Wertverteilung nicht als ein selbstverständliches Faktum an, sondern als ein historisches Phänomen. Infolgedessen geht sie der Frage nach, durch welchen historischen Prozess die Originalität sich mit der Kunst verbunden hat.

Sie geht davon aus, dass Bedeutung und Status der Kunstwerke sich mit der Zeit immer wieder verändert haben. Sie weist weiter darauf hin, dass sie in ihrer Ursprünglichkeit mit der Religion in enger Verbindung stehen und darum in sich eine religiöse Bedeutung tragen. Nicht bloß verweisen die Kunst-

183 | C. Putz, a.a.O., S. 5-6.

184 | C. Putz, a.a.O., S. 4, S. 37.

185 | J. Améry: Kitsch, Kunst, Kitschkunst, in: Schweizer Rundschau (Einsiedeln) 67 (1968), S. 487-488.

186 | C. Putz: Kitsch, S. 37.

werke auf religiösen Sinn, wobei sie nur als Medium dienen, sondern sie wurden auch selbst als heilige Wesen behandelt. Putz fasst dies folgendermaßen zusammen: „Das Kunstwerk hatte in seiner Ursprungssituation nicht nur Verweischarakter in Bezug auf das ‚Göttliche', es war, eingesponnen in das magisch-mythische Weltbild der Gruppe, gleichbedeutend mit dem Göttlichen."[187] Dadurch haben die Kunstwerke in der Frühzeit einen Kultwert gewonnen, der diesen die Eigenschaft des Unikates verliehen hat. Dieses Charakteristikum habe den Grund für die Besonderheit bzw. die Einmaligkeit geboten, die die Kunstwerke damals prägten.[188] Insofern der religiöse Kultwert mit dem frühen Kunstwerk eng gekoppelt gewesen sei, sei es belanglos, ob man mit der Kunst Neues schaffe. Denn die Kunstwerke seien in dieser Hinsicht keine Objekte, die immer wieder erneut produziert werden müssten, sondern solche, deren Grundform eher bewahrt werden solle. Putz begründet diese Erklärung mit Hauser: „Die höchsten Werte stehen fest und sind in gültige Formen gefasst; es wäre reiner Übermut, diese Formen unbedingt ändern zu wollen. Der Besitz der Werte ist das Ziel, nicht die Produktivität des Geistes."[189]

„Mit dem Prozess der fortschreitenden Vergeisterung der Religion" trennt sich das Göttliche jedoch von der materiellen Basis, um nur abstrakt und geistig zu wirken. Dies bringt mit sich, dass die Kunstwerke, die an sich materielle Wesen sind, keinen göttlichen Wert mehr haben, sondern allenfalls auf diesen hinweisen sollen. Das Göttliche tritt ins Jenseits zurück und steht als Geistiges hinter dem Materiellen der Kunstwerke. In dieser Ansicht über die Kunst, die bis ins Mittelalter tradiert wurde, wird Originalität von den Künstlern nicht als anzustrebendes Ziel gesetzt. Wenn ein Kunstwerk gelobt wird, liegt das nicht an seiner Originalität, sondern daran, dass es die Tradition des Ausdrucks gut einhält. In diesem Zusammenhang ist der Vorwurf bedeutungslos, dass ein Werk bloß eine Kopie ist, und es ist genauso unwichtig, wer das Werk geschaffen hat. Ein Künstler hatte nämlich damals nicht die gleiche Bedeutung wie die, die ein Künstler in der modernen Zeit hat, also die eines Schöpfers und Inhabers seines eigenen Werkes. „Die Autorenschaft war kein Thema, der Künstler war nur Handwerker, Handlanger, Werkzeug Gottes."[190]

Diese Wertigkeiten sind aber veränderlich. So unterlag der Kultwert der Kunstwerke in der Neuzeit einer Wandlung. In dem Maß, wie die Welt sich von der Religion verabschiedet hat, hat die Kunst den religiösen Kultwert verloren. Dies heißt aber nicht, dass sie damit ihre Wertschätzung verloren hat. Im Gegenteil wird sie nach wie vor als etwas Wertvolles behandelt. Putz findet

187 | C. Putz, a.a.O., S. 41 (Herv.i.O.).

188 | C. Putz, a.a.O., S. 42.

189 | C. Putz, ebd.

190 | C. Putz, a.a.O., S. 42.

den Grund dafür in der Authentizität, die an Stelle des Kultwerts der Kunst zugekommen sei. Sie erklärt diese Veränderung anlehnend an Benjamin, der den Kultwert der Kunstwerke im Prozess der Säkularisierung durch die ‚Authentizität' ersetzt sehe.[191] Die geistigen und heiligen Kräfte, von denen die Kunstwerke Besitz nahmen, seien, so interpretiert Putz Benjamin, zwar nicht mehr so stark wie früher, aber deren ‚Aura' bliebe auch nach der Abtrennung des religiösen Wertes noch bei ihnen.[192] Dass die ‚Aura', die „als einmalige Erscheinung einer Ferne, so nah sie sein mag"[193] und weiter „nichts anderes als die Formulierung des Kultwerts des Kunstwerks in Kategorien der raum-zeitlichen Wahrnehmung"[194] verstanden wird, immer noch als mit den Kunstwerken verbunden zu sehen ist, zeige auf, dass „die Verbindung zum Ritual auch in der autonom gewordenen Kunst nicht aufgehoben" sei.[195] Die ‚Aura' erscheint somit zwar in der modernen Kunst nicht direkt in der religiösen Form, aber in der Form der Authentizität.

Die Authentizität bedeute somit in der säkularisierten Kunst die „nicht mehr als verbürgte Echtheit der angegebenen Autorenschaft des Werks".[196] Mit diesem Interesse an dem Urheber des Kunstwerks, das sich im Zuge der Aufklärung entwickelt hatte, veränderte sich der Status der Künstler. So waren sie nicht mehr nur Handwerker, die nach einem Muster die Tradition nachformten, sondern Schöpfer, die etwas Neues, Originales schaffen. Mithin blieben sie nicht mehr hinter ihrem Schaffen anonym zurück, sondern behaupteten ihr Selbstbewusstsein als Subjekt. Ihr Schaffen wurde sogar mit dem Schaffen eines Gottes vergleichbar, nämlich in der Hinsicht, dass sie etwa Neues auf der Welt hervorbrachten. Dieser Gedanke lässt sich Putz zufolge am besten bei der Diskussion über Genies feststellen, die in der Aufklärung den Bereich der Ästhetik beherrscht hat. Demnach besteht die Originalität eines Genies darin, dass eine einzigartige Idee einem privaten Individuum so zugeschrieben werden kann wie ein Eigentum. Insofern wurde dem Genie „als Schöpfer Gottähnlichkeit zugestanden".[197] Auf diese Weise werde „die ‚Originalität' im Sinne der nicht-konformen Gestaltung also immer stärker zum Wertmaßstab der zeitgenössischen Kunsttheorie, der Dilettantismus der ‚Plagiarii' zum Gegenstand der Kritik".[198]

191 | C. Putz, a.a.O., S. 44.

192 | C. Putz, a.a.O., S. 43.

193 | W. Benjamin: Das Kunstwerk im Zeitalter seiner technischen Reproduzierbarkeit, Frankfurt a.M. 1977, S. 16.

194 | C. Putz: Kitsch, S. 43.

195 | C. Putz, a.a.O., S. 44.

196 | C. Putz, ebd.

197 | C. Putz, a.a.O., S. 47.

198 | C. Putz, a.a.O., S. 43 (Herv.i.O.).

Putz entdeckt dabei, dass sich in der Rolle des Genies wieder etwas Göttliches abspielt. Die Authentizität, die als das markanteste Merkmal des Genies gilt, interpretiert Putz als eine variierte Form des religiösen Sinns. Daraus schließt sie, dass die Qualität des Authentischen im Grunde einen religiösen Zug enthält. So sagt sie:

„[A]ls verbürgtes Produkt des göttlichen Genies bleibt das Kunstwerk trotz der angeblichen Emanzipation vom Kult in der Sphäre des Religiösen [...] So hat sich in die ‚aufgeklärte' Kunst-Welt das Metaphysische – wenn es überhaupt je eliminiert war – wieder eingeschlichen: Im Genie haben wir wieder einen Gott, den man verehren kann."[199]

Unter diesem Gesichtspunkt gesehen ist es nachvollziehbar, warum der Kitsch nicht nur ästhetisch oder moralisch, sondern auch religiös als etwas Schlimmes kritisiert wird. Wird die Originalität der Kunst, die in ihrer Ursprünglichkeit die religiöse Heiligkeit tangiert, beim Kitsch verletzt, bringe das nicht nur ästhetische Kritik mit sich, zum Beispiel dass er schlechten Geschmack zeige, oder moralische Kritik, zum Beispiel dass er etwas Gestohlenes sei. Zu diesen Vorwürfen kommt nicht selten noch der religiöse hinzu, dass er etwas Heiliges verletze. „Dieses Interesse am unhintergehbaren Ursprung, das eng mit einem religiösen Interesse zusammenhängt, bildet den Hintergrund für die Verfolgung des Reproduzierten."[200]

Durch diese Betrachtung der Kunst lässt Putz deutlich erkennen, warum der Kitsch als Reproduktion verurteilt wird und welche Implikationen mit dieser Verurteilung einhergehen. Wie oben gezeigt war die Kunst in ihrem Ursprung mit dem Göttlichen verbunden, und insofern wurde die Reproduktion gar nicht als etwas Schlimmes angesehen. Denn das Göttliche galt an sich als perfekt und „unveränderbar", so dass kein Bedürfnis nach Innovation wahrgenommen wurde. Daher wurde es auch nicht als Fehler angesehen, das Vollkommene zu kopieren und zu reproduzieren. Aber der Kultwert des Kunstwerks verschob sich im Säkularisierungsprozess hin zur Authentizität, und ein Kunstwerk wurde daraufhin bewertet, ob es originell war. Dabei repräsentiert die Originalität die Idee von einem einzigartigen Individuum, und die Aufgabe der Kunst liegt nicht mehr darin, die Tradition zu wiederholen, sondern das Neue hervorzubringen. In dieser veränderten Kunstkonzeption gerät die Reproduktion in eine feindliche Beziehung zur Kunst, wie an den Konnotationen von Wörtern wie Dilettant, Nachmacher, Epigone zu erkennen ist. Was Putz dabei nochmals bemerkt, ist, dass die Reproduktion nicht nur die Originalität bzw. Autorenschaft des Urhebers verletzt, also des Künstlers, sondern auch die ‚Aura', die einem Kunstwerk immer noch eine mystische Kraft verleiht. Die

199 | C. Putz, ebd. (Herv.i.O.).

200 | C. Putz, a.a.O., S. 219.

,Aura' ist im Grunde mit der religiösen Quelle verbunden, darum verweise der Verstoß gegen die Authentizität des Kunstwerks auf die Verletzung von etwas „Heiligem", das mit dem „Gedanken des Einmaligen, Unwiederholbaren, Ursprünglichen, kurz: des Originals"[201] verbunden ist.

Diese Verletzung erscheint da umso gefährlicher, wo Kitsch sich als Kunst ausgibt. „Dann muss dies fast zwangsläufig als eine Anmaßung empfunden werden, die diesen als ein ,Sakrileg' erscheinen lässt, das sich gegen die fundamentale Idee der Kunst richtet."[202] Es ist kein Zufall, dass die vielen Vokabeln für die Kitschkritik mit Religion zu tun haben. Putz führt als Beispiel Broch an, der Kitsch als „Antichrist" bezeichnet.[203] Es sei auch im gleichen Kontext zu verstehen, dass Fröhlich das Wort Kitsch mit dem Wort „Sünde" vergleicht[204]. Außerdem verurteile der Theologe Egenter Kitsch als eine Entwürdigung des Höheren.[205] Auch Karpfen stimme mit diesen Auffassungen überein. Bei ihm tritt der Kitsch als „Gegengott" des Göttlichen auf, als falscher Prophet, der durch den wahren ,Heilbringer', die Kunst, zu überwinden ist.[206]

Die Gefahr, wegen der diese Kritiker des Kitsches uns alarmieren würden, erscheine noch größer, wenn Kitsch von seiner äußeren Erscheinung her als der Kunst sehr nah erscheint. Broch bemerkt diese Ähnlichkeit und sagt, dass der Kitsch der Kunst aufs Haar gleiche.[207] Die Ähnlichkeit rühre vor allem daher, dass Kitsch den Anspruch erhebt, Kunst zu sein. Wenn Kitsch diesen Anspruch nicht erhebe, würde die Gefahr und die „Entrüstung gegenüber ,Geschmacklosigkeit'" auch nicht als so bedrohlich eingeschätzt werden.[208] Dass Kitsch sich die Kunst anmaßt und dadurch die Wahrheit und die Authentizität der Kunst in Frage stellt, sei also dessen größter Fehler, weil hier die Grundlogik wie beim Sakrileg funktioniert. „Erst die ,Anmaßung' des Kunstanspruchs, also des Anspruchs, in der Reihe der einmaligen, unwiederholbaren, genial ursprünglichen Kunstwerke situiert zu sein, erzeugt [...] einen Zorn, wie die Wächter des Heiligen ihn gegenüber dem entweihenden Sakrileg empfinden."[209]

Nachdem Putz das Verhältnis Original-Reproduktion geschichtlich betrachtet hat, lenkt sie ihr Augenmerk darauf, dass das Verhältnis des Originals zur Kopie sich durch die Intertextualität auszeichnet. Sie weist darauf hin, dass die Reproduktion nur dann als solche erkannt werden kann, wenn die Vorlage, das

201 | C. Putz, a.a.O., S. 52.

202 | C. Putz, ebd. (Herv.i.O.).

203 | H. Broch: Einige Bemerkungen zum Problem des Kitsches Broch, S. 306.

204 | A. Fröhlich: Kitsch in soziologischer Sicht, in: Muttersprache 72 (1962), S. 104.

205 | R. Egenter: Kitsch und Christenleben, München 1962, S. 160.

206 | F. Karpfen: Der Kitsch, S. 106.

207 | H. Broch: Einige Bemerkungen zum Problem des Kitsches Broch, S. 307.

208 | C. Putz: Kitsch, S. 55 (Herv.i.O.).

209 | C. Putz, a.a.O., S. 54.

Original, dem Wahrnehmenden schon bekannt ist. „Wenn das Urteil Kitsch gefällt wird, werden zwei Dinge oder Niveaus miteinander verglichen, von denen eines primären, das andere sekundären Status hat.“[210] Putz erläutert weiter die Intertextualität des Kitschurteils konkret und führt aus, wie und inwieweit der Kitsch sich zu seinem Originaltext der Kunst verhält. Dafür stützt sie sich auf den Literaturwissenschaftler Manfred Pfister.

Pfister unterscheidet laut Putz in seiner Theorie über die Intertextualität der Literaturen sechs Kriterien, an denen er die Ausprägung der Intertextualität misst. Putz nimmt von diesen sechs Kriterien vier auf, um die reziproke Beziehung zwischen Kunst und Kitsch zu vermessen: Selektivität, Referentialität, Kommunikativität und Dialogizität.[211]

Selektivität bestimmt Pfister als ein Barometer, mit dem man das Abstraktionsniveau misst, „auf dem der Prätext sich im Nachfolgetext konstituiert“.[212] Nach diesem Kriterium unterteilt Putz den kitschigen Text in zweierlei, je nachdem wie ein Folgetext sich mit dem Prätext verhält: Zum einen bezieht sich der kitschige Text auf „einen konkreten, als künstlerisch anerkannten, kanonisierten Einzeltext“ als Prätext. Zum anderen übernimmt er von einem oder einer ganzen Gruppe von Prätexten nur „Strukturen, Stilmittel, Motive“.[213]

Zweitens handelt sich bei der Referenzialität darum, „wie sehr ein Folgetext seinen Prätext thematisiert und in seinen spezifischen Eigenarten bloßlegt“.[214] Dabei wird der Prätext in den üblichen Fällen von dem Folgetext „kommentiert, perspektiviert und interpretiert“. Im Kitsch sei hingegen diese Referenzialität nicht angestrebt, und wenn, dann nur in unangemessener Weise.[215]

Als Drittes werde in der Kommunikativität „der Grad der intertextuellen Bezüge von Seiten des Produzenten und des Rezipienten“ thematisiert.[216] Dieser Faktor funktioniere unterschiedlich je nach den Bezugsmoden. So sei es in gewissen Fällen zu beobachten, dass der Kitsch deutlich auf die Bezugnahme hinweist, um zu zeigen, dass er den Wert des Prestiges vom Original teile. In einem anderen Fall könne der Kitsch aber mit dem Prätext nur einen strukturellen Bezug haben. Beispielsweise in dem Fall, in dem „ein Produzent bewusst und mit Blick auf die Marktgesetzlichkeiten Kitsch herstellt“,[217] versuche Kitsch die Übernahme einer Struktur vom Prätext zu verschleiern.

---

210 | C. Putz, a.a.O., S. 80.

211 | Vgl. hierzu fügen sich „Autoreflexivität“ und „Strukturalität“ bei Manfred Pfister ein (vgl. C. Putz, a.a.O., S. 64).

212 | C. Putz, a.a.O., S. 65.

213 | C. Putz, a.a.O., S. 65-66.

214 | C. Putz, a.a.O., S. 66.

215 | C. Putz, a.a.O., S. 68.

216 | C. Putz, ebd.

217 | C. Putz, ebd.

Als Letztes wird Dialogizität in Betrachtung gezogen, womit das semantische und ideologische Spannungsverhältnis zwischen Prätext und Folgetext ermittelt wird. Nach diesem Kriterium habe derjenige Text eine intensive Intertextualität, der beispielsweise durch Ironisierung oder Relativierung seiner ideologischen Voraussetzung Distanz von seinem Prätext hält. Unter diesem Gesichtspunkt habe der Kitsch, der sich zu seinem Prätext nur imitativ verhält, eine wenig intensive Intertextualität und eine geringe Dialogizität.

Zusammengefasst habe der Kitsch „in Bezug auf die Intertextualität ein ambivalentes Verhältnis. Es gilt einerseits, dass er sich nur aus dem Bezug zur Kunst erkennen lässt, dass er sich (man erinnere: als Werturteil) aus diesem Verhältnis erst konstituiert".[218] In Hinsicht darauf kann man sogar sagen, dass der Kitsch eine große Intertextualität hat. „Andererseits lässt sich der Kitsch in den meisten von Pfister dafür aufgestellten Kriterien als von sehr schwacher intertextueller Intensität beschreiben."[219] Also „die ‚positiven' Funktionen" der intertextuellen Bezugnahme, wie „die bewusste Thematisierung der tradierten Formen und Inhalte und womöglich deren kritische Reflexion oder die Reflexion über die Bedingtheit" fehlten dem Kitsch.[220] Putz zeigt damit, dass der Kitsch unter dem Gesichtspunkt der Intertextualität als ein in der negativen Beziehung zum Prätext stehender Text definiert wird.

Diese Kriterien der Intertextualität eignen sich nicht, um besondere Modi des kitschigen Ausdrucks differenziert zu zeigen. Diese können schließlich nicht nur damit geklärt werden, dass der Text Kitsch die Elemente von Prätext auf „unangemessener" Weise verwende. Denn nicht alle schlechten Reproduktionen stehen gleich in einer kitschigen Beziehung zum Prätext. Ob etwa das Werk eines Laien, das einem Prätext Struktur, Stilelement, Motiv usw. entliehen hat, als Kitsch angesehen werden sollte, lässt sich nicht ohne Weiteres entscheiden. Um die besonderen Modi des kitschigen Ausdrucks auszuzeichnen, müssen schärfere Kriterien gefunden werden.

Auch Putz weist auf die Unzulänglichkeit der Kriterien der Intertextualität hin, wenngleich im Bezug auf die zeitgenössische Tendenz der Kunst, die Kitsch als ein Ausdrucksmittel verwendet. Sie sagt, dass diese oben genannten Punkte der Intertextualität von Pfister nicht ausreichend seien, um „eine spezifische Besonderheit des kitschigen Intertexualitätsverhältnisses" zu benennen.[221] Was sie unter dieser Besonderheit versteht, sind die Phänomene, die häufig im postmodernen Kunstfeld zu sehen sind. Hier kann man oft Werke finden, die nach dem Kriterium Original-Reproduktion vom Kitsch nicht zu unterscheiden sind, aber trotzdem als Kunst anerkannt werden. Dabei haben

218 | C. Putz, a.a.O., S. 69.

219 | C. Putz, ebd.

220 | C. Putz, a.a.O., S. 69-70 (Herv.i.O.).

221 | C. Putz, a.a.O., S. 71.

sie nicht nur eine äußerliche Ähnlichkeit mit dem Kitsch, sondern verwenden de facto Kitsch bewusst als eine Art Ausdrucksmittel, um ein spezifisches Kunstkonzept zu verwirklichen. Insofern hier der Kitsch wissentlich als künstlerische Technik angewendet wird, sollen diese Werke vom naiven Kitsch unterschieden werden und können nicht mehr als Kitsch im eigentlichen Sinne bezeichnet werden. Dieser Umstand führt Putz zu der folgenden Einsicht:

„Auch im Zusammenhang mit den Ausführungen zu postmodernen ästhetischen Programmen mussten wir feststellen, dass die einfache Differenzierung von Original und Reproduktion nicht mehr genügte, um die nun auftretenden Fragen zu klären: Wieso werden Objekte, die zuvor einhellig unter dem Label Kitsch geführt werden – also in irgendeiner Hinsicht als Reproduktion entlarvt worden sind – später als Kunst gehandelt?"[222]

Diese Einsicht lässt die Autorin noch einmal darüber nachdenken, wie man Kitsch angemessen definieren kann, wenn dies nicht mehr nur aufgrund des immanenten Verhältnisses Original-Kopie möglich ist. Hier behauptet Putz, dass man neben der Fähigkeit, einen Gegenstand als Reproduktion eines Originals zu erkennen, zusätzlich dessen situationellen Faktor berücksichtigen müsse, um ihn als Kitsch zu identifizieren: „Wir müssen, um das Phänomen Kitsch adäquat beschreiben zu können, Momente der Situation mit in Betracht ziehen."[223] Putz macht damit klar, dass es dann entscheidend ist zu berücksichtigen, ob ein Werk im Rahmen seines künstlerischen Projekts das kitschige Element verwendet oder ob es bloß Kitsch ist.

Anschließend untersucht Putz mit einem kritischen Blick in die vorhandene Forschungsliteratur die Ansätze zur dichotomen Differenzierung Kunst-Kitsch. Sie befasst sich zuerst mit der verbreiteten Differenzierung, dass der Kunst die Eigenschaften Ratio und Aktivität und dem Kitsch Emotion und Passivität zugeteilt werden. Dieser Auffassung nach, die beispielsweise bei J. Elema zu finden ist,[224] werde der Genuss der Kunst durch kognitive und intellektuelle Mühe gewonnen, was erst in angemessener Distanz zum Kunstwerk gelingen kann. Im Gegenteil dazu bemühe sich der Kitschrezipient nicht, mit dem Gegenstand intellektuell umzugehen, sondern gäbe eher die für einen künstlerischen Genuss notwendige Distanz zum Gegenstand auf. Dabei ergebe sich nur eine passive emotionale Reaktion. Putz weist aber diese herkömmliche Ansicht zurück und sagt, dass sie „nicht weiter argumentativ abgesichert wird".[225] Denn „es ist evident, dass der Energieverbrauch für dasselbe Strukturierungsergebnis bei verschiedenen Individuen sehr unterschiedlich hoch sein

222 | C. Putz, a.a.O., S. 80.

223 | C. Putz, a.a.O., S. 65.

224 | C. Putz, a.a.O., S. 109.

225 | C. Putz, ebd.

kann".[226] So wäre ein Fall vorstellbar, in dem es einem Kunstkenner, der über viel mehr Kenntnisse und Erfahrungen verfügt, weniger kognitiven Aufwand kostet, ein Werk zu verstehen, als einem Kitschrezipienten. In diesem Fall würde man jedoch nicht sagen können, dass der Gegenstand für den Kenner weniger künstlerischen Wert hätte, weil er ihm mit weniger Aufwand begegnen kann. Wenn der „Energieverbrauch" ein Maßstab für kitschiges und künstlerisches Erleben sein sollte, müsste die Frage, „ob man es mit Kitsch oder Kunst zu tun hat [...] für jeden einzelnen Verarbeitungsprozess neu geklärt werden".[227] Somit meint Putz, dass die zur Rezeption eingesetzte geistige Mühe kein Kriterium zur Entscheidung sein kann, ob ein Werk Kitsch ist oder Kunst.

Nebenbei bemerkt ist dieser Argumentation von Putz jedoch entgegenzuhalten, dass der Kunstkenner zwar für ein Werk nicht so viel kognitive Energie benötigt wie die, die ein Kitschrezipient dafür braucht. Wenn man aber an die Summe der Energie denken soll, die er für seine Fähigkeit als Kunstkenner eingesetzt hat, kann diese durchaus viel mehr sein als die eines Kitschrezipienten.

Mit dieser Zurückweisung des Maßstabs des kognitiven Aufwands lehnt Putz auch die dichotome Auffassung bezüglich der affektiven Komponenten ab, nämlich dass die Kunst ‚tiefe' und ‚echte' Gefühle angehe, während der Kitsch beim „diminutiven „Gefühlchen" Nietzsches" bleibe.[228] Sie weist diese Überzeugungen in der Begrifflichkeit als „auffallend vage" und „fast immer unbegründet" zurück.[229]

Derartige dichotome Auffassungen über Kitsch und Kunst, die in der Forschungsliteratur verbreitet sind, führt sie auf die idealistische Ästhetik zurück, die das sinnliche Interesse an der konkreten Textoberfläche abwertet und die distanzierte Verarbeitung hoch schätzt.[230] Diese Ästhetik bestehe dabei auf „der Neubewertung des Verhältnisses von Form und Inhalt".[231] Sie zeigt mit folgendem Zitat von Schulte-Sasse, wie die beiden Elemente in der idealistischen Ästhetik eingeordnet sind und warum die Form als dem Inhalt überlegen eingeschätzt wurde: „Denn die Reduktion des Wesens der Kunst auf das Ästhetisch-Formale war bei Schiller die Voraussetzung, unter der er die Kunst als eine Einübung der Freiheit, das heißt Freiheit von sinnlicher und inhaltlicher Wirkung, proklamieren konnte." [232] In diesem Verhältnis von Form und Inhalt wird der Kitsch logisch abgewertet, da er „sich durch übermäßiges stoff-

226 | C. Putz, a.a.O., S. 110.

227 | C. Putz, a.a.O., S. 111.

228 | C. Putz, ebd.

229 | C. Putz, ebd.

230 | C. Putz, a.a.O., S. 119.

231 | C. Putz, ebd.

232 | J. Schulte-Sasse: Literarische Wertung, S. 84.

liches Interesse bei gleichzeitiger Vernachlässigung formaler Aspekte" auszeichne.[233] Dieser idealistischen Ansicht hält Putz jedoch entgegen, dass auch der Kitsch nicht ohne formale Gestaltung auskommen und die Kunst ebenso wenig die Inhaltsseite ignorieren könne.[234] In Anbetracht dieser Ähnlichkeit von Kitsch und Kunst fragt Putz, woher die Ungleichheit der beiden dann stamme. Als einen Grund führt sie die Ungenauigkeit der Begriffe Form und Inhalt an und, um diese Problematik zu lösen, rekurriert sie auf „die Theorie der Poezitität" von Koch.[235] Damit will sie die Begriffe Form und Inhalt präziser fassen und zeigen, „dass und in welcher Hinsicht Kunst und Kitsch strukturell enger beieinander liegen als es gemeinhin angenommen wird, aber auch, wo die entscheidenden Unterschiede liegen".[236] Dieser Ansatz wird nun unter drei Gesichtspunkten betrachtet, nämlich unter dem ästhetischen, dem stilistischen und dem informationellen. Dabei beziehen sich die ersten beiden auf die Form und der letzte auf den Inhalt.

Im ästhetischen Modus gehe es um „einen universalen, von dem spezifischen semiotischen Code unabhängigen appeal". Das heißt, dass eine bestimmte Form, hier die „Rekurrenz", das Prinzip sei, das einen Text ästhetisch attraktiv mache. Dies könne als „universal" gelten, weil das Prinzip nicht die semantischen Elemente angehe, sondern die Rhythmisierung, die die Wiederholung erzeugt. „Rekurrenzen", die im allgemeinen Sprachgebrauch negativ konnotiert werden könnten, seien „eine Voraussetzung für ästhetisches Empfinden überhaupt".[237] Denn „an Wiederfinden" sei auch „die Empfindung von Schönheit gebunden".[238] So gesehen sei auch beim Kitsch der ästhetische Modus gut ausgeprägt, ist doch die Wiederholung bekanntermaßen eines seiner typischen Merkmale. Würde nur dieses Prinzip berücksichtig werden, müsse man sogar sagen, dass „der Kitsch häufiger ästhetischer ist als die Kunst".[239] Putz hält sich mit diesem Urteil aber aus dem Grund zurück, dass dies nur eine Tendenz des Kitsches sei und dass, um den prototypischen Kitsch auszuprägen, noch andere Modi berücksichtig werden müssten. Außerdem lenkt sie die Aufmerksamkeit darauf, dass der ästhetische Modus beim Kitsch nicht in angemessener Weise vorkomme, sondern überspitzt. Trotzdem zeige dies, dass Kitsch mit der Kunst dasselbe Formprinzip teile und es dabei nicht um eine Dichotomie, sondern um einen „graduellen" Unterschied gehe.[240] Somit werde

233 | C. Putz: Kitsch, S. 119.

234 | C. Putz, a.a.O., S. 119-120.

235 | C. Putz, a.a.O., S. 120.

236 | C. Putz, ebd.

237 | C. Putz, ebd.

238 | C. Putz, a.a.O., S. 123.

239 | C. Putz, a.a.O., S. 124.

240 | C. Putz, a.a.O., S. 125.

„die gängige Behauptung, der Kitsch sei durch die Reduktion auf das Stoffliche gekennzeichnet, widerlegt“.[241]

Beim stilistischen Fokus geht es um „Stileme“, das heißt „solche Elemente eines Textes, die mit den Regeln normaler Grammatik oder Semantik unvereinbar sind, die Abweichungen darstellen“.[242] Die „Stileme“ erzeugten in einem Text etwa den Effekt der „Verfremdung“. Sie entsprächen nicht den „normierten Erwartungen“ der Rezipienten, sondern konfrontierten sie stattdessen „mit originellen, nicht konventionellen, darum schwierigen Strukturen, ungewohnten Kombinationen semantischer Einheiten“.[243] Diese Abweichungen bewirkten bei den Rezipienten eine Erweiterung der Reichweite ihrer Interpretation der Kunst, indem sie dazu gebracht würden, ein Werk nicht nur in einer eindeutigen Hinsicht zu interpretieren, sondern verschiedene Schichten einzubeziehen. Putz nennt diesen Prozess in semiotischer Begrifflichkeit „ein Aufbrechen der eins-zu-eins-Relation von Signifikant und Signifikat“.[244] Diese Rezeptionsweise sei anstrengend und benötige viel mehr kognitiven Aufwand, was aber genau die Funktion der Kunst sei. An dieser Stelle zitiert Putz den russischen Formalist Victor Sklovikij, der das Verfahren der Kunst als ein „Verfahren der erschwerten Form“ bezeichnet, das die „Schwierigkeit und die Länge der Wahrnehmung steigert, denn der Wahrnehmungsprozess ist in der Kunst Selbstzweck und muss verlängert werden“.[245] Gemäß diesem Kriterium vernachlässige die kitschige Rezeption „die Auseinandersetzung mit den „Stilemen“ und verweigere sich der Mühe, das Neue zu verstehen, das von den herkömmlichen Regeln abweicht. Infolgedessen geschehe es auch nicht, dass man sich überraschen ließe. Bei der kitschigen Rezeption sei jedes Erlebnis vorhersagbar. Im Gegenteil dazu nehme in der Kunst die Wahrnehmung und das Verstehen eines Werks einige Zeit in Anspruch und fordere die kognitive und geistige Fähigkeit heraus, ermögliche aber dadurch „neue Erfahrungen, neue Perspektiven auf Weltstrukturen“.[246]

Putzt denkt trotzdem nicht, dass keine „Stileme“ in einem „kitschigen“ Text zu beobachten seien. Die dort zu findenden Abweichungen könnten aber erst im Vergleich mit alltäglichen Äußerungen als solche erkannt werden. Obwohl die kitschigen Ausdrücke nicht wie die der schönen Kunst geschätzt werden könnten, solle man zumindest anerkennen, dass sie sich vom natürlichen Sprachgebrauch unterscheiden. Wegen dieser „Stileme“ könne zwar auch Kitschiges zur Gruppe der „kunstoiden Gegenstände“ gehören, aber durch zu vie-

241 | C. Putz, ebd.

242 | C. Putz, a.a.O., S. 128.

243 | C. Putz, a.a.O., S. 129.

244 | C. Putz, ebd.

245 | V. Sklovskij: Kunst als Verfahren, in: J. Striedter (Hg.): Russischer Formalismus, München 1971, S. 15.

246 | C. Putz, Kitsch, S. 131.

le Dekodierungsprozesse verliere es den Stilemen-Charakter und bediene sich nicht mehr der positiven ästhetischen Faktoren.

Drittens betrachtet Putz im Kontext von Kochs Poetizitätstheorie den informationellen Fokus. Hier geht es „um die Strukturierung der Welt mit Hilfe eines semiotischen Codes".[247] Etwas Poetisches solle eben diese Funktion der Strukturierung bewirken können, und Koch bewerte dabei solche „Information" als poetisch, „die grundsätzliche menschliche Dilemmata fokussiert und zwischen deren Polen zu mediieren trachtet, d.h. eine Lösung in Form eines *tertium mediationis* zu finden sucht".[248] Koch nenne solche Information „metaphysisch". Zu diesen metaphysischen Themen gehören dann Binaritäten wie „Ego versus Welt, Mensch vs. unbelebte Natur, res cogitans vs. res extensa, Mikrokosmos vs. Makrokosmos, Leben vs. Tod".[249] Kurz: Es handelt sich bei Kochs informationellen Fokus um die metaphysischen Fragen.

Putz legt mehr Gewicht auf den informationellen als auf den ästhetischen und den stilistischen Fokus, weil der Kitsch durch diese beiden nur als banal oder trivial definiert werden könne, wogegen durch den informationellen dessen spezifische Eigenschaft ausgeprägt werde.[250] So sei die spezifische Eigenschaft des Kitsches darin zu finden, dass er stets „metaphysische Themen" behandele. Diese Eigenschaft werde, wie etwa bei Giesz, als ein Verdeckungsmittel missachtet, das Kitsch nutze, um sein eigentlich bestimmendes Interesse am Sinnlichen zu verschleiern. Dieser Auffassung widerspricht Putz: „Wir sind im Gegenteil der Meinung, dass die Zuwendung zum Transzendenten keine Alibifunktion hat, sondern ein primäres Interesse des Kitsches darstellt."[251] Es scheint, dass Putz darauf hinweisen will, dass die metaphysischen Themen durchaus ein genuiner Interessenbereich des Kitsches seien und im Kitsch insofern noch eine Gemeinsamkeit mit der Kunst, vor allem in der Romantik, gefunden werden könne. Allerdings müsse im Kitsch die Intention zum „Übersteigen des auf das Alltägliche konzentrierten Tuns und Denkens in Richtung auf im weitesten Sinne metaphysisch ausgerichtete Werte und Ideen"[252] wegen seiner zu flachen Ausdrucksweise notgedrungen scheitern.

Der Kitsch werde darüber hinaus in seinem informationellen Merkmal dadurch gekennzeichnet, dass ihm die Fähigkeit fehle, die Gegenstände zu relativieren und seriös mit ihnen umzugehen. Dies sei deutlich daran erkennbar, dass im Kitsch keine Ironie zu sehen ist, was erst durch die Distanz zu den Gegenständen und die „Selbstreflektivität" möglich ist. In den Lösungen, die

247 | C. Putz, a.a.O., S. 133.

248 | C. Putz, ebd. (Herv.i.O.).

249 | C. Putz, ebd.

250 | C. Putz, a.a.O., S. 135.

251 | C. Putz, a.a.O., S. 136.

252 | C. Putz, ebd.

die kitschigen Werke angeboten haben, finde man deswegen kaum Reflexion oder Skepsis, sondern nur „Eindeutigkeit und Endgültigkeit".[253] Das sei genau der Grund, warum im Kitsch so häufig ein Happy End vorkommt. Der Kitsch spende dadurch den Menschen Trost: Die Verzögerungen, Leiden, Skepsis, auf die man in der realen Welt immer wieder stoßen muss, werden im Kitsch verdeckt und nur die klaren Konsequenzen sind übertrieben gezogen. So werde „die Wahrheit" der Realität, oder wie Adorno sagt, würden „die ungelösten Antagonismen der Realität"[254] im Kitsch verschleiert, die der Kunst dagegen zum Ausdruck gebracht. Putz formuliert den Aspekt des Kitsches, ohne die Funktion der Selbstreflexion und der Entlarvung der Wahrheit nur einfache Lösungen zu zeigen, als „die Funktion der voraufklärerischen Religion".[255]

Viertens widersetze sich Kitsch der Funktionalität. Zu viel Schmuck beim Kitsch überlagere die ursprüngliche Funktion, die die Gebrauchsgegenstände als solche eigentlich haben sollten. Dabei ignoriere der kitschige Gegenstand die „positive Ausrichtung auf das Immergleiche, das Stereotype", das dem alltäglichen Nutzungszweck angepasst ist, und poche auf „einen eigenständigen Wert".[256] Putz bewertet diese widersprüchlichen Aspekte des Kitsches als „Schizophrenie". Denn der Kitsch werde „selbst durch abgegriffene Formensprache gekennzeichnet" und strebe gleichzeitig „immer nach dem Besonderen".[257]

Psychologisch analysiert Putz diese Tendenz des Kitsches, das Immergleiche zu wiederholen, als Phänomen eines Zeitalters, in dem eine sinnstiftende Ordnung als Folge der Aufklärung verloren gegangen ist. Die Tendenz rühre her von der „Sehnsucht nach dem Originalen, an das sich das Individuum rück-binden kann".[258] Sie würde zudem „durch die Erfahrung von Entfremdung aufgrund veränderter Produktionsverhältnisse" verstärkt und führte die Menschen dazu, „Flucht" in der vorindustriellen Vergangenheit zu suchen.[259] Sie wollten dort etwas Unveränderliches finden, das im Gegensatz zu den neuen und gleichzeitig entfremdeten Lebensverhältnissen der modernen Menschen etwas Konstantes und darum eine Sicherheit schaffen würde. Auf der anderen Seite habe der Kitsch zudem einen „Horror vor dem Immergleichen, der stereotypen Reproduktion". Darum versuche er Abwechslungen vorzuschützen, indem er viel Schmuck verwende. So wolle er etwas Besonderes und Ungewöhnliches präsentieren.

---

253 | C. Putz, a.a.O., S. 148.

254 | T. Adorno: Ästhetische Theorie, Frankfurt a.M. 1970, S. 16.

255 | C. Putz: Kitsch, S. 148.

256 | C. Putz, a.a.O., S. 149.

257 | C. Putz, ebd.

258 | C. Putz, a.a.O., S. 150.

259 | C. Putz, ebd.; vgl. auch C.E. Emmer: Kitsch against Modernity, in: Art Criticism 13/1 (2008), S. 53-80.

2.4 Die Probleme der Definition Kitsch als Kopie

Die in Abschnitt 2.3 betrachtete Auffassung Putz' über Kitsch lässt sich dahingehend zusammenfassen, dass Kitsch eine Kopie des Originals ist. Nachfolgend wird darauf hingewiesen, welche Probleme bestehen bleiben, wenn man Kitsch nur im Verhältnis Original-Kopie sieht. Zunächst erklärt Putz' Anwendung der Kitsch-Theorie Pfisters, die diesen im Verhältnis zum Prätext begreift, für einen Teil des Kitsches zutreffend, in welcher Konstellation er gesehen werden sollte. So kann von der Innenraumgestaltung in einem zeitgenössischen Restaurant, mit der ein altes Bauernhaus nachgeahmt wird, gesagt werden, dass sie im Verhältnis Original-Kopie steht. Das erklärt jedoch nicht, welche Merkmale die Innenraumgestaltung kitschig machen. Denn nicht alles, was im Verhältnis Original-Kopie steht, ist Kitsch. Das zeigt vor allem die Theorie Pfisters selber. Er begreift nämlich viele Texte, die in solchem Verhältnis stehen, primär mit dem Begriff Intertextualität und nicht mit dem Begriff Kitsch. Putz hatte anscheinend vor, mit Pfisters Ansatz jene Elemente zu suchen, die das Verhältnis zwischen dem Prätext und dem Folgetext kitschig machen. Das Ergebnis ihrer Untersuchung zeigt aber, dass das nicht gelingt. Es konnte schlussendlich nicht erklärt werden, warum nicht irgendeine Form, sondern ausgerechnet die Form der Nachahmung Kitsch sein soll.

Darum versucht Putz durch die Anwendung der Kommunikationstheorie Kochs herauszufinden, welche spezifischen Merkmale dem Kitsch zuzuschreiben sind. Dabei zeigt sie, dass Kitsch, anders als gewöhnlich angenommen, mit der Kunst in ästhetischen bzw. stilistischen Zügen trotz gradueller Unterschiede Gemeinsamkeiten hat. Verglichen damit werde das differenzierende Merkmal des Kitsches auf der Ebene des Inhaltes gefunden. Der Kitsch sei nämlich per se an metaphysischen Themen interessiert. Dies sei hier noch einmal genauer betrachtet. Es ist zwar wahr, dass der Kitsch in den sogenannten großen Themen wie Tod, Liebe, Opfer usw. oft zu sehen ist. Es ist jedoch schwerlich zu behaupten, dass diese Themen vom Kitsch gezielt ausgewählt würden, weil er sich dafür interessiere. Eher liegt es nahe, dass der Kitsch dort markant ist, wo Gefühle wie Gerührt-Sein, Erhöht-Sein, Erhaben-Sein usw. auftauchen, die häufig bei solchen großen Themen erscheinen. Die Eigenart des Kitsches, Sachen zu trivialisieren, ist genau dort am effektivsten realisierbar, weil die großen oder metaphysischen Themen durch die Trivialisierung des Kitsches die größte Reduzierung erleben. In dem dabei entstehenden Kontrast wird dieser Zug des Kitsches also besonders sichtbar. Die großen Themen sind zwar ein guter Schauplatz für den Kitsch, aber es ginge zu weit zu sagen, dass der Kitsch sich dafür speziell interessiere.

Wie können dann die genuinen Merkmale des Kitsches gekennzeichnet werden? Was charakterisiert die obige Innenraumgestaltung als Kitsch, wenn in ihr nicht zu finden ist, dass sie die Reproduktion eines Originals ist? Der kitschige Zug liegt darin, dass sie mit der Nachahmung eine bestimmte Emotion hervorrufen will, wie es in den nächsten Kapiteln gezeigt wird. So wird unter anderem gezeigt werden, dass die Innenraumgestaltung durch die Nachahmung eines Bauernhauses eine bestimmte Atmosphäre des Unernstes schafft und genau damit die Sache trivialisiert.

Zweitens können mit dem Verhältnis Original-Kopie nicht alle kitschigen Objekte gekennzeichnet werden. Was soll beispielsweise der Gartenzwerg kopieren? Wenn sein Ursprung auch einmal in einer ganz früheren Zeit, etwa in einem mythologischen oder volksreligiösen Gegenstand liegen könnte, kann daraus nicht geschlossen werden, dass er etwa einen Kultgegenstand kopiert. Man kann den tatsächlichen Zusammenhängen nicht mehr auf die Spur kommen. Daher muss der Grund, aus dem der Gartenzwerg Kitsch ist, woanders gesucht werden. Dasselbe gilt für den Schlager. Den Grund, warum Schlager als Kitsch gilt, kann man mit dem Verhältnis Original-Kopie nicht befriedigend erklären, und dies trifft auf einige Arten kitschiger Dinge zu (siehe dazu Kapitel 4).

Drittens verweist Putz auf die ambivalenten Aspekte des Kitsches. Einerseits richte sich er auf das Immergleiche, andererseits aber auf das Besondere. Dabei legt sie nahe, dass die Neigung zum Immergleichen mit dem Unsicherheitsgefühl der modernen Menschen zu tun hat. Verglichen damit gibt sie aber kaum eine überzeugende Erklärung ab, warum der Kitsch auch die Neigung hat, Besonderes zu sein. Sie erwähnt kurz einen „Horror vor dem Immergleichen", führt diesen Gedanken aber nicht weiter aus. Sie fasst zudem die beobachtete Ambivalenz unter dem Gesichtspunkt der Schizophrenie auf, weil ihr die widersprüchlichen Neigungen nicht anders interpretierbar scheinen.

Diese Ambivalenz wird jedoch aus einer anderen Perspektive betrachtet, in der sie nicht als Symptom einer Schizophrenie, sondern in einer stringenten Logik erklärt werden kann (siehe dazu die Kapitel 4 und 5).

Bevor auf die semantischen Merkmale des Kitsches eingegangen wird, soll im nächsten Kapitel zunächst der Kitsch als Geschmacksurteil betrachtet werden.

3. Der Kitsch als Geschmacksurteil

3.1 Einführung

Der Ausdruck „das ist Kitsch!" drückt in seinem ästhetischen Gebrauch ein Gefühl aus, das ein Subjekt gegenüber einem Gegenstand empfindet. Dieser Ausdruck wurde in der bisherigen Forschung zumeist so verstanden, dass damit eine Ablehnung ausgedrückt wird und der Gegenstand dem beurteilenden Subjekt nicht gefällt. Aber die Kunst- bzw. Kulturphänomene, die wir in unserer modernen Zeit erleben, bezeugen, dass diese einfache Interpretation nicht der Realität entspricht. Folgendes Beispiel verdeutlicht dies: Der Besucher einer Ausstellung in einem Nationalmuseum in Berlin sieht dort einen Luftballon-Hund[1] ausgestellt, so wie ihn etwa ein Clown bei einer Kindergeburtstagsparty für Kinder zu machen pflegt. Der Betrachter weiß bereits, dass dieses Werk alle Merkmale zeigt, die gewöhnlich dem Kitsch zugedacht werden. Dennoch findet er dieses Werk – trotz seiner Kitschartigkeit – keineswegs ästhetisch abstoßend. Wenn er es kitschig im Sinne von „abstoßend" gefunden hätte, wäre er nicht extra gekommen, um es als Kunstwerk zu betrachten. Es ist also ohne Weiteres vorstellbar, dass der Besucher eine positive Einstellung zu diesem Werk hat oder zumindest eine neutrale, obwohl er weiß, dass es generell als Kitsch gilt. Ein weiteres Beispiel: Die Liebe zum Schlager wurde meist als eine Zuneigung verstanden, die einer gewissen Geschmacklosigkeit entstammt. Man glaubte, solche Vorliebe bestehe, weil jemand nicht wisse, dass der Schlager ein Gegenstand ist, der zur Kategorie des Kitsches gehört und als niveaulos gilt. Aber was man heutzutage beobachten kann, sagt etwas anderes: Viele wissen schon, dass ein Gegenstand wie der Schlager kitschig ist oder als kitschig beurteilt wird, aber sie empfinden trotzdem keine Ablehnung gegen ihn. Er wird vielmehr ästhetisch akzeptiert und gegebenenfalls sogar genossen.

Wie diese Beispiele zeigen, unterlag der Kitsch mit der Zeit einem Wandel. Es hat sich ergeben, dass er für Genuss stehen kann. Aber was für einen

---

1 | „Kult des Künstlers: Jeff Koons. Celebration", eine Ausstellung der neuen Nationalgalerie Berlin, 31. Oktober 2008 bis 8. Februar 2009.

Genuss ist dies? Auf diese Frage wird in den vorhandenen Forschungen kaum eingegangen. Allenfalls wird derartiger Genuss in einer neutralen Auslegung interpretiert, etwa dass ein bestimmter Kreis von Menschen sich für eine Art Kult-Kultur begeistert. Kitsch erhält aber in unserer modernen Kultur quantitativ wie qualitativ immer mehr an Bedeutung, was man nicht mehr nur in solch einem beschränkten Sinne betrachten kann. Ein Grund für die Vernachlässigung dieser Genuss-Frage ist, dass die vorhandenen Kitschforschungen sich hauptsächlich darauf konzentrieren, die kitschigen Merkmale zu finden, die als objektiv gelten, und nicht genug Aufmerksamkeit darauf verwenden, dass Kitsch als Gefühlsausdruck mit der subjektiven Einstellung bei deren Rezeption zu tun hat. Stattdessen wird die Äußerung „das ist Kitsch!" in vielen Fällen so behandelt, als ob man sie objektiv verifizieren kann. Bei solcher normativen Annährungsweise ist Kitsch meistens mit einer pejorativen Bedeutung definiert. Eine Vorliebe zum Kitsch wird dort allenfalls als eine Art Abweichung vom Normalen verstanden. Im Fokus steht dabei die Frage, warum die Leute sich an dieses „Schlechte" hängen und warum sie an „dem Geschmacklosen" Interesse haben.

Diese schon von einer bestimmten Perspektive ausgehenden Fragen müssen dann auch entsprechend beantwortet werden. So sagt man, dass den Kitsch-Liebhabern das nötige Wissen über die Kunst fehle und sie nicht intelligent oder intellektuell genug seien, um zum erkennen, was guter Geschmack sei und was wahre Kunst (Clement Greenberg)[2]. Oder die Liebe zum Kitsch wird als eine Art Nebenwirkung der industriellen Gesellschaft interpretiert (Adorno, Calinescu, Greenberg)[3]. Die Arbeiter, die von ihrer alltäglichen Arbeit erschöpft seien, hätten keine andere Wahl, als sich nach Feierabend mit etwas nicht Anspruchsvollem zu unterhalten. Sie müssten sich nämlich schnell wieder regenerieren, um am nächsten Tag wieder zur Arbeit eingesetzt werden zu können, und dafür bräuchten sie eine Erholung, die nicht viel geistige Energie koste. Diese anspruchslose Unterhaltung werde auch von der kapitalistischen Gesellschaft direkt und indirekt gefördert und geschützt. So erscheinen die erschöpften Arbeiter unschuldig, aber andererseits naiv und geistig nicht wachsam.[4]

---

2 | Vgl. C. Greenberg: Avantgarde und Kitsch, S. 29-55.

3 | Vgl. T. W. Adorno: On popular music, S. 17-48; M. Calinescu: Kitsch, S. 255-258; C. Greenberg: Avantgarde und Kitsch, S. 29-55.

4 | M. Calinescu: Kitsch, S. 255-258; Vgl. auch Greenberg: „Die Bauern, die sich in den Städten als Proletarier und Kleinbürger niederließen, lernten zwar für den praktischen Gebrauch zu lesen und zu schreiben, doch die notwendige Muße und der Komfort für den Genuss der traditionellen urbanen Kultur blieb ihnen versagt. Da sie nichtsdestoweniger den Geschmack an der aus einem ländlichen Hintergrund stammenden Volkskultur verloren und zur gleichen Zeit eine neue Befähigung zur Langweile entdeckten, setzten

Aber das zeitgenössische Phänomen des Kitsches zeigt, wie man an den oben angedeuteten Verhältnissen oder Beispielen sieht, eine Vielfalt von Rezeptionseinstellungen, die mit einer einseitigen Interpretation nicht erfasst werden kann. Darum sollen in diesem Kapitel die verschiedenen Rezeptionseinstellungen des Kitsches jeweils getrennt voneinander betrachtet werden. Dabei wird möglichst jegliche Schlussfolgerung dahingehend vermieden, ob eine Einstellung gut ist oder nicht. Eine Aussage darüber soll hier nicht getroffen werden, sondern vielmehr soll herausgestellt werden, welche möglichen Einstellungen gegenüber dem Kitsch als Geschmacksurteil vorstellbar sind und in welchen Formen sie auftreten.

Hier ist nebenbei noch zu bemerken, dass die Untersuchung der Rezeptionseinstellungen sich von den Merkmalen des Kitsches unterscheidet. Für erstere geht es um die Meinungen eines Individuums darüber, was es von einem Gegenstand hält. So geht es hier um ein einzelnes, subjektives Urteil. Hierbei muss nicht berücksichtigt werden, welche Eigenschaft der Gegenstand als Kitsch hat. Die Hauptsache ist, was ein Subjekt fühlt, nicht was der Gegenstand darstellt. In dieser Untersuchung werden deswegen die Merkmale des Kitsches beiseite gelassen.

Dahingegen geht die Untersuchung über die Merkmale des Kitsches davon aus, dass für diesen bestimmte Eigenschaften festzustellen sind. Hier untersucht man hauptsächlich den Gegenstand, der als Kitsch bezeichnet wird, und welche Merkmale er hat. Für diese Untersuchung soll die Frage aufgehoben werden, welches Gefühl ein Subjekt zum kitschigen Gegenstand hat. Hier ist unabhängig von der subjektiven Seite nur der Aspekt des Objektes von Interesse.

In diesem Kapitel sollen die Rezeptionseinstellungen nachvollzogen werden, während die der Merkmale des Kitsches in den Kapiteln 4 und 5 behandelt werden. Im Folgenden werden zunächst die verschiedenen Geschmacksurteile der Rezipienten sortiert und dafür geeignete Kriterien gesucht. Danach wird beschrieben, welche Implikationen die Einstellungen zum Kitsch haben, wenn man sagt: „Das ist Kitsch!" Zugleich soll der Frage nachgegangen werden, welche ästhetische Bedeutung den verschiedenen Einstellungen zuteilwerden kann.

---

die neuen städtischen Massen die Gesellschaft unter Druck, ihnen eine für ihren Bedarf geeignete Art von Kultur zu bieten. Um die Nachfrage auf diesem neuen Markt zu befriedigen, wurde eine neue Ware erfunden: Ersatzkultur, Kitsch, für diejenigen bestimmt, die unempfänglich für die Werte der echten Kultur sind, aber dennoch nach der Zerstreuung hungern, welche nur Kultur, gleich welcher Art, verschaffen kann." (C. Greenberg: Avantgarde und Kitsch, S. 39-40)

3.2 Der Sinn des Geschmacksurteils

Wenn hierbei vom Gebrauch des Wortes Kitsch im Sinne eines Gefühlsausdrucks ausgegangen wird, fungiert das Wort Kitsch hier als ein Geschmacksurteil. Diesbezüglich wird als Ausgangspunkt der Untersuchung der kantische Begriff „Geschmacksurteil" dahingehend überprüfen, ob er hier einen Maßstab bieten kann. Ein Geschmacksurteil ist Kant zufolge ein Urteil, das man aufgrund des subjektiven Gefühls der Lust und der Unlust trifft. So betrachtet gibt es im Grunde bei einem Geschmacksurteil nur zwei Einstellungen, nämlich ob der Gegenstand gefällt oder nicht. Wenn also der kantischen Begriff auf Kitsch angewendet werden soll, dürften hier im Grunde nur zwei Einstellungen möglich sein. Aber wie oben bereits kurz gesehen und wie im Folgenden weiter zu betrachten sein wird, sind in der Äußerung „das ist Kitsch!" mehr Bedeutungsmöglichkeiten als die beiden Alternativen Vorliebe und Ablehnung enthalten. Lassen sie sich trotzdem schließlich mit dem kantischen Begriff erfassen? Angesichts dieser Frage wird nachfolgend zunächst der kantische Begriff Geschmacksurteil daraufhin untersucht, ob er sich zur Kategorisierung der Einstellungen zum kitschigen Gegenstand eignet, beziehungsweise welche Einschränkungen es dabei gibt.

3.2.1 Die Begrenztheit des kantischen Begriffs „Geschmacksurteil"

Kants Begriff Geschmacksurteil gilt nach wie vor zu Recht als ein Prüfstein in dem Bereich der Ästhetik. So ist es nichts Ungewöhnliches, mit dem kantischen Begriff zu beginnen, um das Wort Kitsch als Geschmacksurteil zu verstehen. Aber dieser Anfang stößt sogleich auf die Schwierigkeit, dass mit seinem Begriff die oben genannten Rezeptionseinstellungen nicht effektiv und angemessen behandeln werden können. Es ist deshalb zunächst herauszustellen, welche Grenze der kantische Begriff Geschmacksurteil hat.

Was ist also das Geschmacksurteil bei Kant? Eine intensive Behandlung dieses Themas ist an dieser Stelle nicht nötig. Hier ist eine Auseinandersetzung mit diesem Thema im Rahmen der hier geführten Diskussion ausreichend. Kant gründet, wie schon in einem vorhergehenden Kapitel (Kapitel 1) gesehen, das Geschmacksurteil in dem subjektiven Gefühl. So wird hier kein objektives Kriterium wie ein Begriff zugelassen, um ein Geschmacksurteil zu treffen. Dies erzeugt auf dem ersten Blick den Eindruck, dass ein Geschmacksurteil ein Urteil ist, das man mehr oder weniger beliebig aufgrund eines Gefühls trifft.

Aber wenn man den Begriff Geschmacksurteil näher betrachtet, ist ohne Weiteres einsehbar, dass es bei Kant keines ist, das man leicht treffen kann oder für das man nur wenig kognitive Kraft benötigt. Dieses Urteil bezieht sich zwar „nur“ auf jemandes eigenes Gefühl, aber die Sache ist hier auch nicht so einfach, dass es ausreichen würde, einfach darüber zu berichten, wie man sich fühlt. Dies kann man gut verstehen, wenn man sieht, welche Bedingungen ein Geschmacksurteil erfüllen muss.

Zunächst besagt die Interesselosigkeit, die Kant als eine Bedingung für das reine Geschmacksurteil postuliert, die Gleichgültigkeit bezüglich der Existenz eines Gegenstandes.[5] So meint Kant:

„[E]in jeder muss eingestehen, dass dasjenige Urteil über Schönheit, worin sich das mindeste Interesse mengt, sehr parteilich und kein reines Geschmacksurteil sei. Man müsse nicht im Mindesten für die Existenz der Sache eingenommen, sondern in diesem Betracht ganz gleichgültig sein, um in Sachen des Geschmacks den Richter zu spielen.“[6]

Kant selber vergleicht also das Geschmacksurteil mit dem Urteil eines Richters. So soll ein Geschmacksurteil wie ein juristisches Urteil ein unvoreingenommenes sein.

Darüber hinaus ist das reine Geschmacksurteil bei Kant ein Geschmacksurteil, „auf welches Reiz und Rührung keinen Einfluss haben“, „welches also bloß die Zweckmäßigkeit der Form zum Bestimmungsrunde hat“.[7] Kant zufolge darf die Materie der Vorstellungen, nämlich etwa eine bloße Farbe, zum Beispiel das Grün eines Rasenplatzes oder ein bloßer Ton, wie etwa der einer Violine, in dem wahren Sinne des Wortes „schön“ nicht „schön“ genannt werden, sondern nur „angenehm“.[8] Denn das reine Geschmacksurteil soll nur im Bezug auf die Form getroffen werden.

Unter diesen Kriterien Kants gesehen, müsste das Urteil „das ist Kitsch!“ wie ein kristallisierter Kern sein, den man erhält, nachdem man ihn von allen persönlichen, sinnlichen, parteiischen Aspekten gesäubert hat. Und es scheint, dass nicht jeder ein solches Urteil treffen kann, das derart anspruchsvollen Bedingungen genügt. Dies alles vermittelt dann den Eindruck, dass erst diejenigen, die nicht nur mit den fachlichen Kenntnissen und der entsprechenden Ausbildung ausgestattet, sondern dem auch geistig gewachsen sind, ein ordentliches Geschmacksurteil treffen könnten. Tatsächlich geht es beim Geschmacksurteil bei Kant nicht nur um die sinnliche Empfindung, sondern um eine „kontemplative“[9], geistige Tätigkeit.

Darüber hinaus ist anzumerken, dass ein Geschmacksurteil zu treffen nicht nur bedeutet, das subjektive Gefühl auszudrücken, ob ein Gegenstand

5 | I. Kant: Kritik der Urteilskraft, § 2, AA V 204-205.

6 | I. Kant, a.a.O., § 2, AA V 205.

7 | I. Kant, a.a.O., § 13, AA V 223.

8 | I. Kant, a.a.O., § 14, AA V 224.

9 | I. Kant, a.a.O., § 5, AA V 209.

gefällt oder nicht, sondern die Handlung zu vollziehen, ein Urteil zu treffen. Diese Handlung des Urteilens vollzieht sich im Allgemeinen nach einem bestimmten Prinzip und wird darum etwa als eine anspruchsvolle Tätigkeit angenommen, wie man im Fall des Erkenntnisurteils sehen kann. Das Geschmacksurteil wird dahingegen oft als ein leichteres Urteil gedacht, was aber bedenklich ist. Denn das Geschmacksurteil zu treffen, ist in mancher Hinsicht sogar anspruchsvoller, als es ein Erkenntnisurteil sein mag. Dies lässt sich daran ersehen, dass „das reine Geschmacksurteil" nur auf einem subjektiven Gefühl beruhend zugleich auch die „allgemeine Gemeingültigkeit" erfüllen muss.[10] Diese Allgemeingültigkeit, die sich bei Kant als Gesetzmäßigkeit ohne bestimmte Gesetze umschreiben lässt, kann also nicht durch ein objektives Prinzip bestimmt werden. Dies lässt sich abermals anhand der Bestimmung von Kants Begriff des Geschmacks bestätigen: Der Geschmack sei „ein Beurteilungsvermögen eines Gegenstandes in Beziehung auf die freie Gesetzmäßigkeit der Einbildungskraft".[11] Ist nämlich beim Geschmacksurteil kein bestimmendes Prinzip zu finden, so ist der Zugang zum Treffen eines gutes Urteils nicht klar gewährleistet, während jeder im Prinzip ein richtiges Erkenntnisurteil treffen kann, wenn er einen richtigen Begriff dafür hat. So gesehen ist es klar, dass ein Geschmacksurteil zu treffen, bei Kant gar nicht weniger anspruchsvoll ist, als ein Erkenntnisurteil zu treffen.

Diese Einsicht, wie anspruchsvoll es doch ist, ein reines Geschmacksurteil zu treffen, lässt sich auch aus soziologischer Sicht betrachten. Wie Bourdieu richtig analysiert, wird der Zugang zur Kunst und ihr Besitz in einem bestimmten historischen Zeitraum exklusiv einer privilegierten Schicht einer Gesellschaft erlaubt. Sie nutzt dann den Zugang zur Kunst dafür, um ihre Privilegien zu stabilisieren und sich von den anderen Schichten abzugrenzen.[12]

---

10 | I. Kant, a.a.O., § 8, AA V 214; Hierzu I. Kant: „Wenn Geschmacksurteile (gleich den Erkenntnisurteilen) ein bestimmtes objektives Prinzip hätten, so würde der, welcher sie nach dem letzteren fällt, auf unbedingte Notwendigkeit seines Urteils Anspruch machen. Wären sie ohne alles Prinzip, wie die des bloßen Sinnengeschmacks, so würde man sich gar keine Notwendigkeit derselben in die Gedanken kommen lassen. Also müssen sie ein subjektives Prinzip haben, welches nur durch Gefühl und nicht durch Begriffe, doch aber allgemeingültig bestimmte, was gefalle oder mißfalle." (I. Kant, a.a.O., § 20, AA V 237-238)

11 | I. Kant: Kritik der Urteilskraft, Allgemeine Anmerkung zum ersten Abschnitte der Analytik, AA V 240.

12 | Gebauer und Wulf fassen dies wie folgt zusammen: „In soziologischer Perspektive lässt sich Geschmack als Sinn für Distinktionen begreifen, mit dessen Hilfe die soziale Ungleichheit der Klassenverhältnisse aufrechterhalten wird. Die ihm zugrundeliegenden Normen des ästhetischen Urteils spielen bei der Verteilung des kulturellen Kapitals und der Distribution gesellschaftlicher Macht eine entscheidende Rolle." (G. Gebauer/

Nun ist diese Ausdifferenzierungsfunktion der Kunst mit dem Anspruch auf das reine Geschmacksurteil noch verfeinert und verstärkt, denn allein der leichte Zugang zur Kunst gilt nicht mehr als ausreichender Beweis dafür, dass man einen guten Geschmack hat. In der Neuzeit soll dies eher durch die Fähigkeit belegt werden, dass man den Sinn eines Kunstwerks verstehen und genießen kann.[13] Es geht hier nämlich nicht mehr darum, etwa einmal eine Oper oder eine Galerie zu besuchen, sondern darum, ein Geschmacksurteil zu treffen, das gemäß den kantischen Kriterien des reinen Geschmacksurteils nicht nur fachliche Kenntnis, sondern auch hohe geistige Fähigkeit erfordert. Wenn es einem Beurteilenden gelingt, diese Fähigkeit zu erwerben, wird dies seinen guten Geschmack beweisen. Es ist dabei nicht schwer zu vermuten, dass das verfeinerte Kriterium für guten Geschmack die Funktion der Ausdifferenzierung gefördert hat, nicht nur eine Schicht von den anderen Schichten, sondern noch weiter auch innerhalb der herrschenden Schicht eine Gruppe von einer anderen zu unterscheiden.

Diese Funktion der „Distinktion"[14] weist aber bei dem kantischen Geschmacksurteil auch noch in eine gegensätzliche Richtung: Das Geschmacksurteil wendet sich nämlich gegen die privilegierte Schicht der Adligen, deren Ausdifferenzierungsstrategie gegen das Bürgertum unwirksam geworden ist. Wenn man nun den guten Geschmack gemäß Kant versteht, soll man sich für die Existenz eines Gegenstandes nicht interessieren. So sollen das wahre Verständnis und das echte Genießen von Kunst nicht vom materiellen Besitz derselben oder vom Zugang zu ihr abhängig sein. Allein die Tatsache, dass ein Kunstwerk in Besitz genommen wird, gewährleistet nicht selbstverständlicherweise einen guten Geschmack des Besitzers. Um zu zeigen, dass man guten Geschmack hat, sollte man eher eine „kontemplative"[15] Einstellung haben, welche man erst durch geistige Disziplin erreichen kann. Der gute Geschmack lässt sich nämlich nicht am Besitz der Kunst festmachen, was in der

---

C. Wulf (Hg.): Praxis und Ästhetik. Neue Perspektiven im Denken Pierre Bourdieus, Frankfurt a.M. 1993, S. 8).

13 | Diese Veränderung steht mit dem Status, der der Kunst zugewiesen wird, in Verbindung. Seit der Neuzeit wird der Kunst eine „metaphysische" Bedeutung beigemessen, die etwas Wahres erschließt und vermittelt. Die Kunst wird also allmählich nicht nur zum Organ, um etwas Schönes zu vermitteln, sondern auch eines für den geistigen Sinn. Geht der Geschmack mit einem solchen Verständnis von der Kunst einher, wird er auch als eine geistige Tätigkeit verstanden. Bei Kant wird der Aspekt der geistigen Einstellung noch hervorgehoben. So muss ein reines Geschmacksurteil sich von der Annehmlichkeit unterscheiden, die sich mit den sinnlichen Empfindungen ergibt.

14 | P. Bourdieu: Die feinen Unterschiede. Kritik der gesellschaftlichen Urteilskraft, S. 355-362.

15 | I. Kant: Kritik der Urteilskraft, § 5, AA V 209.

Regel nur der herrschenden Klasse erlaubt wird, sondern an der feinen Urteilskraft, die bei Kant im Prinzip jeder erreichen kann. Das besagt, dass der gute Geschmack nicht durch die privilegierte Macht einer gesellschaftlichen Schicht automatisch garantiert wird, sondern dass jeder Mensch, zumindest prinzipiell, unabhängig von seiner Herkunft und nur auf seine intellektuelle und emotionelle Fähigkeit gegründet Kunst genießen kann. Aus dieser Sicht wird jedem Individuum in Bezug auf Kunst und Geschmack ein höherer Status ermöglicht. Die Instanz zum Beurteilen, was schön ist, wird in der Neuzeit nicht mehr zwingend vom Geschmack der Adligen bestimmt, sondern mehr und mehr individualisiert. Dadurch entsteht nun eine „ästhetische Subjektivität".[16]

Trotz der aufklärerischen Bedeutung ist das reine Geschmacksurteil Kants zu anspruchsvoll, um zu garantieren, dass jeder praktisch in der Lage ist, ein solches Urteil zu treffen. In der Gegenwart ist zwar überall zu beobachten, dass gewöhnlich Wertschätzung oder Ablehnung gegenüber einem ästhetischen Gegenstand vorbehaltlos ausgedrückt wird. Wenn man aber diese subjektiven Gefühlsausdrücke nur mit dem kantischen Begriff Geschmacksurteil erklären will, muss man feststellen, dass sie eigentlich keine Geschmacksurteile sind, oder jedenfalls keine reinen.

Dieser Sachverhalt kann nun aber von der anderen Seite her gesehen werden. Aus dieser Sicht wird dann nicht mehr darüber gesprochen, dass die Ausdrücke der subjektiven Gefühle, die bei den Zeitgenössischen gewöhnlich zu beobachten sind, streng genommen kein Geschmacksurteil sind, sondern dass der kantische Begriff die vielfältigen zeitgenössischen Phänomene um Kitsch nicht ausreichend erklären kann. Also ist es nicht das Phänomen, sondern der Begriff, der nicht taugt. Hierin entsteht die Notwendigkeit, eine neue Perspektive zu entwickeln, um jene Gefühlsausdrücke zum ästhetischen Gegenstand sachgerecht zu behandeln. Bevor darauf näher eingegangen wird, welche Perspektive über das Geschmacksurteil anzulegen ist, soll noch konkreter erläutert werden, in welcher Hinsicht sich der Begriff des reinen Geschmacksurteils nicht für die weitere Untersuchung eignet.

Zunächst – und dies wird im Folgenden noch näher zu betrachten sein – enthält das Geschmacksurteil „das ist Kitsch!" mehrere Schichten, die nicht mit nur dieser Instanz des reinen Geschmacksurteils erfasst werden können. Weil ein reines Geschmacksurteil bei Kant letztendlich die Qualität des Gefühls nur auf den Aspekt zurückführt, ob ein Subjekt am Gegenstand Wohlgefallen findet oder nicht, und die anderen konkreten Situationen ausblendet, in denen das Urteil getroffen wird, ist es schwierig, hiermit die ambivalenten Facetten von „das ist Kitsch!" zu erfassen.

16 | Vgl. K. Bohrer: Der Romantische Brief – Die Entstehung der ästhetischen Subjektivität, Frankfurt a.M. 1989, S. 7.

Ein weiterer Grund, warum das kantische Geschmacksurteil nicht ausreichend ist, liegt darin, dass es einen zu starken Akzent auf den Aspekt des „Urteils“ legt. Dies lässt sich vor allem daran erkennen, dass man, um ein reines Geschmacksurteil zu treffen, eine interesselose Einstellung haben soll, die man nicht nur als die Interesselosigkeit für die materielle Existenz des Gegenstandes, sondern vielmehr als eine unvoreingenommene Einstellung zu dem Gegenstand verstehen dürfte.[17] Solche Einstellung wird aber in der Regel von einem Richter erwartet. So ist es nicht bloß als ein rhetorischer Vergleich zu sehen, dass Kant das Geschmacksurteil mit einem Urteil eines Richters vergleicht.[18] Obwohl sich das Geschmacksurteil im Unterschied zum Erkenntnisurteil nur auf das subjektive Gefühl stützen soll, heißt dies bei Kant aber nicht, wie bereits gesehen, dass es ein willkürliches Urteil wäre, das je nach Laune unterschiedlich getroffen würde. Eher betont Kant immer wieder, dass das Geschmacksurteil ein Spiel zwischen der Einbildungskraft und dem Verstand sei.[19] So hat ein Geschmacksurteil bei Kant einen Teil des Verstandes immer dabei. Er sagt:

„[S]ie [die Kritik des Geschmacks] ist die Kunst oder Wissenschaft, das wechselseitige Verhältnis des Verstandes und der Einbildungskraft zueinander in der gegebenen Vorstellung (ohne Beziehung auf vorhergehende Empfindung oder Begriff), mithin die Einhelligkeit oder Misshelligkeit derselben unter Regeln zu bringen und sie in Ansehung ihrer Bedingungen zu bestimmen.“[20]

Darüber hinaus findet sich eine weitere Gemeinsamkeit zwischen dem Geschmacksurteil und einem logischen darin, dass beide sich schließlich auf ein Ergebnis der Überlegung beziehen, die nach einem Prinzip durchführt wurde. Kant unterscheidet allerdings das Geschmacksurteil von dem logischen vor allem darin, dass „das letztere eine Vorstellung unter Begriffe vom Objekt, das erstere aber gar nicht unter einen Begriff subsumiert, weil sonst der notwenige allgemeine Beifall durch Beweise würde erzwungen werden können“.[21] Er verweist aber zudem auch auf die Ähnlichkeit der beiden, dass das Geschmacksurteil auch „eine Allgemeinheit und Notwendigkeit“ vorgibt.[22] Diese werden dann vom Prinzip des Geschmacks gegeben, die anders als das logische Urteil ein subjektives Prinzip der Urteilskraft hat.[23] Das Prinzip der Urteilskraft wird hier

17 | I. Kant: Kritik der Urteilskraft, § 2, AA V 205.

18 | I. Kant, a.a.O., § 2, AA V 205.

19 | I. Kant, a.a.O., § 9, AA V 217.

20 | I. Kant, a.a.O., § 34, AA V 286.

21 | I. Kant, ebd.

22 | I. Kant, a.a.O., § 35, AA V 286-287.

23 | I. Kant, a.a.O., § 35, AA V 287.

nicht näher betrachtet, denn es zeigt sich jetzt schon deutlich, dass das kantische Geschmacksurteil ziemlich weit von dem Geschmacksurteil entfernt ist, das üblicherweise für einen spontanen Ausdruck des Gefühls gemacht wird, wie man bei den Beurteilungen der Zeitgenossen oft beobachten kann.

Eine Affinität von Kants Geschmacksurteil zu einem allgemeinen Urteil kann man außerdem auch noch darin finden, dass die jeweiligen Beurteilenden, die ein Geschmacksurteil und ein Urteil treffen, keine psychologischen persönlichen Subjekte sind. Kant unterscheidet diesbezüglich Fälle, in denen die Gefühlsausdrücke nur für den Sprechenden selbst von Belang sind, vom reinen Geschmacksurteil. So sagt er: „In Ansehung des Angenehmen bescheidet sich ein jeder, dass sein Urteil, welches er auf ein Privatgefühl gründet, und wodurch er von einem Gegenstande sagt, dass er ihm gefalle, sich auch bloß auf seine Person einschränke."[24] Darum solle man in solchen Fällen besser sagen „Er ist *mir* angenehm."[25] Wenn ein Gegenstand bloß deshalb Gefallen fände, dürfe er nicht schön genannt werden.[26]

> „Reiz und Annehmlichkeit mag für ihn vieles haben, darum bekümmert sich niemand; wenn er aber etwas für schön ausgibt, so mutet er anderen ebendasselbe Wohlgefallen zu; er urteilt nicht bloß für sich, sondern für jedermann, und spricht alsdann von der Schönheit, als wäre sie eine Eigenschaft der Dinge. Er sagt daher: die Sache ist schön."[27]

So betrachtet ist ein Beurteilender beim Geschmacksurteil ein entpersonalisiertes Subjekt, ein formales Subjekt.

Es ist noch auf eine weitere Affinität zwischen Geschmacksurteil und Erkenntnisurteil zu verweisen. Wenn man ein Geschmacksurteil trifft, soll man Kant zufolge sagen „das ist schön". Diese Form des Satzes erinnert erneut daran, dass es sich in der Regel um ein Urteil nach der Formel „X ist Y" handelt. Im Vergleich dazu nimmt man in der modernen Zeit keine so strenge Haltung ein, wenn man Gefühle zu einem Gegenstand ausdrückt und beurteilt, ob er einem gefällt oder nicht. Allerdings kann man dabei auch die Formel „X ist Y" benutzen. So sagen wir alltäglich „das ist schön" oder „das ist Kitsch!". Dies ist zwar seiner Form nach gewiss ein Urteil mit den entsprechenden Satzteilen der eben erwähnten Formel. Aber es klingt in seiner üblichen Anwendung nicht mehr wie ein logisches Ergebnis einer Schlussfolgerung gemäß einem bestimmten Prinzip. Eher ist es ein spontaner Ausdruck eines subjektiven Gefühls.

24 | I. Kant, a.a.O., § 7, AA V 212.

25 | I. Kant, ebd. (Herv.i.O.).

26 | I. Kant, ebd.

27 | I. Kant, ebd.

Wenn Ausdrücke wie „Das gefällt mir“ oder „das ist Kitsch!“, die wir heutzutage alltäglich verwenden, in kantischen Sinne keine reinen Geschmacksurteile darstellen, jedoch weiterhin die subjektiven Gefühle zu einem Gegenstand formulieren, entsteht die Frage, wie sie konzeptionell für ein besseres Verständnis von Kitsch begriffen oder konzeptionalisiert werden können. Angesichts dieser Frage soll im Folgenden eine alternative Sichtweise in Betracht gezogen werden, diese Ausdrücke als Äußerungen zu sehen. Es ist hier gleich anzumerken, dass eine solche Sichtweise nicht meint, dass der Ausdruck „das ist Kitsch!“ kein Geschmacksurteil sei. Worauf sie die Aufmerksamkeit lenken will ist vielmehr, dass „das ist Kitsch!“ nicht aus einer idealistischen Perspektive wie bei Kant betrachtet werden sollte, sondern aus einer kommunikativen, um daraus fruchtbare Erkenntnis zu schöpfen. Allerdings sind „das ist Kitsch!“ oder „das ist schön!“ im Grunde durchaus als Geschmacksurteile zu sehen, wenn sie auch keine ‚reinen‘ im kantischen Sinne sind, insofern ein Gegenstand aus einer ästhetischen Perspektive heraus betrachtet wird statt aus einer funktionellen oder ökonomischen. Die Auffassung, von der sich hier abgegrenzt werden soll, ist jene, den Ausdruck „das ist Kitsch!“ dem Maßstab des kantischen Begriff Geschmacksurteil nach als eingeengt zu sehen.

Was bedeutet es also, wenn man nun Ausdrücke wie „das gefällt mir“ oder „das ist Kitsch!“ als Äußerungen versteht? Was ist hierbei anders, als wenn man sie nur als Urteil sieht? Um eine Antwort darauf zu finden, ist zunächst zu betrachten, wie Äußerung und Urteil im Allgemeinen zu unterscheiden sind.

3.2.2 „Das ist Kitsch!“ als Äußerung

3.2.2.1 Urteil und Äußerung

Unter einem Urteil versteht man in der Regel eine Aussage, die nach einem nach einer logischen Regel vollzogenen Gedankengang gemacht wird. Im Vergleich dazu hat „Äußerung“ die Konnotationen als unverbindlicheres Statement. Dieser Unterschied lässt sich auch so formulieren, dass ein Urteil im Grunde ein logisches Prinzip in sich enthält, das ihm einen Grund anbietet, wobei die konkreten Situationen einem Prinzip subsumiert werden. Im Vergleich dazu bezieht sich eine Äußerung ohne ein verbindliches Prinzip zu berücksichtigen auf eine pragmatische Situation. Dies kann man sprachwissenschaftlich folgendermaßen erklären:

„Im Unterschied zum abstrakten Begriff des Satzes als linguistischer Beschreibungseinheit auf der Ebene der Langue (bzw. Kompetenz) bezieht sich der Terminus Äußerung auf die eine der Parole (bzw. Performanz) und bezeichnet aktuell realisierte (und somit häufig auch fragmentarische) sprachliche Zeichen in bestimmten Kontexten. Äußerungen lassen sich auch als ‚situierte Satz- und Textrealisierungen' charakterisieren."[28]

Dieser Unterteilung nach hat das Konzept „Äußerung" den Vorteil, es zu ermöglichen, eine Bemerkung je nach Kontext unterschiedlich auszulegen. So kann zum Beispiel „Es ist kalt." eine Beschreibung sein, aber in einem anderen Kontext eine Bitte, das Fenster zuzumachen. Wenn man aber die Bemerkung als ein Urteil sieht, müssen die Möglichkeiten ihrer Auslegung eingeschränkt werden, beispielsweise auf eine Feststellung der Tatsache, dass es kalt ist. Wenn man darum eine Bemerkung als ein Ereignis sehen will, das in einer nicht abstrakten, sondern konkreten Situation stattfindet, ist es erforderlich, die pragmatischen Aspekte mit zu berücksichtigen, um den Sinn einer Äußerung angemessen zu verstehen.

Wenn „das ist Kitsch!" nun als Äußerung gesehen wird, dann berücksichtigt diese die konkreten Kontexte, innerhalb derer sie gemacht wird. So werden die kommunikativen Elemente wie Sprecher, Hörer, die konkrete Situation des Gesprächs usw. als Faktoren mitberücksichtigt, um die Äußerung zu verstehen. Dies ist der erste Vorteil der Sichtweise, „das ist Kitsch" als eine Äußerung zu sehen. Der Grund, warum dies ein Vorteil ist, wird unter anderem mit der Rücksicht auf die möglichen Fälle einleuchtend, in denen der Ausdruck geäußert wird. Ein solcher Fall ist beispielsweise, wenn man dies nicht äußert, weil man einen Gegenstand abstoßend findet, sondern um jemanden zu ärgern oder um sich von anderen abzugrenzen. Man kann nicht wissen, worauf sich die Äußerung richtet, es sei denn, die kommunikativen Elemente werden mitberücksichtigt. Dies ist wichtig, und zwar nicht bloß deswegen, weil etwas Konkretes besser ist als etwas Abstraktes. Sondern in der Äußerung „das ist Kitsch!" spielen die kommunikativen Faktoren in dem Maße eine größere Rolle als sonst, als dass man ohne Rücksicht auf sie kein realistisches Bild über die Kitschrezipienten zeichnen kann.

Für die Sichtweise „das ist Kitsch" als eine Äußerung zu sehen, ist es erforderlich, ihre komplexen kommunikativen Elemente einzubeziehen, die für das Verständnis der ambivalenten Einstellungen der Kitschrezipienten gebraucht werden. Jedoch gibt es noch einen wesentlicheren Grund für die Einführung dieser Sichtweise. Sie wird unter anderem auch notwendig, weil sie es ermög-

28 | H. Bußmann: Lexikon der Sprachwissenschaft, Stuttgart 2008, S.10-11 (Herv.i.O.); vgl. T. Eagleton: Einführung in die Literaturtheorie, Stuttgart 1997, S. 75 (Herv.i.O.): „Endlich glaubte Saussure, dass sich die Linguistik in einem hoffnungslosen Durcheinander verlieren würde, wenn sie sich mit der aktuellen Rede – er nennt sie *parole* – befassen wollte. Sein Interesse war nicht, zu untersuchen, was die Menschen tatsächlich sagen; er beschäftigte sich mit der objektiven Struktur der Zeichen, die ihre Rede überhaupt erst möglich machte und die er *laungue* nannte."

licht, eine Äußerung unter dem Gesichtspunkt des „Sprechaktes“ zu begreifen, wie in den nächsten Abschnitten gezeigt wird. In dieser Perspektive wird sie als eine Handlung des Äußerns angesehen. Diese Perspektive bringt einen weiteren Vorteil für diese Untersuchung, weil sie die Einstellungen der Rezipienten feiner zu differenzieren ermöglicht, indem sie das Äußern und das Nicht-Äußern als voneinander zu unterscheidende Sachen erkennbar werden lässt. Diese differenzierte Sichtweise lässt dann noch die dahinterstehende Haltung der Rezipienten zum kitschigen Gegenstand auf einer tieferen Ebene einsehen, die mit der Auffassung, ein Geschmacksurteil nur als ein Urteil zu sehen, nicht erkennbar ist. Im Folgenden soll diese Sichtweise ausführlicher erläutert und unter anderem untersucht werden, was es besagt, eine Äußerung als eine Handlung zu sehen und welchen Sinn es macht, wenn man die Handlung des Äußerns vollzieht wie „das ist Kitsch!“.

3.2.2.2 Die kommunikative Implikation der Äußerung „das ist Kitsch“

Hier soll auf einen weiteren Aspekt der Äußerung eingegangen werden: Sie kann je nach Kontext auch als Handlung gesehen werden. Diese Idee knüpft an John L. Austins Theorie des Sprechaktes an. Er erklärt in seiner Sprechakttheorie, dass es neben den Aussagen, über die man mit falsch oder richtig urteilen kann, auch solche Äußerungen gibt, die „entweder (aus interessanten nicht-grammatischen Gründen) sinnlos sind oder aber etwas ganz anderes als Aussagen oder Feststellungen darstellen sollen, einfach als Feststellungen über Tatsachen aufgefasst“.[29] Zu solchen Äußerungen gehörten die, mit denen man nicht etwas berichtet oder feststellt, sondern etwas tut. Er nennt solche Äußerungen „performative“.[30] Mit einer performativen Äußerung vollzieht man eine Handlung. So heißt das Schiff taufen „die Wörter ‚ich taufe‘ usw. äußern“. „Wenn ich vor dem Standesbeamten oder am Altar sage ‚Ja‘, dann berichte ich nicht, dass ich die Ehe schließe; ich schließe sie.“[31]

In der Sprechakttheorie wird die Bedeutung von „etwas tun“ nicht nur auf solche Äußerungen beschränkt, die dank der „performativen Verben“ gleichzeitig eine Handlung sein können. Nicht nur tut man mit den Äußerungen zugleich und direkt etwas, wie verabreden, schwören oder taufen, sondern man tut was, indem man etwas sagt. John L. Austin hat diese Art von Akt „illokutionär“ genannt. Es ist ein Akt, den „man vollzieht, *indem* man etwas sagt, im Unterschied zu dem Akt, *dass* man etwas sagt.“[32] Zudem weist er noch auf eine andere Art Akt hin, nämlich den „perlokutionären“. „Wenn etwas gesagt

29 | L. Austins: Zur Theorie der Sprechakte, Stuttgart 1989, S. 27.

30 | L. Austins, a.a.O., S. 29.

31 | L. Austins, ebd. (Herv.i.O.).

32 | L. Austins, a.a.O., S. 117 (Herv.i.O.).

wird, dann wird das oft, ja gewöhnlich, gewisse Wirkungen auf die Gefühle, Gedanken oder Handlungen des oder der Hörer, des Sprechers oder anderer Personen haben." Und: „Die Äußerung kann mit dem Plan, in der Absicht, zu dem Zweck getan worden sein, die Wirkungen hervorzubringen."[33] Es ließe sich etwa folgendermaßen formulieren: Man tut etwas dadurch, dass man etwas sagt.[34]

Es kann hier nicht ausführlicher auf Austins Theorie eingegangen werden, aber sie zeigt für diesen Ansatz deutlich genug, dass man mit einer Äußerung eine Handlung vollzieht. Wenn nun das Geschmacksurteil als eine Art Äußerung gesehen werden kann, kann unterstellt werden, dass sie nicht nur als Beschreibung eines subjektiven Gefühls dient, sondern auch auf eine Handlung verweist? Was für eine Handlung macht man dann durch ein Geschmacksurteil? Was kann man mit dem Ausdruck „das ist schön!" oder „das ist Kitsch!" tun?

Wenn der Ausdruck „das ist Kitsch!" nun als ein kantisches Geschmacksurteil gesehen wird, kann man nach der obigen Betrachtung zunächst sagen, dass dabei mit diesem Ausdruck die Handlung getan wird, ein Urteil zu treffen. In Anbetracht dessen kann man jedoch über die heutzutage gewöhnlich getroffenen Geschmacksurteile nicht sagen, dass hier eine solch ernste Handlung wie ein juristisches Urteil vollzogen wird.[35]

Wenn das Geschmacksurteil keine Handlung eines Urteils vollzieht, welche Handlung kann ihm ansonsten zugemessen werden? An dieser Stelle sei nochmals daran erinnert, dass diese Art Äußerung eine Funktion der gesellschaftlichen Ausdifferenzierung ausüben kann. In diesem Fall kann man sagen, dass das Geschmacksurteil die Handlung vollzieht, eine gesellschaftliche Schicht gegenüber einer anderen auszudifferenzieren und damit die soziale Macht zu präsentieren. Diese soziologische Implikation des Geschmacksurteils kann sehr wohl als eine Handlung ausgelegt werden, jedoch betrifft dies nicht direkt diese Untersuchung. Hier soll eher nach seiner ästhetischen Bedeutung gesucht werden, wenn im Geschmacksurteil eine Handlung vermutet wird.

An dieser Stelle lässt sich abermals auf Kant zurückgreifen. Zwar hat er nicht von der performativen Implikation des Geschmacksurteils gesprochen, aber man kann trotzdem aus seiner Erläuterung über das Schöne und das Geschmacksurteil einige Andeutungen in diese Richtung finden. Er erklärt nämlich, dass das Angenehme von dem Schönen zu unterscheiden ist, wobei „in Ansehung des Angenehmen „der Grundsatz: ein jeder hat seinen eigenen Ge-

33 | L. Austins, a.a.O., S. 118.

34 | L. Austins, a.a.O., S. 126.

35 | Hier werden Fälle aus der Betrachtung ausgeschlossen, bei denen etwa ein Kunstwissenschaftler äußert „das gehört zu Romantik" oder „das ist echter Picasso". Denn diese Aussagen betreffen kein Geschmacksurteil, sondern ein Erkenntnisurteil.

schmack (der Sinne)" gelte.[36] Hingegen wäre es lächerlich, sagt er, wenn jemand,

„der sich auf seinen Geschmack etwas einbildete, sich damit zu rechtfertigen gedächte: dieser Gegenstand (das Gebäude, was wir sehen, das Kleid, was jener trägt, das Konzert, was wir hören, das Gedicht, welches zur Beurteilung aufgestellt ist) ist für mich schön. Denn er muss es nicht schön nennen, wenn es bloß ihm gefällt."[37]

Wenn man etwas schön nennt, soll das also heißen, dass er nicht bloß für sich, sondern für jedermann urteile. Damit rechnet er „nicht etwa darum auf anderer Einstimmung in sein Urteil des Wohlgefallens", sondern *fordere* es von ihnen.[38] „Er tadelt sie, wenn sie anders urteilen, und spricht ihnen den Geschmack ab, von dem er doch verlangt, dass sie ihn haben sollen."[39]

Daraus ist zu schließen, dass Kant mit dem Geschmacksurteil, wenn es ein reines ist, die Handlung „fordert". Allerdings sollte man die Aussage von Kant nicht so verstehen, dass ein Beurteilender über das Schöne gegenüber anderen postuliere, dass sie dieselbe Meinung haben sollen. Wenn Kant hier richtig verstanden wird, bedeutet diese Forderung keine empirische Einigung der Meinungen, sondern die „Idee", dass das Geschmacksurteil eine Gemeingültigkeit haben soll. Dies ist deutlicher zu sehen in der folgenden Formulierung von Kant:

„Hier ist nun zu sehen, dass in dem Urteile des Geschmacks nichts postuliert wird als eine solche allgemeine Stimme in Ansehung des Wohlgefallens ohne Vermittlung der Begriffe; mithin die Möglichkeit eines ästhetischen Urteils, welches zugleich als für jedermann gültig angesehen werden könne. Das Geschmacksurteil selber postuliert nicht jedermanns Einstimmung [...], es sinnt nur jedermann diese Einstimmung an, als einen Fall der Regel in Ansehung dessen es die Bestätigung nicht von Begriffen, sondern von anderer Beitritt erwartet. Die allgemeine Stimme ist also nur eine Idee."[40]

Obwohl es auf der Ebene einer Idee gedacht wird, fordert ein reines Geschmacksurteil aber implizit die Einstimmung der anderen. Im Hinblick darauf erscheint das Geschmacksurteil nicht nur als eine deskriptive Beschreibung oder ein Bericht über ein subjektives Gefühl, sondern als eine Forderung.

Eine solche Handlung kann allerdings dem „lockeren" Geschmacksurteil nicht unterstellt werden. Denn bei dieser Art Geschmacksurteil, die als Äu-

36 | I. Kant: Kritik der Urteilkraft, § 7. AA V 212.

37 | I. Kant, ebd.

38 | I. Kant,a.a.O., § 7. AA V 213.

39 | I. Kant, ebd.

40 | I. Kant, a.a.O., § 8. AA V 216.

ßerung angesehen werden kann, wird eher das Gefühl des Sprechers ausgedrückt, ob der Gegenstand *ihm* gefällt oder nicht.

Es wurden drei mögliche Interpretationen dessen betrachtet, was man tut, wenn man sagt „das ist schön!" oder „das ist Kitsch!". Diese Möglichkeiten, also die des Urteilens, des Ausdifferenzierens und des Forderns sind wie gezeigt für das Ziel dieser Untersuchung nicht einschlägig und bleiben deshalb im Weiteren außen vor.

Nun soll es nachfolgend darum gehen, dass man sein Geschmacksurteil überhaupt äußert anstatt nichts dazu zu sagen. Man vollzieht also mit dem Geschmacksurteil am grundlegendsten die Handlung des Äußerns. Dies wird meist so sehr als selbstverständlich angenommen, dass es kaum auffällt. Wenn ich allerdings etwas äußere, zum Beispiel „Ich bin nicht verrückt!", wirken dabei zwei unterschiedliche Ebenen: Auf der einen Ebene geht es um den semantischen Inhalt der Äußerung, also was ich sage. Auf der anderen Ebene geht es um die Handlung des Äußerns: Ich äußere mich, das heißt, ich schweige nicht. Bei näherer Betrachtung dieses Beispiels kann es zum einen sein, dass ich etwas äußere, um die Tatsche zu mitzuteilen, dass ich nicht verrückt bin. Auf der anderen Seite kann die Frage aufgeworfen werden, warum ich dies sage. Ich kann darauf antworten, dass ich etwas mitteile. Dann könnte auf einer tieferen Ebene die Frage kommen, warum ich denn dies mitteilen wolle. Wenn man so etwas wie „Ich bin nicht verrück!" sagt, wird der Äußerung normalerweise ein bestimmter Kontext unterstellt, zum Beispiel dass der Verdacht besteht, dass ich verrückt bin. Es kann dann sein, dass ich behaupten wollte, nicht verrückt zu sein.

Wenn jemand nun „das ist Kitsch!" sagt und man den semantischen Aspekt außer Acht lässt, kann die Frage aufgeworfen werden: Warum sagt er das? Eine leicht vorstellbare Antwort wäre: Er drückt damit seine Gefühle aus. Aber wenn noch weiter gefragt wird, warum er überhaupt solche Gefühle ausdrückt wie „das ist schön!" oder „das ist Kitsch", muss man eine Ebene tiefer gehen und einen bestimmten Kontext annehmen, in dem dies geäußert wurde. So kann man sich zunächst im Allgemeinen einen Kontext vorstellen, in dem es für wichtig gehalten wird, dass ein Subjekt seinen Geschmack ausdrückt. Wie im vorigen Abschnitt gesehen, wurde es in früheren Zeiten nicht als selbstverständlich angesehen, dass man einen eigenen Geschmack hat und sich dessen bewusst ist. Vor diesem Hintergrund ist in der Äußerung eigenen Geschmacks eine Implikation enthalten, dass man sich als ein ästhetisches Subjekt darstellt. Wenn ich zum Beispiel etwas schön finde und mich dazu äußere, heißt das etwa, dass es nicht jemand anderer ist, sondern ich es bin, die etwas schön findet. So stellt ein Subjekt sich damit bewusst als ein ästhetisches dar, das ein solches Urteil trifft. Zu jener Zeit wird ein Individuum durch diese Handlung, seinen Geschmack zu äußeren, mit einem Mal zu einem Beurteilenden, der in diesem Moment die Welt um sich drehen lässt wie bei der „kopernikanischen

Wende“ der Ästhetik. Er verkündet damit wenigstens in diesem Moment seine Meinung wie ein „Herr“, der von anderen Faktoren unabhängig seine Meinung und sein Gefühl selbstbewusst bekannt gibt. Hierin liegt der Angelpunkt bezüglich der Bedeutung der Handlung, ein Geschmacksurteil zu treffen: Man stellt sich selbst als ein ästhetisches Subjekt dar.

Wenn man nun weiter den Fall betrachtet, in dem jemand sagt „das ist Kitsch, ich mag es gern“, so stellt sich heraus, dass dies mehr impliziert als „das ist schön!“ oder einfach „das ist Kitsch!“. Denn diese Äußerung verweist darauf, dass der Sprecher weiß, dass der Gegenstand als Kitsch gilt, der generell als etwas Geschmackloses angesehen wird, und dass er ihm trotz der Kitschigkeit gefällt. Dies entspricht ungefähr der Situation, in der jemand etwas tut, von dem er schon weiß, dass die Anderen dies peinlich oder falsch finden werden. Wenn jemand sich selbst in solch eine unangenehme Situation versetzt – warum tut er das? Hier sind in Bezug auf den Kitschkontext einige Annahmen möglich. So mag er mit der Äußerung eine ironische Haltung zeigen wollen, wie es bei der Kunstbewegung „Camp“ zu sehen ist (siehe Kapitel 4, Abschnitt 4.1). Oder er mag mit der Äußerung zeigen wollen, dass man auch das Vermögen hat, etwas zu mögen, was die meisten nicht gut finden, und damit eine „offene“ Einstellung demonstrieren. Es wäre möglich, auf diese Weise in tiefere Ebenen vorzudringen, um noch andere versteckte Motive herauszufinden. Hier soll jedoch der Hinweis darauf reichen, dass das Geschmacksurteil „das ist Kitsch!“ nicht als „reines Geschmacksurteil“ angesehen werden soll, sondern als eine Äußerung, bei der die kommunikativen Kontexte mit impliziert sind.

3.3 Kategorisierung

Nachfolgend die Kategorisierung der Einstellungen von Kitschrezipienten.

A. Was du („naiver“ Rezipient X) magst, das ist Kitsch! Das gefällt mir nicht.
   → X („naiver“ Rezipient): Ich mag es gern.[41]
B. Das ist Kitsch. Das gefällt mir.
   → Es ist mir nicht richtig bewusst, dass ich Kitsch mag.
C. Das ist Kitsch. Es ist mir bewusst, dass mir das gefällt.
   C.1 Das ist Kitsch. Es ist mir bewusst, dass mir das trotzdem gefällt.
   C.2 Das ist Kitsch. Es ist mir bewusst, dass mir das deswegen gefällt.

Unter den Kitschrezipienten sind hier diejenigen gemeint, die üblicherweise zum Kitsch gezählte Gegenstände in ästhetischer Hinsicht rezipieren. So bedeutet „Kitschrezipienten“ nicht nur Kitschliebhaber, sondern auch diejeni-

41 | „→“ symbolisiert „das heißt“.

gen, die in welcher Weise auch immer zum Kitsch eine bestimmte Einstellung einnehmen. Zu betonen ist noch einmal, dass es sich hier nur um die subjektiven, emotionalen Einstellungen der Rezipienten handelt. Andere Varianten der Äußerung „das ist Kitsch!", derer man sich zum Zweck der Feststellung bedient, was der Gegenstand ist, werden in diesem Kapitel nicht in Betracht gezogen. Dieser Gebrauch der Äußerung hat dann nicht mit dem Ausdruck der subjektiven Gefühle zu tun, sondern nur mit der neutralen Beschreibung über den Gegenstand. Diese Art Rezipienten würden dann kein Geschmacksurteil treffen, sondern ein „Erkenntnisurteil".

Im Folgenden werden zunächst die Kriterien vorgestellt, die in der Unterteilung wirksam sind, bevor die einzelnen Kategorien erklärt werden.

3.3.1 Das erste Kriterium: „Ich weiß, dass das Kitsch ist"

Warum dieses Kriterium gebraucht wird und wie es in der Kategorisierung funktioniert, kann man besser verstehen, wenn man die obige Unterteilung mit einer, die als ein Alternativ gedacht werden könnte, vergleicht. So lautet die hypothetische Unterteilung:

1. Das ist Kitsch. Das gefällt mir nicht/Das ist kein Kitsch. Das gefällt mir.
2. Das ist Kitsch. Das gefällt mir.

Für diese Unterteilung wird nur ein Kriterium verwendet, nämlich ob der Gegenstand einem gefällt oder nicht. Sie passt auf den ersten Blick zu den gängig bekannten zwei möglichen Einstellungen beim Geschmacksurteil. Aber diese Unterteilung birgt einige Probleme.

Eine entscheidende Schwäche liegt neben anderen darin, dass in dieser Unterteilung die Einstellung des „naiven" Rezipienten keinen Platz einnehmen kann. Wer einen Gegenstand Kitsch nennt wie in der obigen Kategorie 2, kann kein „naiver" Rezipient sein (siehe Kapitel 1).

Ordnet man den Platz des „naiven" Rezipienten hypothetisch in die Unterteilung ein, wird seine Einstellung folgendermaßen formuliert:

3. Das gefällt mir.

Wie bereits geklärt kann ein naiver Rezipient logisch nicht wissen, dass der Gegenstand Kitsch ist. Er findet ihn einfach schön. Sein Genuss zu dem Gegenstand lässt sich darum nicht anders als zu einem schönen Gegenstand ausdrücken, nämlich „das gefällt mir". Die Einstellung wird sich dann nicht von der Einstellung zur Kunst unterscheiden. Dann kann man sogar nicht mehr sagen, dass er ein Geschmacksurteil zum Kitsch getroffen hat, weil der Gegenstand wenigstens für ihn kein Kitsch ist. Er besteht als Kitsch nur für diejenigen, die ihn als solchen sehen. Diese Einstellung ist dann nicht genug für die Unterteilung, die sich der Aufzählung der möglichen Einstellungen zum Kitsch bedienen soll.

Zudem kann noch die Frage aufgeworfen werden, ob man nicht für die naiven Kitschrezipienten folgende Kategorie aufstellen kann, in der die implizite Nachricht „ich weiß nicht, dass der Gegenstand Kitsch ist" ergänzt wird:

3. Das gefällt mir.
   → Ich weiß nicht, dass der Gegenstand Kitsch ist.

Diese Kategorie kann aber ebenfalls nicht als eigene Kategorie bei der Unterteilung der Geschmacksurteile um Kitsch-Phänomene verwendet werden. Die Äußerung „Ich weiß nicht, dass der Gegenstand Kitsch ist" kann keine Äußerung von einem naiven Kitschrezipienten sein, weil der Rezipient, der nicht weiß, dass der Gegenstand Kitsch ist, nicht nur nicht weiß, *dass* der Gegenstand Kitsch ist, sondern auch nicht, *ob* er weiß oder nicht, dass dies Kitsch ist. Wer nicht davon weiß, ob er weiß oder nicht, kann nicht aussagen, dass er es nicht weiß. So kann ein naiver Kitschrezipient keine Äußerung dazu machen, dass er nicht weiß, dass dies Kitsch ist.

Es stellt sich somit heraus, dass das Geschmacksurteil des „naiven" Kitschrezipienten nicht auf derselben Ebene der Geschmacksurteile über Kitsch eingeordnet werden kann. Denn sein Geschmacksurteil kann im Grunde nicht als über Kitsch getroffen angesehen werden. Wenn die Einstellung nichtsdestoweniger auch in die Kategorisierung der aller möglichen Geschmacksurteile über Kitsch eingeschlossen werden sollte, wird das Kriterium „Ich weiß, dass dies Kitsch ist" genötigt. Das ermöglicht dann, die Einstellung des „naiven" Rezipienten von den Einstellungen der Kategorien A, B und C zu unterscheiden. Also weiß X in der oben angeführten Kategorisierung nicht, dass ein Arztroman, der ihm gut gefällt, als Kitsch gilt. Hingegen wissen dies alle anderen Rezipienten in den kategorisierten Gruppen.

3.3.2 Das zweite Kriterium: „Mir ist es bewusst, dass ich Kitsch mag."

Dieses Kriterium ist wirksam, um zwischen den Einstellungen von B, C.1 und C.2 zu unterscheiden. Zunächst soll gezeigt werden, warum „Ich weiß, dass das Kitsch ist" nicht ausreicht, sondern noch zusätzlich das Kriterium „Mir ist es bewusst, dass mir das gefällt" gebraucht wird.

Die Notwendigkeit, die beiden zu unterscheiden, rührt zunächst daher, dass ohne diese Unterscheidung die verschiedenen Typen der Rezipienten wie die in B, C.1 und C.2 nicht differenziert erklärt werden können. Man stößt nämlich auch auf solche Rezipienten, die einen kitschigen Gegenstand mögen, und zwar ganz bewusst. Diese Einstellung scheint zuerst unter der Äußerung „Ich weiß, dass das Kitsch ist. Ich mag es gern" einzuordnen zu sein. Aber wenn man den Fall genauer betrachtet, ist diese Einstellung noch feiner zu differenzieren.

So stelle man sich zunächst folgenden Fall vor: Jemand weiß zwar, dass etwas Kitsch ist. Dabei kann er das Wissen soweit in den Hintergrund des Bewusstseins drängen, dass das Wissen darüber, ob er davon weiß oder nicht, bei ihm kaum einen Unterschied macht. Er kann also trotz seines Wissens wie ein naiver Kitschrezipient den Gegenstand genießen. Dieser Fall betrifft die Kategorie B. Demgegenüber ist noch ein anderer Typ Rezipient zu unterscheiden, den auch das Wissen darüber nicht stört, den *kitschigen* Gegenstand zu mögen, wobei dieses Wissen sogar eine konstitutive Rolle für den Genuss spielt (Kategorie C.1). So kommt sein Genuss davon, dass er gerade einen Gegenstand wie Kitsch mag, der ja normalerweise als abstoßend empfunden wird. Andererseits kann es einen Rezipienten geben, der weiß, dass etwas Kitsch ist, aber dessen Genuss nicht darin besteht, einen von anderen als abstoßend empfundenen Gegenstand zu mögen. Er mag den Gegenstand, weil er diesen schön findet (Kategorie C.2).

Um diese Einstellungen unterschiedlich zu behandeln, reicht der Hinweis nicht aus, dass der Rezipient weiß, dass etwas Kitsch ist. Um den Genuss der oben genannten Rezipienten qualitativ zu unterscheiden, ist daher noch ein zusätzliches Kriterium erforderlich: Ist es einem selbst bewusst?

Wie kann dieses Kriterium die Einstellungen unterscheiden helfen? Um dies zu verstehen, sollte zunächst klar sein, wie „Ich weiß, dass ich es gern mag" von „Mir ist bewusst, dass ich es gern mag" zu unterscheiden ist. Die beiden Sachverhalte scheinen zu ähnlich zu sein, um sie voneinander unterscheiden zu können. In der Tat sind sie in ihrer üblichen Anwendung kaum zu differenzieren. Um den Unterschied zu verstehen muss Folgendes betrachtet werden: Vieles, wie die sensorischen Empfindungen, die Gedanken, die Emotionen usw., laufen bewusst ab. Aber das heißt nicht zwangsläufig, dass man sich dessen auch bewusst ist. Wenn man sich einer Sache nicht bewusst ist, heißt das nicht unbedingt, dass man davon nichts weiß. Zum Beispiel weiß jemand generell schon, dass er gerade läuft, wenn er läuft. Aber es ist nicht immer so, dass ihm die Tatsache bewusst ist, dass er gerade beim Laufen ist. Üblicherweise wird man sich nicht bewusst, dass die eigenen Beine sich bewegen, ein Bein nach vorne tritt, danach das andere usw. All diese Bewegungen der Beine kann man natürlich wahrnehmen, also im Bewusstsein thematisieren, zum Beispiel wenn ein Bein weh tut oder Ähnliches. Aber man wird sich in den meisten Fällen nicht bewusst sein, dass man beim Laufen erst einen Bein nach vorne streckt und danach das andere. So ist der Sachverhalt, etwas im Bewusstsein zu thematisieren, von jenem zu unterscheiden, etwas zu wissen.

Sartre gibt hier einen naheliegenden Aufschluss. Er stellt eine virtuelle Situation vor, in der er durch ein Schlüsselloch guckt. Das Bewusstsein in dieser Situation beschreibt Sartre wie folgt: „Ich bin allein und auf der Ebene des nicht-thetischen Bewusstseins (von) mir. Das bedeutete zunächst, dass es kein Ich gibt, das mein Bewusstsein bewohnt. Also nichts, worauf ich meine Handlungen beziehen könnte, um sie zu qualifizieren. Sie werden keineswegs erkannt, sondern ich bin sie [...].“[42] Und weiter:

> „Mein Bewusstsein lebt an meinen Handlungen. [...] Meine Haltung zum Beispiel hat gar kein ‚Draußen‘, ist reines Inbezugsetzen des Instruments (Schlüsselloch) mit dem zu erreichenden Zweck (zu sehendes Schauspiel), eine bloße Art, mich in der Welt zu verlieren, mich durch die Dinge aufsaugen zu lassen wie die Tinte durch ein Löschblatt, damit sich ein auf einen Zweck hin orientierter Utensilienkomplex synthetisch auf dem Welthintergrund abhebt.“[43]

Er weiß also, dass er durch ein Schlüsselloch guckt, aber seine Handlungen ihm nicht bewusst sind. Sie werden also in seinem Bewusstsein nicht thematisiert. Dieser Zustand des Bewusstseins ist genau mit dem der Rezipienten zu vergleichen, der zwar weiß, dass er einen Gegenstand mag, aber ihm nicht bewusst ist, dass er dies tut. Die Kategorien B und C stimmen in dem Punkt überein, dass sie wissen, dass der Gegenstand Kitsch ist und dass sie ihn trotzdem gern mögen. Die Kategorien erscheinen aber bei näherer Betrachtung mehr Übereinstimmungen als Unterschiede aufzuweisen, wobei zu wissen, einen Gegenstand zu mögen, nicht deckungsgleich ist damit, sich dessen bewusst zu werden. Dies kann jemandem je nach Umstand unterschiedlich bewusst werden. So kann einem Kitschrezipienten anders als einem anderen bewusst werden, dass er etwas mag, obwohl beide im selben Umfang wissen, dass der Gegenstand Kitsch ist und dass sie ihn mögen. Weil diese unterschiedliche Größe des Bewusstwerdens einen qualitativen Unterschied beim Genuss ausmacht, ist das Kriterium „Mir ist bewusst, dass ich es gern mag“ notwendig.

3.4 Explikationen der Kategorien

3.4.1 Die Kategorie A

In der Kategorie A wird mit der Äußerung „das ist Kitsch!“ die Ablehnung zum Gegenstand bezeichnet. Dies wurde bereits in Kapitel 2 anhand der unterschiedlichen vorhandenen Forschungen näher betrachtet.

---

42 | J.P. Sartre: Das Sein und das Nichts, Hamburg 2003, S. 467.

43 | Sartre, a.a.O., S. 468 (Herv.i.O.).

3.4.2 Vorwort zu den Kategorien B und C

In den Kategorien B und C wissen die Rezipienten, dass ein Gegenstand Kitsch ist. Wenn sie dazu sagen, „das ist Kitsch!", bezeichnet dies jedoch keine emotionale Ablehnung. Diese Verwendung des Ausdrucks könnte irritieren, weil sie vom Normalfall abweicht. Oder sie kann gar für unmöglich oder paradox gehalten werden, weil der Begriff „Kitsch" in der Regel an sich als eine Bezeichnung für ein unangenehmes Gefühl gilt. So betrachtet entspräche die Äußerung „das ist Kitsch, ich mag es gern" der Äußerung „das gefällt mir nicht, das gefällt mir". Wie kann das verstanden werden?

Eine Situation wäre möglich, in der ein Rezipient, der „das ist Kitsch!" sagt, nur so tut, als gefiele der Gegenstand ihm nicht. Eigentlich findet er ihn nicht kitschig. Aber er weiß, was die allgemeine Meinung davon hält, nämlich dass sie den Gegenstand kitschig finden würde. Also tut er nur so, als fände er den Gegenstand kitschig, etwa aus Furcht, dass er für geschmackslos gehalten wird.

Bei dieser Annahme findet indes die Äußerung „das ist Kitsch, aber ich mag es gern" keinen Widerspruch. Der virtuelle Rezipient erzählt hier einfach nicht die Wahrheit. Bei ihm lautet die Einstellung zur Aussage „das ist Kitsch, ich mag es gern" ungefähr: „Ihr sagt, dass das Kitsch ist, deswegen sage ich auch, dass das kitschig ist, um nicht peinlich zu sein. Aber ich finde es eigentlich nicht kitschig. Ich mag es gern." In diesem Fall wären die Genüsse, die er von den „kitschigen" Gegenständen erhält, nicht viel anders als die des Rezipienten X in der Übersicht der Kategorien zu Beginn von Kapitel 3 (siehe Seite 103), welcher den Gegenstand weder als kitschig noch als nicht-kitschig beurteilt, sondern ihn einfach nur mag. Diese Annahme wird hier nicht nur als Gedankenexperiment vollzogen, sondern ist nicht selten auch in der Realität zu beobachten. Allerdings wird sie in dieser Arbeit nicht behandelt, denn deren Hauptzweck liegt darin, Fälle zu beobachten, in denen die Äußerung „das ist Kitsch!" zwei anscheinend widersprüchliche Zustände beschreibt: „das gefällt mir nicht!" und „das gefällt mir!". Darüber hinaus ist dieser Fall nicht Teil dieser Arbeit, wie anfangs festgelegt. Wenn man einen Gegenstand nicht kitschig findet, entsteht dann de facto sowieso kein Kitsch. Die Äußerung „das ist Kitsch!" ist für diesen Rezipienten kein eigener Gefühlsausdruck, sondern eine Beschreibung der Tatsache, dass er weiß, dass die anderen den Gegenstand kitschig finden. Darum kann man hier nicht wirklich davon sprechen, dass er Kitsch mag, weil er ihn schließlich nicht kitschig findet.

Der Unterschied dieses Rezipienten zu Rezipient X liegt darin, dass der erste daran denkt, dass die anderen sagen, dass der Gegenstand Kitsch ist, obwohl er ihn nicht kitschig findet. Im Vergleich dazu kann der Rezipient in X überhaupt nicht daran denken, ob der Gegenstand Kitsch ist oder nicht.

Noch ein anderer Ansatz, wie man die Einstellung „das ist Kitsch, ich mag es gern" verstehen kann, findet sich in der kantischen Unterteilung der Urteile. Wenn man an einem Gegenstand die objektiven Merkmale erkennt, die Kitsch haben soll, und ihn aufgrund derer als Kitsch beurteilt, ist dies aber nach Kant kein Geschmacks-, sondern ein Erkenntnisurteil, weil dieses sich auf den Begriff von einem Objekt stützt, was dieses sein soll. Dahingegen soll ein Geschmacksurteil aufgrund des Gefühls getroffen werden. Wenn man nun von dieser Unterscheidung der Urteile ausgeht, scheint es, dass sich die widersprüchliche Einstellung zum kitschigen Gegenstand recht bequem klären lässt, nämlich, dass die Rezipienten der Kategorien B und C ihn in ihrem Erkenntnisurteil als kitschig beurteilen, aber in ihrem Geschmacksurteil als schön.

Diese bequeme Lösung kann aber in der Tat bloß dabei helfen, in der Sache eine formale Ordnung zu schaffen, und es bleibt fraglich, inwieweit dies praktisch die widersprüchliche Einstellung der Rezeption erklärt. Wenn man auf eine logische Ordnung zielt, die etwa die realistischen Faktoren wie den psychischen Mechanismus oder die Mentalität der Rezipienten dahinter nicht berücksichtigt, würde es schon ausreichen, „das ist Kitsch" dem Erkenntnisurteil zuzuordnen und „das gefällt mir" dem Geschmacksurteil.

Wenn man aber die realen Zusammenhänge erklären will, wie die beiden zugleich bei einem Rezipienten wirken können und was für einen Genuss dieser dabei hat, muss man einen Schritt weitergehen. Was er daran genießt, ist dann von dem Genuss des „naiven" Rezipienten X zu unterscheiden, obwohl der Genuss der beiden gleichermaßen als „das gefällt mir" ausgedrückt wird. Darüber hinaus sind die Genussarten unterhalb der Rezipienten B, C.1 und C.2 jeweils zu unterscheiden. Darum wird die Frage abermals gestellt: Wenn die Rezipienten dieser Kategorien sagen, dass ein Gegenstand Kitsch ist und ihn gleichzeitig mögen, welcher Umstand ist dann genau dafür verantwortlich, dass der Gegenstand ihnen gut gefällt? Was genießen sie dabei?

3.4.2.1 Die Kategorie B

Rezipienten in dieser Kategorie sind im wirklichen Alltag oft zu finden. Sie sehen gern Seifen-Opern im Fernsehen, zu kommerziellen Zwecken hergestellte B-Movies, lesen Unterhaltungsromane usw. Sie wissen zwar, dass es sich dabei um Kitsch handelt, was sie aber nicht davon abhält, sie zu genießen. Sie können sie sogar bei vollem Einsatz ihrer Gefühle genießen. Anzumerken ist noch, dass es für sie nicht nur als Wissen wirkt, dass der Gegenstand Kitsch ist, sondern dass sie selbst ihn kitschig finden, und zwar auf ihre eigene Weise. Und sie lieben ihn.

Um diese Einstellung zu erklären, soll zuerst noch einmal gefragt werden: Was bedeutet es, etwas kitschig zu finden? Es ist davon auszugehen, dass die Rezipienten der Kategorie B von der gängigen Bedeutung des Wortes Kitsch ausgehen. Wenn sie etwas kitschig finden, soll das heißen, dass sie dies zum

Beispiel „zu schematisch, zu einfach, lügnerisch usw.“[44] finden. Sie verwenden weder erfinderische Definitionen über den Begriff noch verdrehen sie die Wortbedeutung. Sie finden selbst die Gegenstände kitschig, wissen also nicht nur, dass sie von den anderen als Kitsch beurteilt werden. So finden sie, dass ein Roman immer wieder gleich aufgebaut ist. Aber bei ihnen schließt sich dieser Einschätzung nicht gleich ein Ablehnungs- bzw. herabsetzendes Gefühl an.

Ein erster Grund dafür, warum die Einschätzung nicht in ein abstoßendes Gefühl übergeht, lässt sich darin finden, dass die Rezipienten dieser Kategorie gegenüber dem kitschigen Gegenstand von Beginn an eine andere Erwartungshaltung haben, als sie ihn gegenüber der Kunst haben. Wenn sie ein Kitschstück sehen, streben sie nicht nach einer ernsthaften Kunsterfahrung. Die Rezipienten setzen ihr Ziel nicht daran, eine ernste Kunst zu finden und zu genießen. Vielmehr erwarten sie etwas Eigenes im Kitsch. Dieses Eigene wird bei den Kritikern nur als etwas zu Schematisches eingeschätzt und darum kritisiert. Bei ihnen ist dies also nur ein Makel. Die Rezipienten der Kategorie B nehmen es im Gegensatz dazu als das dem Kitsch Eigene wahr, ohne ihm damit eine negative Bedeutung aufzubürden. Das heißt nicht, dass Sie bei dem Roman etwas Anderes wahrnehmen, also zum Beispiel dass sie an ihm nichts Schematisches finden, sondern nur etwas Angebrachtes. Im Gegenteil finden sie ihn auch schematisch. Aber sie situieren diese Wahrnehmung vor einen anderen Hintergrund. Wenn sie nach einer Kunsterfahrung gesucht hätten, mögen sie dies in den Kontext der Kunst gestellt und anders eingeschätzt haben. Aber wie gesagt ist das nicht der Fall. Sie stellen die Wahrnehmung von dem Roman, schematisch zu sein, in einen Erwartungshorizont des dem Kitsch Eigenen. Was ist das dem Kitsch Eigene? Kann es für Kitsch so etwas geben?

Um dies zu verstehen, ist ein Vergleich mit einer anderen Umgangsweise mit Kitsch hilfreich, bei der man ein Kitschstück nur als einzelnen, das heißt gattungsunabhängigen Gegenstand betrachtet. In diesem Fall mag es unumstritten sein, dass es ein zu schematisches Werk ist (zum Beispiel irgendein Roman). Hier macht „zu schematisch“ keinen eigenen Charakter aus, sondern ist eine Eigenschaft, die kritisiert wird. Hingegen wird dasselbe Werk vor einem anderen Hintergrund angesiedelt, wenn man es nicht als Einzelstück, sondern als Repräsentant einer Gattung sieht. Vor diesem Hintergrund ändert sich zwar nichts an der Tatsache, dass der Roman zu schematisch ist. Aber dies kann hier anders eingeschätzt werden: Das Zu-Schematische wirkt weniger wie ein Makel als wie eine stilistische Konvention. „Zu schematische Darstellung“ gilt hier also nicht als eine zu vermeidende Eigenschaft, sondern als eine Regel des Schreibens in dieser Gattung. Man denkt sogar, dass ohne diese bestimmte Eigenschaft (zum Beispiel der „Zu schematischen Darstellung“) der Roman dann nicht mehr als ein Arztroman bezeichnet werden kann. Ein

44 | G.C.F. Bearn: Kitsch, S. 66-67.

Arztroman hat immer denselben Aufbau, bei dem stets ein gut aussehender Arzt, eine zwar hübsche und reiche, aber naive Frau und eine ebenfalls hübsche, aber aus einfacheren Verhältnissen stammende, nette Frau vorkommen. Diese sich immer wieder wiederholenden Elemente machen eine der Gattung eigene Struktur aus, die den Arztroman von anderen Romanen unterscheidet. So betrachtet ist die Struktur der drei Stereotype (Arzt + zwei Frauen) nicht ein Beweis, dass der Autor des Romans künstlerisch gesehen schlecht ist, sondern sie kann als ein Schreibstil angesehen werden, den ein Autor einhalten muss, wenn er ein *Arztroman* schreiben will. Die Struktur macht die Quintessenz dieses Genres aus, ohne die es keinen diesem Genre eigenen Genuss gäbe. Der Rezipient B sieht dabei die Merkmale eines kitschigen Stücks als etwas dem Kitsch Eigenes, das genau so sein soll.

Es ist noch einmal anzumerken, dass der Rezipient die Struktur des Arztromans nicht künstlerisch findet, sondern flach. Er greift trotzdem auf das Stück zu, und zwar nicht, wie es gesehen wird, aus der geistigen Unfähigkeit heraus, die „Hoch"-Kultur zu genießen. Im Gegenteil mag er sogar ein Liebhaber von klassischer Musik sein und kann diese genießen. Dies schließt aber nicht aus, dass er auch ein kitschiges Stück genießen kann. Die jeweilige Absicht sollte man unterscheiden: Bei einem Konzert, in dem eine Symphonie von Mahler gespielt wird, will er gern eine ernste Kunsterfahrung machen. Bei einem Arztroman wird er aber sicherlich keine solche suchen.

Was aber sucht er beim Lesen eines Arztromans? Was genießt er, wenn er in einem „B-Movie" die immer gleiche Geschichte sieht?

Eine Antwort mag sich zunächst darin finden, dass er im Kitsch einfaches Vergnügen sucht. Kitschige Kulturprodukte sind bekannt dafür, ein leicht zugängliches, sinnliches Vergnügen zu bieten. In der Forschungsliteratur wird diesbezüglich häufig darauf hingewiesen, dass Kitsch eine kompensatorische Funktion für die harte Arbeit hat, zu der die meisten im modernen industriellen Wirtschaftssystem gezwungen sind. Demnach sollen sich die Rezipienten durch die intellektuell kaum anspruchsvollen Werke erholen, um von dieser Erholung vor allem für ihre Arbeit am folgenden Tag zu zehren. Weil sie nach der Arbeit am Tag erschöpft sind, hätten sie keine Kapazität mehr für den Genuss von niveauvollerer Kunst, wofür auch kognitive, intellektuelle Fähigkeiten bzw. die dafür unterstützende körperliche Kraft erforderlich sind. Demnach neigten die Menschen dazu, sich nur auf solches anspruchslose Vergnügen einzulassen. Diese psychologische bzw. soziologische Analyse des Hintergrunds ist in gewisser Hinsicht sicherlich zutreffend und soll an dieser Stelle auch nicht widerlegt werden. Aber es ist zu bestreiten, dass die Eigenschaft des Vergnügens, die diese Art Kitschrezipient genießt, sich so wie in der Analyse gedeutet nur mit einem Werturteil wie „niedrig" oder „sinnlich" erfassen lässt. Der Genuss des Rezipienten in dieser Kategorie soll vielmehr als etwas Eigenständiges behandelt werden. Was kann denn der dem Kitsch eigene Genuss sein?

Als Antwort auf diese Frage ist zunächst auf die *Wiederholbarkeit* zu verweisen. So genießt der Rezipient dieser Kategorie nicht allein die Liebesgeschichte der drei Figuren in dem Arztroman, sondern auch die Wiederholbarkeit. Es ist in unserer Zeit schwer vorstellbar, dass sich die Wiederholung genießen lässt. Seit Beginn dieses Jahrhunderts ist „das Neue" immer schon das tragende Motto der Zeit, das in fast allen Bereichen als nahezu einzig Wertvolles geschätzt wird, wie schon der Futurismus in seinem Manifest verkündigt. Etwas zu wiederholen wird meist geradezu als verwerflich angesehen, und der grundlegende Vorwurf gegen den Kitsch bezieht sich überwiegend auf seine Wiederholbarkeit und den Charakter des immer Gleichen. So mag man in unserem Zeitalter denken, die Wiederholung könne kein Vergnügen verschaffen.

Viele praktische Erfahrungen widerlegen dies jedoch. Vergnügen bereitet nicht nur das Neue, sondern auch etwas, was sich wiederholt. Die Wiederholbarkeit bezieht sich zuerst auf die inhaltliche Wiederholung in kitschigen Werken. Was im Kitsch dargestellt wird, ist weit entfernt davon, einzigartig zu sein. Er will es auch nicht. Er ist eins unter unzähligen gleichen Exemplaren und will als solches bleiben, wie in den nächsten Kapiteln weiter erläutert wird. So gesehen ist ein kitschiges Werk mit einem Gebrauchsgegenstand aus der Massenproduktion vergleichbar. Wie das Massenprodukt verfügt es über keine eigene Eigenschaft. So kommt ein Arztroman üblicherweise mit geringen Unterschieden in zahlreichen Varianten vor und ist kaum von anderen Arztromanen zu unterschieden. Es betrifft allerdings nicht nur Kitsch, dass sich die Handlung, das Sujet oder die Struktur usw. wiederholt. Auch in der Kunst ist nicht selten zu sehen, dass sich die obigen Elemente wiederholen, wie bei den Beispielen einer nicht gelungenen Liebe oder der Struktur des Bildungsromans gezeigt. Allerdings wird in der Kunst durch die originelle Darstellungsweise die Eigentümlichkeit eines Werkes angestrebt. Gerade darin ist der Kitsch zu unterscheiden. Er versucht nicht, etwas Originelles zu schaffen, sondern pflegt ein und dasselbe Schema.

Was der Rezipient dieser Kategorie dabei genießt, ist eben diese Wiederholbarkeit. Wie kann er diese genießen, wird sie doch seit der Moderne mit großem Abstoß nur gescheut? Wie kann die Wiederholbarkeit Vergnügen sein? Zuerst ist zu erwähnen, dass man in dem Wiederholten etwas Vertrautes wiedererkennt. Da ist keine Überraschung, alles ist berechenbar, man muss sich nicht anstrengen, um etwas Neues zu verstehen. Eine gemütliche Behaglichkeit.

Die Wiederholbarkeit im Kitsch zeigt sich zudem anschaulich in der Darstellungsweise der Emotionen. Diese werden normalerweise als das Moment genannt, an dem die Eigentümlichkeit und die Persönlichkeit eines Subjekts am meisten erkennbar werden. Im Kitsch sind sie aber so charakterlos dargestellt, dass weder die Einzelheiten der Figuren noch ihre Persönlichkeit erkennbar sind. Diese Anonymität begünstigt aber andererseits, dass ein Autor ein Werk nach dem anderen schreibt, diese sich einander sehr ähneln und der Rezipient solche Werke wie Einwegbestecke konsumiert. Denn charakterlose Emotionen können dann maschinell ausgezeichnet, deshalb schnell produziert werden, wie die Massenprodukte in der Fabrik.

Des Weiteren können sie durch andere ersetzt werden. Die Trauer, die eine Figur im kitschigen Werk fühlt, verfügt über keine innerliche Überzeugung, ist nicht zu der ganzen Geschichte zusammengewachsen. Es scheint darum, dass sie trauert, weil es in dem Moment gewöhnlich so ist. Solche Emotionen stellen dann keine Einzigartigkeit oder keine innerliche Notwendigkeit dar, nur eine schematische Verbindung zwischen einem Ereignis und einem Gefühl wie ein Waise sogleich Mitleid erzeugt. Um das Mitleid darzustellen, musst es dann nicht unbedingt *dieser* Waise sein, sondern irgendeiner. So ergibt sich, dass die Emotionen nicht mehr subjektiv und persönlich, sondern anonym wirken wie ein Produkt, das man in einem Automat durch das Drücken eines Knopfes erhält. Solche Emotionen kann man dann nicht nur von einem bestimmen Werk, sondern überall fühlen, und in dem Sinne sind sie wiederholbar.

Wenn Emotionen nicht als einzig, sondern als fortlaufend wiederholbar gelten, ist schwerlich zu erwarten, dass sie bei einem Rezipienten tiefgreifend wirken. Der Kitschrezipient fühlt sich nämlich traurig, fröhlich, melancholisch usw., aber diese Emotionen bleiben nur flüchtig, sitzen nie tief. Es darf sogar hinterfragt werden, ob sie echt und ernstzunehmend sind. Die oberflächliche Erfahrung der Emotionen ist aber von dem Rezipienten dieser Kategorie schon vorhergesehen, denn er stellte schon seine Erwartung von vornherein auf ein kitschiges Werk ein. Er ist also bereit, gegenüber den eigenen Emotionen weniger ernst zu sein. Er weiß nämlich, dass die Emotionen nur eine bestimmte Zeit lang anhalten, danach vergehen und sich jederzeit wiederholen lassen.

In solcher Wiederholbarkeit des Kitsches soll der Rezipient das ihm Vertraute wiederfinden und es genießen. Aufgrund dessen kritisieren einige Forscher, dass der Genuss am Kitsch nur eskapistisch sei. Er biete bloß einen Fluchtort. Dieser Kritik nach liegt der Grund dafür, dass der Kitschrezipient immer wieder auf das Gleiche zugreifen will, darin, dass er sich in der sich immer wieder verändernden Welt nach etwas Unveränderbarem und Sicherem sehnt.[45] Zudem wollten die Arbeiter bzw. wollte die Mittelschicht, wie zuvor ausgeführt, nach stressiger Arbeit nur Eingängiges genießen.[46]

Es ist aber davon auszugehen, dass dies nur eine Facette des Ganzen ist. Die Wiederholbarkeit, die der Rezipient im Kitsch genießt, bezieht sich nicht nur darauf, dass man sich dann mit allem vertraut und darum wohlig fühlt.

45 | Vgl. G. Ueding: Glanzvolles Elend, S. 23-40; C. Putz: Kitsch, S. 150; C. Emmer: Kitsch against Modernity, S. 53-80.

46 | Vgl. M. Calinescu: Kitsch, S. 225-262.

Sie ermöglicht ferner einen ähnlichen Genuss, wie man ihm beim Spiel hat. Die Zusammenhänge zwischen dem Genuss am Kitsch und dem am Spiel sind in einer weiteren Perspektive erkennbar. Wie beim Spielen wird bei der Rezeption von Kitsch seitens des Rezipienten nämlich eine Handlung stetig wiederholt. Das macht hier einen besonderen Sinn. Der Rezipient schafft damit bewusst oder unbewusst eine ähnliche Struktur wie die des Spiels. Natürlich sind nicht alle wiederholten Handlungen Spiel. Damit eine Handlung ein Spiel ist, sind noch andere Bedingungen erforderlich. Deshalb ist der Genuss am Kitsch mit dem am Spiel nicht gleichzusetzen. Beide haben Gemeinsamkeiten, aber auch Unterschiede, wie im nächsten Kapitel näher untersuchen werden. Trotzdem macht die Wiederholbarkeit eine wesentliche Eigenschaft des Spiels aus.[47] Anders formuliert kann das, was man wiederholen kann, zum Spiel werden.

Die Wiederholbarkeit des Spiels ist unter anderem dadurch bedingt, dass es sich von dem gewöhnlichen und eigentlichen Leben abgrenzt.[48] Das Letztere kann sich nicht wiederholen in dem Sinne, dass man es nicht neu anfangen kann. Etwas Natürliches vergeht im Lauf der Zeit. Im Spiel kann man hingegen wegen seiner Abgrenzung vom eigentlichen Leben neu anfangen.

Im Bezug auf die Wiederholbarkeit des Kitsches erhält dann die Wiederholbarkeit des Spiels einen Berührungspunkt. Wenn die Wiederholbarkeit ein entscheidendes Merkmal des Spiels ist und der Inhalt im Kitsch sich immer wiederholt, lässt sich daraus schließen, dass der Kitsch ein Merkmal des Spiels teilt. Was für eine Rolle spielt das gemeinsame Merkmal konkret in Bezug auf den Genuss des Rezipienten dieser Kategorie? Hierfür ist es erforderlich, noch eine weitere Eigenschaft des Spiels in Betrachtung einzubeziehen.

Hierbei ist darauf hinzuweisen, dass das, was sich im Rahmen des Spiels ereignet, nicht ernstlich gilt. So sagt man: Das ist bloß ein Spiel, kein Ernst. Dass das, was innerhalb des Rahmens ist, außerhalb des Rahmens nicht ernst ist, lässt sich auch an der Darstellung der Emotionen erkennen. Im Spiel fühlt man oft wie in der Realität Emotionen wie Angst, Aufregung, Trauer usw. Aufgrund dieser Emotionen sagt man, dass das Spiel „wirklicher und wahrer als das soziale Leben“ sei.[49] Dennoch ist diese Wirklichkeit im Spiel von der in der Realität zu unterscheiden. Die Emotionen werden zwar als ernst angesehen, weil der Rezipient sie wirklich fühlt. Was sich innerhalb des Spiels ereignet, ist aber nicht wirklich.[50] In dieser Hinsicht ist das Spiel nicht ernst.

47 | J. Huizinga: Homo Ludens. Vom Ursprung der Kultur im Spiel, Reinbeck bei Hamburg 1956, S. 17.

48 | J. Huizinga, a.a.O., S. 15.

49 | G. Gebauer/C. Wulf: Das Spiel, in: Ders. (Hg.): Spiel, Ritual, Geste, Reinbek bei Hamburg 1998, S. 203.

50 | G. Gebauer/C. Wulf, a.a.O., S. 202.

Dieser Unernst des Spiels bezieht sich auf den Genuss des Kitsches zum einen hinsichtlich der inhaltlichen Wiederholbarkeit des kitschigen Werkes, zum anderen hinsichtlich der Wiederholbarkeit der Handlung des Rezipienten.

Wie die Spielteilnehmer, die sehr wohl wissen, dass es nur ein Spiel und nicht ernst ist, weiß er, dass es bei dem Arztroman nicht um Ernstes geht, unter anderem, weil der Inhalt darin sich immer wiederholt. Ihm ist völlig bewusst, dass es hier nicht um die Erfahrung wie die in der Kunst geht, wo ein Werk einzigartig erlebt wird und ein ernstes Erlebnis erwartet wird. Es ist gerade dieser Unernst, den der Rezipient dieser Kategorie genießt. Ihm, der anders als der Rezipient X oder der erschöpfte Arbeiter aus seinem freien Willen Kitsch auf zugreift, verleiht der Unernst des Kitsches einen ähnlichen Spaß, den man beim Spielen haben würde. Kurz, die Wiederholbarkeit bereitet im Kitsch nicht nur dem Genuss am Vertrauten und Gemütlichen, sondern auch am Unernst.

Andererseits genießt der Rezipient nicht nur den Unernst, der aus der Wiederholung des Inhaltes im kitschigen Werk entsteht, sondern den seiner Handlung an sich. Er weiß, dass er immer wieder, wenn er will, noch ein kitschiges Werk lesen und den dem Kitsch eigenen Genuss erleben kann. Die Tatsache, dass sein Erlebnis als nicht einmalig gegeben ist, sondern sich immer wiederholen kann, wirkt auf ihn entspannend. Er muss sich für keine einmalige Erfahrung anstrengen, um daraus etwas Tiefgründiges zu erleben. Sollte er mit dem Werk unzufrieden sein, braucht er nicht enttäuscht zu sein, denn er kann jederzeit zu einem anderen greifen. Hier hat sein Genuss dann wieder eine Affinität zu dem am Spiel. Er kann mit dem kitschigen Werk wie ein spielendes Kind mit Sand weiter spielen, obwohl es keinen Sinn für das Leben macht.

Zuletzt lässt sich die Kategorie B auch unter dem Aspekt des Selbstbewusstseins des Rezipienten beschreiben. Wenn Rezipient B sich mit einem kitschigen Gegenstand beschäftigt, ist ihm dabei nicht aktiv bewusst, dass er dabei erlebt, einen Gegenstand zu mögen. Diese Tatsache ist in seinem Bewusstsein kein vordergründiges Thema, sondern es ist in den Hintergrund gerückt. Oder um es mit Sartre zu sagen: Es ist nicht auf der Ebene des „thetischen Bewusstseins“. Der Rezipient versinkt beim Genießen eines Gegenstandes in diesen, es gibt in diesem Moment kein „Ich“. Das Bewusstsein über sich selbst wird abgeschaltet, das Subjekt konzentriert sich nur auf das Objekt. In ihm bleibt nur das Vergnügen. Es ist gewissermaßen unbefangen, weil es nicht vom Bewusstsein erfasst wird. Dieses Vergnügen wird nicht in den Mittelpunkt des Bewusstseins gestellt und dadurch nicht objektiviert. Jedoch ist nicht zu verkennen, dass der Rezipient B weiß, dass der Gegenstand Kitsch ist. Wenn er über seinen Geschmack zum Kitsch bewusst entscheidet, dürfte er Freiheit im Verhältnis zu seinem Gegenstand bzw. seinem Erlebnis haben. Er kann sich zu ihnen distanzieren und in diesem Sinne damit spielerisch umgehen. Insoweit ist er von den Rezipienten zu unterscheiden, die auf Kitsch zugreifen, weil sie keine andere Alternative haben.

3.4.2.2 Die Kategorie C

Die Rezipienten dieser Kategorie unterscheiden sich dadurch von den Rezipienten B, dass in ihnen die Tatsache, dass sie von Kitsch angetan sind, als ein „thetisches Bewusstsein“ fungiert. Je nachdem, wie dieses Bewusstsein sich zum Gegenstand verhält, wird die Eigenschaft des Genusses wie folgt in zwei Typen unterteilt.

Rezipient C.1 sagt: „das ist Kitsch, das gefällt mir“, obwohl ihm der Widerspruch bewusst ist. Wenn man aber bewusst etwas Widersprüchliches äußert, muss diese Handlung noch mehr Bedeutung haben, als sich selbst als ein ästhetisches Subjekt zu darzustellen (siehe Abschnitt 2.2.2). Was tut der Rezipient, wenn er sagt „das ist Kitsch, das mag ich gern“? Ganz entscheidend dabei ist, dass er weiß, wie Kitsch im Allgemeinen ästhetisch bewertet wird und was die anderen Leute davon halten, wenn jemand eine Vorliebe für Kitsch hat.

Um diese Art von Genuss zu erklären, ist es hilfreich, künstlerische Strömungen wie Camp oder Pop-Art einzubeziehen, in denen Kitsch als ein Teil oder sogar als das Ganze eines Werkes erscheint. Diese Kunstrichtungen verwenden auf solche Weise Kitsch als künstlerisches Mittel für ihr spezifisches Kunstkonzept.

Diese Tendenz wurde schon in den avantgardistischen Werken am Anfang des 20. Jahrhunderts zum Ausdruck gebracht. Sie spitzt sich dann bei Camp zu und ist anschließend in die moderne Kunst weiter eingedrungen. So ist es nicht schwer, in der zeitgenössischen Kunst sozusagen „Kitschkunst“ zu sehen oder wenigstens angewandte Kitschelemente zu entdecken. Konrad Paul Liessmann erwähnt diesbezüglich von „der Nobilitierung des Kitsches“. Er beschreibt die Wandlung des Kitsches in die Kunst wie folgt:

> „Die Nobilitierung des Kitsches eröffnet allerdings ein weites Spektrum von außerordentlich delikaten Konsequenzen. Denn nicht nur werden dadurch die einstens verpönten Strategien zur Erzeugung von Kitschprodukten zu innovativen ästhetischen Verfahren, die austauschbaren Produkte der Kitschindustrie werden in einer Zeit, der Kitsch zur Kunst wird, zwangsläufig in den Rang von oft unerreichten Originalen erhoben.“ [51]

Die scheinbare Affinität zwischen historischer Avantgarde und Kitsch beruht auf dem stilistischen Element, in Abgrenzung zu herkömmlichen Kunstkonzepten viele „profane“ und triviale Stoffe und Formen zu verwenden. Die Avantgarde zielte dabei mit den „kitschigen“ Elementen auf eine Abgrenzung zu konservativen Werten der bürgerlichen Gesellschaft. Man wollte etwas Neues in Kunst, Politik und in den Gedanken der Zeitgenossen hervorrufen.[52] Ein

---

51 | K.P. Liessmann: Kitsch! Oder warum der schlechte Geschmack der eigentlich gute ist, Wien 2002, S. 18.

52 | C. Greenberg: Avantgarde und Kitsch, S. 30- 38.

ähnliches Motiv ist auch später in noch spezialisierter Form in der Pop-Art zu finden. Hier ist die direkte Kritik an der Gesellschaft nicht sichtbar, aber die kritische Funktion wird weithin angenommen. Liessmann erfasst sie: „Natürlich ließe sich einwenden, dass der Kitsch in der Kunst im Gegensatz zum Kitsch im Leben ironisches und damit kritisches Zitat sei. Und in der Tat lassen sich jene Kitsch-Artisten auch leichter in den kritischen Kunstdiskurs einfügen, an denen solch ein entlarvender Unterton ablesbar ist."[53] Liessmann führt dazu ein Beispiel aus der Literatur an:

„Wenn Marlene Streeruwitz ihren Roman *Lisa's Liebe* in mehreren Folgen ganz im Stil eines Heftchen-Romans erscheinen ließ, den falschen Genetiv-Apostroph inklusive, dann konterkarierte der unübersehbare sozialkritische Gestus doch deutlich die demonstrative Aneignung von Sprache und Sujet der Kitsch-Literatur."[54]

Der Einzug des Kitsches in die Kunstszene beschränkt sich aber nicht auf die teilweise Anwendung von dessen Elementen. Es geht so weit, dass sich das ganze Werk im Aussehen vom Kitsch nicht unterscheidet. Wie sich ein Werk, das „bloß" eine vollkommene Kopie ist, vom Kitsch abgrenzt und als Kunst angenommen werden kann, erklärt Stefan Römer. Er verweist unter anderem auf die Fotos von Richard Prince, der 1977 Fotos aus einer Marlboro-Werbung ohne weitere Bearbeitung reproduzierte, die „Untitled (Cowboy)". Römer erklärt dabei, wie solches Werk kritische Implikationen vermittelt: „Von der kritischen Kunsttheorie wurde die subtile Kritik von Prince' postmoderner Fotographie am Warenfetischismus hervorgehoben und als strategisch affirmative Kritik der Konsumgesellschaft interpretiert."[55]

Ob ein Werk als Kitsch mit „Anführungszeichen" gelten soll oder als echter Kitsch, das ist vom Kontext abhängig, der meist außerhalb des Werks funktioniert. Beispielsweise spielt es eine Rolle, ob ein solches Werk in einer Galerie für Kunst aufgestellt oder von den Kritikern als solche interpretiert wird.

Der „Kitsch" ist hier ein bewusstes und reflektiertes Stilelement. Die Rezipienten dieser Kunstrichtungen bzw. die Künstler sehen im Grunde die Werke nicht als bloßen Kitsch an, sondern als eine künstlerische Arbeit. Die Rezipienten bzw. die Künstler dieser Kategorie sind darum naiv vom Kitsch angetan. Es kann sogar sein, dass sie persönlich Kitsch gar nicht mögen. Um ihre Ironie auszudrücken oder um zu kritisieren, tun sie nur so, als würden sie ihn gern mögen. Sie wollen dabei ihre Einstellung zum Kitsch demonstrativ zei-

53 | K. Liessmann: Kitsch!, S. 19.

54 | K. Liessmann, a.a.O., S. 10 (Herv.i.O.).

55 | S. Römer: Über die Unzeitgemäßheit des Begriffs „Kitsch". Strategien der Popularisierung in der zeitgenössischen Kunst, in: W. Braungart (Hg.): Kitsch. Faszination und Herausforderung des Banalen und Trivialen, Tübingen 2002, S. 243.

gen, denn sie wissen, dass das wie ein Alibi fungiert, durch das sie gegenüber Kitsch keinen naiven Genuss empfinden würden, sondern eine reflektierte Distanz behielten.

Der Rezipient C.2 macht eine eigene Kategorie aus, weil sein Gefallen am Kitsch in ihm nicht in den Hintergrund des Bewusstseins gerückt ist. Trotzdem mag er Kitsch nicht aus ironischen oder provozierenden Gründen wie bei C.1. Seine Vorliebe für Kitsch ist ähnlich wie bei Rezipient X. Er findet ihn einfach schön. Er will seine Vorliebe für Kitsch auch nicht demonstrativ zeigen wie C.1. Er zeigt „normal" seinen Geschmack, wie ein Kunstliebhaber ihn ausdrückt. Trotzdem kann sein Bewusstsein in ihm selber nicht ausblenden, dass er Kitsch gern mag. Anders als Rezipient B, der auch in dem Bewusstsein, dass etwas Kitsch ist, seine Vorliebe ruhig genießen kann, findet er diese Ruhe nicht. Als ein Grund kann vermutet werden, dass Rezipient C.2 seinen Genuss so ernst nimmt wie ein Kunstliebhaber. Er ist wie ein Mensch, der weiß, dass er wach ist, aber trotzdem weiter träumen will.

Als Beispiel für C.2 sei „Pure Camp" genannt. Nach Susan Sontag muss man zwischen naivem und bewusstem Camp unterscheiden[56]: „Pure Camp is always naive. Camp which knows itself to be Camp (‚camping') is usually less satisfying."[57] Und weiter: „The pure examples of Camp are unintentional; they are dead serious. The Art Nouveau craftsman who makes a lamp with a snake coiled around it, is not kidding, nor is he trying to be charming. He is saying, in all earnestness: Voila! The Orient!"[58]

Der Bewertung Liessmanns sind hierzu noch die Werke von Pierre et Gilles oder Jeff Koons hinzufügen. Liessmann weist darauf hin, dass diese auf Ironie verzichten:

„Ob allerdings die hemmungslos affirmative Kitsch-Ästhetik etwa von Pierre et Gilles oder Jeff Koons schon deshalb als misslungen gewertet werden kann, weil sie die ironische Distanz vermissen lässt, scheint fraglich. Denn es könnte durchaus sein, dass gerade erst im Verzicht auf Ironie das Prinzip des Kitsches seine ästhetische Potenz in der Kunst entfalten kann."[59]

Hier ist die Vorliebe zum Gegenstand nicht distanziert, hat darum auch keinen Spielcharakter. Sie werden vom Gegenstand hingezogen und müssen ihn lieben, haben keinen Spielraum mit ihm. Die Rezipienten wie die Künstler dieser Kategorie haben nie eine solche Freiheit zum Gegenstand wie die der Kategorie B.

56 | S. Sontag: Notes on „Camp" in: Dies.: Against Interpretation and other Essays, New York 1966, S. 282.

57 | S. Sontag, ebd. (Herv.i.O.).

58 | S. Sontag, ebd.

59 | K. Liessmann: Kitsch! S. 20-21.

4. Der Unernst des Kitsches: Der Unernst der Disney-Kuckucksuhr

> „Kitsch wäre die Kunst, die nicht ernst genommen werden kann oder will und die doch durch ihr Erscheinen ästhetischen Ernst postuliert."[1]

4.1 Einführung: Der Unernst des Kitsches

Ein Teller, auf dem ein Porträt von Prinz Charles abgebildet ist; eine Kuckucksuhr, die beim Glockenschlag Disneyfiguren wie Goofy, Micky Mouse oder die drei kleinen Schweinchen zu einem Rundgang herauslässt; ein Kugelschreiber, in dem ein Schiff fährt; ein Bierkrug mit dem Kopf von Bismarck; ein flackernder Kamin auf einem Bildschirm in einem Café. Diese Dinge existieren auf der Welt parallel zu den nüchtern „normalen" Tellern, Uhren, Kugelschreibern, Kunstwerken usw. Sie unterscheiden sich von den „normalen" Dingen und Kunstwerken und machen eine eigene Gattung aus. Sie werden als Kitsch bezeichnet. Im Vergleich zu den „normalen" Sachen gelten sie für gewöhnlich als trivial, unwichtig, scherzhaft, leichtsinnig: Sie wirken allgemein nicht ernst. Auf den ersten Blick scheint der Unernst des Kitsches so schlüssig zu sein, dass eine Erklärung unnötig erscheint. Trotzdem soll im Folgenden die Frage aufgeworfen werden, auf welche Weise der Kitsch nicht ernst ist. Der Grund, aus dem dieser Frage nachgegangen werden soll, ist, dass dies nicht nur ein Merkmal von vielen ist, die den Kitsch auszeichnen, sondern einen Angelpunkt für die Erhellung dessen ausmacht, was Kitsch überhaupt ist.

In welcher Weise ist der Kitsch also nicht ernst? Zunächst sind die gewöhnlich genannten Gründe anzuführen. So werden die stilistischen Merkmale des Kitsches als Beweis dafür vorgelegt, dass es hier nicht um Kunst gehe: Die überladene und überflüssige Ausdrucksweise des Kitsches oder die hartnäckigen Wiederholungen einer Beschreibung, etwa des Äußeren eines Protagonis-

1 | T.W. Adorno: Ästhetische Theorie, S. 466.

ten, dienen als ausreichender Grund dafür, dass Kitsch so lächerlich wirkt, dass er nicht ernst genommen wird und werden soll.

Zudem trägt die Botschaft, die der Kitsch vermittelt, dazu bei, seinen lächerlichen Eindruck zu formen. Ein Kitschstück, wie beispielsweise ein „Frauenroman", gibt sich inhaltlich seriös. Solch ein „Frauenroman" vermittelt, wenn er überhaupt etwas Geistiges vermitteln sollte, nur eine klischeehafte moralische Lehre. Diese wirkt aber so banal, dass sie im Endeffekt keine geistige Anregung gibt. Kurz, das übertriebene Interesse an den sinnlichen Beschreibungen im Stil und die abgegriffenen Botschaften im Inhalt geben insgesamt dem Kitsch einen lächerlichen Eindruck.

Diese Auffassung über den Unernst des Kitsches bezieht sich allerdings auf einen bestimmten Blickpunkt von mehreren möglichen: Dieser Blickpunkt richtet sich hauptsächlich auf die künstlerische bzw. kulturelle Bedeutung, die der Kitsch hat. Er geht die externe Seite des Kitsches an, nämlich inwieweit dieser im Kunstmilieu Wirkung ausübt bzw. welche Bedeutung er dort besitzt. Wenn man sagt, dass Kitsch nicht ernst ist, besagt es der Einschätzung dieser Sichtweise nach, dass der Beitrag oder die Leistung des Kitsches in der Kunstszene so lächerlich ist, dass er gering geschätzt werden muss.

Der Unernst des Kitsches hat aber nichts mit dieser Sichtweise zu tun. Mit dem Unernst des Kitsches ist vielmehr die interne Seite gemeint, also der Unernst, den der Kitsch aus seiner inneren Struktur her erzeugt. Der Kitsch (und dort unter anderem die kitschigen Gebrauchsgegenstände), so wird nachfolgend gezeigt, ist nicht nur unernst, weil er als Triviales behandelt werden kann, sondern er ist auch nicht ernst in dem Sinne, als würde er sagen wollen, „ich meine es nicht im Ernst".

Es drängt sich dabei die Frage auf, ob man über den Kitsch, also über ein kitschiges Ding, das an sich keine Intention haben kann, so sprechen darf, als wäre es Subjekt einer Handlung. Hierbei muss man bedenken, dass ein Kitschstück, egal ob als Artefakt oder Kunst, unter dem Gesichtspunkt betrachtet werden kann, dass es etwas vermitteln will. Es ist durchaus üblich, dass man bei einem Kunstwerk fragt, was es sagen will, als wäre es ein Subjekt, das eine Intention hat. Es wird daher von der üblichen Wortverwendung nicht abgewichen, wenn beim Kitschstück die Frage formuliert wird, was der Kitsch in einem bestimmten Fall oder per se als solcher sagen will und ob es selber ernst sein will oder nicht.

Zunächst die leitende Fragestellung: Was soll es heißen, wenn gesagt wird, dass der Kitsch nicht ernst ist? Bei näherer Betrachtung entdeckt man, dass der Unernst der kitschigen Gegenstände nicht immer in derselben Weise wirkt. Zum Beispiel unterscheidet sich der Unernst einer Disney-Kuckucksuhr von dem eines Arztromans. Erstere scheint einigermaßen deutlich darauf zu zielen, einen lustigen Eindruck zu machen und damit eine heitere Atmosphäre zu erzeugen. Demgegenüber scheint der Arztroman ein solches Ziel nicht zu haben. Er will anscheinend im Gegenteil einen ernsten Eindruck machen, unabhängig davon, wie erfolgreich diese Absicht letztendlich ist. Hier ist eine spielerische oder scherzhafte Absicht offenbar kaum auffindbar. Wenn dieser Eindruck nicht trügt, scheint es erst einmal nicht nötig zu sein, den unernsten Charakter der Uhr extra zu begründen. Hingegen bedarf es beim Arztroman einer Erklärung, weshalb man behaupten kann, dass auch er nicht ernst ist, obwohl er seiner Intention nach durchaus ernst zu sein scheint. Hier scheint es also nicht um die Intention, nicht ernst wirken zu wollen, zu gehen, sondern um das unglückliche Scheitern der Absicht, ernst zu wirken.

Angesichts dieser verschiedenen Arten des Unernstes entsteht das Bedürfnis, die beiden Fälle getrennt voneinander zu betrachten. Die unterschiedliche Art und Weise, wie der Unernst wirkt, lässt sich teilweise auf einen zwar nur geringen, aber durchaus prägenden Unterschied der beiden zurückführen: Die Disney-Uhr gehört zu den Gebrauchsgegenständen, während der Arztroman eine Form der Kunst ist. (Allerdings ist er in seiner literarischen Qualität nicht vergleichbar mit einem „normalen" Roman. Viele würden einen solchen Vergleich bereits als Beleidigung für die Kunst ansehen. Gleichwohl wird er in der Form eines Romans veröffentlicht wie andere Literatur.) Aufgrund dieser Unterschiede wird zunächst der Unernst der kitschigen Gebrauchsgegenstände näher betrachtet. Das Thema, wie der Arztroman trotz seines nicht-spielerischen Eindrucks, den er vermitteln will, unernst ist, wird dann anschließend behandelt.

4.2 Der Ernst und der Unernst einer Disney-Kuckucksuhr

Was bedeutet es überhaupt, wenn man sagt „Diese Uhr ist nicht ernst"? Eine erste Überlegung dazu, worauf der Satz semantisch hinweist, führt zu einem Vergleich mit einer „normalen" Uhr. In der Regel redet man bei einer Uhr nicht davon, ob sie ernst ist oder nicht. Eher spricht man davon, ob eine Uhr gut oder teuer ist oder ob sie funktioniert. Noch konkreter wird normalerweise eine Uhr anhand ihres Zwecks beurteilt und gesagt, dass die Uhr tauglich ist, wenn sie ihren Zweck erfüllt. In diesem Fall sagt man aber nicht, dass die Uhr deswegen ernst ist. Da die Disney-Kuckucksuhr zweifellos eine Uhr ist, sollte man also eigentlich auch nicht darüber sprechen können, ob sie ernst ist oder nicht. Aber bei dieser ist es keineswegs merkwürdig davon zu reden, dass man sie nicht ernst findet. Wie ist es möglich, hier über Ernst und Nicht-Ernst zu sprechen? Worin steckt der Unernst der Disney-Kuckucksuhr?

Eine Antwort darauf könnte sein, dass die auf der Uhr verwendeten Figuren wie Goofy oder Micky Mouse gleich an Kinder erinnern, die sich hierfür am meisten begeistern. Die Gegenstände, die vornehmlich Kindern gefallen, werden ja üblicherweise nicht ernst genommen. Wenn man jedoch daraus einfach schlösse, dass der Unernst der Disney-Uhr von ihrem kindlichen Zug rührt, wäre dies ein zu oberflächliches Ergebnis.

Es soll nochmals der Besonderheit der Disney-Kuckucksuhr Aufmerksamkeit geschenkt werden, dass sie nicht nur eine Funktion als Uhr (Zeitanzeige) hat, sondern auch als Schmuck fungiert. Dieses Merkmal teilen tatsächlich zahlreiche so genannte kitschige Gebrauchsgegenstände. So zeichnen sich ein Krug mit Bismarckkopf oder ein Teller mit Prinz Charles' Gesicht ebenfalls dadurch aus, dass sie Gebrauchsgegenstände sind und gleichzeitig einen schmückenden Aspekt enthalten.

Wenn der praktische Nutzen nicht unter dem Gesichtspunkt „ernst oder nicht-ernst" betrachtet werden kann, kann man dann dem Aspekt des Schmückens den Unernst der kitschigen Gegenstände zuschreiben? Um darauf zu antworten, ist zunächst in Erinnerung zu rufen, dass das Schmücken im Grunde genommen aus der Motivation herrührt, etwas schöner zu machen. Diese Motivation darf im weitesten Sinne eine ästhetische genannt werden, da man sich für etwas Schönes interessiert. Insofern die Disney-Kuckucksuhr in solch ästhetischer Hinsicht gesehen werden kann, darf man sie auch als einen ästhetischen Gegenstand bezeichnen. Dabei ist selbstverständlich zu beachten, dass eine solche Uhr wirklich hierfür gehalten werden kann. Denn bei ästhetischen Gegenständen denkt man üblicherweise an Kunstwerke. Nichtsdestoweniger muss man sagen, dass sowohl ein Kunstwerk Picassos wie auch die Disney-Uhr sich zumindest in dem Punkt ähnlich sind, dass sie beide einem ästhetischen Zweck dienen. Natürlich ist der Grad des Ästhetischen beider nicht vergleichbar, aber beiden ist gemeinsam, dass sie daraufhin eingeschätzt werden können, ob sie schön sind oder nicht.

Welchen Beitrag leistet die Erkenntnis, dass auch die kitschigen Gegenstände zum ästhetischen Bereich gehören können, zur Antwort auf die obige Frage, ob ihr Unernst dem Aspekt des Schmückens zuzuschreiben ist? Wenn auch die kitschigen Gegenstände zu den ästhetischen gezählt werden können, kann auf den Fall der Kunst zurückgegriffen werden,[2] um herauszufinden, ob und was im ästhetischen Bereich allgemein über den Unernst ausgesagt wird. Wenn dies für die Kunst, also dem ausschließlich der Ästhetik gewidmetem Bereich, geklärt werden kann, sollte daran anschaulich werden, wie sich der Unernst mit dem ästhetischen Anspruch verhält und das Ergebnis auf den Fall des Kitsches übertragbar sein. Darum folgt im Anschluss die Auseinandersetzung mit den Fragen, wie es sich mit Ernst und Unernst bei der Kunst verhält und was es bedeutet, wenn die Kunst nicht ernst ist.

---

2 | Braungart wählt eine ähnliche Strategie für seine Untersuchung: „Von Kitsch zu sprechen, scheint also erst dann sinnvoll, wenn man auch von Kunst sprechen kann." (W. Braungart: Kitsch, S. 3)

4.2.1 Die Bedeutungen des Unernstes der Kunst

Es ist unvermeidbar nicht auch die Frage nach der Bedeutung des Ernstes der Kunst zu stellen, um die Bedeutung ihres Unernstes herauszustellen. So werden im Folgenden der „Ernst" und der „Unernst" gemeinsam geklärt, wobei drei wichtige Bedeutungen behandelt werden.

4.2.1.1 Die ernste Kunst: Der Wahrheitsanspruch

Die ernste Kunst gilt seit jeher als eine, die etwas Wahres enthält und vermittelt. Ein guter Hinweis darauf ist schon in einer Phrase Aristoteles' zu finden. Laut diesem ist das Gedicht philosophischer als die Geschichte; „Die Dichtung nämlich stellt eher etwas Allgemeines, die Geschichtsschreibung Einzelnes dar."[3] So soll das Gedicht Aristoteles zufolge das Wesen der Sache offenbaren, das in der Realität nicht unmittelbar zu sehen ist. Dadurch stelle das Gedicht etwas Ideales dar.[4] Diese Ansicht wurde weiter in verschiedene Formen tradiert und ist vor allem im Kunstkonzept der Moderne gut erkennbar. Die Kunst ist nämlich zu einem wichtigen Organ geworden, das diesbezüglich einen tief greifenden Sinn zu Tage bringt. Der Kunst kommt damit die Aufgabe zu, etwas Wahres oder die wesentliche Bedeutung der Sache zu vermitteln, anstatt die Sache „bloß" schön darzustellen. Von diesem Gesichtspunkt aus betrachtet ist die Kunst ernst, die einen solchen Wahrheitsanspruch erfüllt. Dahingegen wird jene Kunst als nicht ernst angesehen, die dem nicht entgegenkommt. Solche Kunst wird üblicherweise als unintellektuell, nur dem Spaß dienend abgewertet.

4.2.1.2 Der Ernst der Kommunikation

Hieran anschließend ist eine weitere, bedeutsame Facette des Ernstes der Kunst zu erwähnen. In der modernen Kunst gibt es Werke, deren Inhalt leer und sinnlos erscheint. Bei solchen Stücken ist es nicht einfach, zu einer Vermutung darüber zu gelangen, welchen Sinn das Werk vermitteln will. Was will John Cage dem Publikum mit dem Stück „4'33" (1952) zeigen oder es hören lassen? Welchen Sinn kann man dem „Weißen Quadrat" (1919) von Malewitsch entnehmen? Wenn man dies nur werk-immanent verstehen will, sieht es nicht sehr viel versprechend aus. Wenn man aber über das Werk hinausblickt, zeigt

---

3 | Aristoteles, Poetik [Kapitel 9], 1451b 7-8, übersetzt und erläutert von A. Schmitt, Bd. 5, hg. von H. Flaschar, Darmstadt 2008, S. 14.

4 | Aristoteles, Poetik [Kapitel 25], 1460b 8-12, S. 36-37 (Herv.i.O.): „Sofern der Dichter etwas nachahmt – genauso wie ein Maler oder ein anderer bildender Künstler–, hat er genau drei <mögliche Arten von Gegenständen>, von denen er immer eine bestimmte wählen muss: entweder er stellt etwas so dar, wie es war oder ist, oder so, wie man sagt und meint <, dass es ist>, oder so, wie es sein müsste."

sich, dass das Musikstück in einer richtigen Konzerthalle „gespielt“ wurde und dass das Bild in einer Galerie ausgestellt worden ist. Sie wurden dem Publikum zum Anhören bzw. Anschauen präsentiert. Das zeigt, dass die Werke etwas zu „sagen“ hatten. Ansonsten wären sie „schweigsam” gewesen, also nicht ausgestellt oder einem Publikum gezeigt worden. Es kann hier zwar nicht weiter darauf eingegangen werden, was sie sagen wollten. Aber es kann durchaus behauptet werden, dass die beiden Künstler bewusst die von gewöhnlichen Sinnzusammenhängen abweichenden Werke geschaffen haben und dadurch *kommunizieren* wollten. Wenn einem also die Werke auch an sich absurd vorkommen mögen, so ist doch wenigstens die Absicht der Werke, etwas zu vermitteln und zu kommunizieren, ernst. Auch das Absurde Theater lässt sich in demselben Kontext verstehen. Hier ist die Sprache oft so bruchstückhaft, dass sie keinen rationalen Sinn ergibt. Es ist die Darstellungsweise, mit der das Stück etwas sagen und dadurch einen Sinn schaffen will. In dieser Hinsicht kann man sagen, dass es ernst ist. Bei diesen Werken ist „der Unernst“ selbst ein Ausdrucksmittel. Wenn auch ein Stück inhaltlich nichts zeigt oder nur spielerisch aussieht oder sehr oberflächlich wirkt, so kann es doch außerhalb des Rahmens als ernst angesehen werden. Die Kunst, die von dem traditionellen Kunstkonzept abweichend etwas „Absurdes“ zu zeigen versucht, präsentiert etwas auf performative Weise. Der Rahmen der Kunst verleiht dieser stets einen Sinn von Kunst, ungeachtet davon, ob beabsichtigt oder nicht. In Anbetracht dessen ist die Kunst wieder ernst, indem sie aufrichtig die Absicht hat, etwas zu vermitteln.

4.2.1.3 „Nicht real“ im Sinne der Rahmentheorie

Um auf die dritte Bedeutung des Ernstes einzugehen, sei als Beispiel eine Szene in einem Theaterstück genommen, in der ein Mann erstochen wird. Es gibt wohl kaum ein Publikum, das glaubt, dass dies auch wirklich passiert. In diesem Sinne kann man sagen, dass es nicht ernst ist. Also, es ist kein Ereignis, das in der Wirklichkeit passiert, es ist nicht echt. Diesbezüglich darf die Kunst natürlich nicht als unernst angesehen werden. Was nicht wahr ist, sind die Ereignisse in der Kunst, nicht die Kunst an sich. Die Kunst ist im Gegenteil manchmal wirklicher als eine mögliche Wirklichkeit. Damit das Ereignis auf der Bühne als nicht-real wahrgenommen wird, muss aber eine Bedingung erfüllt sein: Man muss explizit oder implizit die Kunst von der Nicht-Kunst differenzieren können. Die Ereignisse in der Kunst haben also einen eigenen ontologischen Status, der sich von dem der realen Ereignisse abhebt. Erst mit dieser Unterscheidung kann die Kunst als solche existieren. Das heißt, wenn jemand die Kunst als eine solche erkennt, hat er schon die Fähigkeit zur Unterscheidung, was real ist und was nicht. Wenn jemand aber an dieser Differenzierung scheitert und den Mord auf der Bühne als einen echten wahrnimmt, wird er die Kunst nicht mehr als solche genießen können.

Folgendes Ereignis kann dafür als anschauliches Beispiel dienen: Zwei Männer wurden in Pennsylvania, USA, von zwei anderen Männern überfallen, die daraufhin von verhaftet wurden. Die beiden Männer behaupteten nun, dass sie den Überfall mit einem Smartphone für die Reality-Show „you just got robbed" gedreht hätten und dies deshalb kein echter Überfall, sondern nur eine Show gewesen sei.[5] Sie beteuerten also ihre Unschuld, indem Sie ihr Handeln nicht unter der Kategorie des Überfalls, sondern unter der des Show-Programms eingeordnet haben. Zwar handelt es sich bei dieser Geschichte nicht um Kunst, aber das Geschehen zeigt deutlich, dass Kunst bzw. Show erst aufgrund der Unterscheidung von Realität und Nicht-Realität überhaupt als solche erkannt werden kann.

Das Phänomen kann mit dem Begriff „Rahmen" nach Erving Goffman interpretiert werden. Unter „Rahmen" (*Frame*) versteht er „die Lokalisierung, Wahrnehmung, Identifikation und Benennung einer anscheinend unbeschränkten Anzahl konkreter Vorkommnisse".[6] „Wenn der einzelne in unserer westlichen Gesellschaft ein bestimmtes Ereignis erkennt", so Goffman, „neigt er dazu – was immer er sonst tut –, seine Reaktion faktisch von einem oder mehreren Rahmen oder Interpretationsschemata bestimmen zu lassen, und zwar von solchen, die man primäre nennen könnte".[7] Und weiter: „Ein primärer Rahmen wird eben so gesehen, dass er einen sonst sinnlosen Aspekt der Szene zu etwas Sinnvollem macht."[8] Wenn der einzelne einen primären Rahmen hat, habe er sich ein Bild davon gemacht, was vor sich geht.

Die Handlungen im primären Rahmen seien „wirklich, geschähen tatsächlich oder eigentlich".[9] „Werden solche Handlungen etwa auf der Bühne moduliert, so kommt etwas zustande, was nicht wirklich oder eigentlich geschieht."[10] Wenn man nur die Handlungen der beiden Männer im obigen Beispiel betrachtet, ist kaum zu unterscheiden, ob es sich um einen Raubüberfall oder um eine Show handelt.[11] Mit Goffmans Hinweis jedoch lässt sich das

---

5 | M. Locker: ‚You Just Got Robbed': Thieves Make Up Fake Reality Show to Hold Up Pizzeria, in: Time Online: URL: http://newsfeed.time.com/2012/08/07/you-just-got-robbed-thieves-make-up-fake-reality-show-to-hold-up-pizzeria/ (Stand 07.08.2013).

6 | E. Goffman: Primären Rahmen, in: Ders.: Rahmen-Analyse. Ein Versuch über die Organisation von Alltagserfahrungen. Frankfurt a.M. 1977, S. 31.

7 | E. Goffman, ebd.

8 | E. Goffman, ebd.

9 | E. Goffman, a.a.O., S. 59.

10 | E. Goffman, ebd.

11 | Baudrillard führt einen sehr ähnlichen Fall als Beispiel an: „Wenn man beispielsweise einen Kaufhausdiebstahl simuliert, wie kann man den Hausdetektiv davon überzeugen, dass es sich nur um einen simulierten Diebstahl gehandelt hat? Es gibt keine ‚objektive' Differenz: ein simulierter Diebstahl operiert mit den gleichen Gesten, den

Verhältnis zwischen Kunst bzw. Nicht-Kunst auf der einen Seite und Realität bzw. Nicht-Realität auf der anderen Seite noch näher erklären. Auf der Ebene, auf der man eine Reihe von Handlungen als Kunst kategorisiert, ist die Kunst nach der Erklärung Goffmans real, ist an sich wirklich. Man identifiziert mit der Benennung der Kunst das, was vor sich geht. Die Kunst als ein reales Ereignis bezieht sich also auf den primären Rahmen und geschieht in Wirklichkeit, ist also echt. Aber die Handlungen in der Kunst sind nicht real.[12] Ein Schauspieler, der einen Arm hebt, hebt diesen auch tatsächlich, wobei jemand, der seinen Arm hebt, um seine Frau zu erstechen, dies nicht als Schauspieler, sondern in seiner Rolle als Othello macht.

Bei diesem Sachverhalt ist die Dialektik von Ernst und Unernst des Rahmens zu erkennen. So ist es abhängig von der Stelle, an der man steht, ob es Ernst oder zum Beispiel bloß ein Spiel ist. Was man innerhalb des Rahmens sieht, erscheint verschieden von dem, was man außerhalb des Rahmens erkennt. Was man von draußen, also außerhalb des Rahmens wahrnimmt, kann man innerhalb dessen nicht beobachten. Manchmal ist man, wenn man drinnen ist, sich auch nicht bewusst, dass das, was man sieht, nur von innen her gesehen wird. Dies erklärt sich auch aus dem Wesen des Rahmens: Ein Rahmen ist ja per definitionem etwas, das erst von außerhalb als solcher gesehen werden kann. Damit man ein Ereignis zum Beispiel als Spiel identifizieren kann, muss man außerhalb des Rahmens stehen; also braucht man ein Draußen, um ein Spiel als solches zu erkennen. Eine Reihe von Handlungen bekommt erst durch die Rahmenziehung oder Eingrenzung ein und dieselbe semantische Bedeutung: Alles, was innerhalb eines Rahmens geschieht, wird unter der Etikettierung des Rahmens eine gleiche Bedeutung besitzen. So gibt es keine Handlung, die im Rahmen des Spiels steht und zugleich kein Spiel ist. Solange ein Spiel authentisch wirkt, wird der Rahmen auch geschlossen sein, die Grenze zwischen Spiel und Nicht-Spiel ist dann klar.

Die Kunst wirkt ebenfalls als solche, wenn sie innerhalb eines Rahmens bleibt. Erst durch diese Rahmenziehung kann eine Reihe von Handlungen als Kunst erkannt werden.

---

gleichen Zeichen wie ein realer. Sie lassen sich keiner der beiden Seiten zuordnen. Für die etablierte Ordnung gehören sie daher zur Ordnung des Realen." (J. Baudrillard: Agonie des Realen, Berlin 1978, S. 36 [Herv.i.O.])

12 | Dies lässt sich auch auf den Kontext des Spiels übertragen, woran sich Batesons Theorie der Phantasie des Spiels anschließt. Gebauer erklärt dabei den Sachverhalt wie folgt: „Innerhalb des Spielrahmens geschieht eine Handlung, die das, was sie darstellt, ist und auch wieder nicht ist. Ein Kuss im Spiel ist ein Kuss, aber er ist doch nur eine Spielhandlung – er ist zum einen eine Handlung der Liebe, zum anderen eine Handlung der Nicht-Liebe, nämlich als Handlung eines Schauspiels." (G. Gebauer/C. Wulf: Das Spiel, S. 193)

Anzumerken ist, dass mit dem Wort Wirklichkeit auf keinen Fall behauptet werden soll, dass eine ontologische Basis für eine objektive Erkenntnis existiert, die unter bestimmten Bedingungen von jedermann in derselben Form erkennbar ist. Zudem hat das Wort auch nichts mit der Ansicht zu tun, die Wirklichkeit als in einem nicht mehr hintergehbaren, absolut äußersten Rahmen existierend zu erfassen. Ein solches Verständnis von der Wirklichkeit würde dazu führen, dass man die Existenz einer realsten Wirklichkeit, also *der* Wirklichkeit postuliert, die als endgültige Instanz fungiert. Dies kann in diesem Rahmen nicht weiter diskutiert werden, deshalb soll nur gesagt sein, dass es diese Grenze gibt, mit der das Innen vom Außen unterschieden werden kann, gleichgültig ob es sich um Kunst, Metapher, Spiel, Traum usw. handelt.[13] Es kann hier zwar nicht festgestellt werden, was die Realität ist, oder ob es die Realität als einen äußersten Rahmen gibt; es kann aber gesagt werden, dass generell eine Wirklichkeit von einem Traum, der Kunst, einem Spiel usw. mehr oder weniger unterschieden werden kann und in diesem Sinne eine Wirklichkeit wirklicher ist als ein Traum. Auch Goffman wird sich dessen bewusst und sagt: „Wenn man also vorsichtig sein will, sollte man vielleicht die Ausdrücke ‚tatsächlich', ‚wirklich' und ‚eigentlich' nur in dem Sinne verstehen, dass die betreffende Handlung nicht stärker transformiert ist, als es für sie als gewöhnlich und typisch gilt."[14]

Häufig wird angenommen, dass anhand der materiellen Bedingungen wahrgenommen werden kann, was Wirklichkeit ist und was nicht. So denkt man, dass ein Ereignis umso realistischer ist, je mehr es mit den materiellen Befunden verbunden ist. Wenn beispielsweise in einem Kampfspiel sehr brutal gekämpft wird, bekommt man den Eindruck, dass es kein bloßes Spiel mehr ist, sondern ernst: Zwei Männer sind voll von Aggression, die an ihren physischen Anzeichen wie Hormonen oder Blutzuckerwert gemessen werden könnte. Wenn sie sich verletzten und bluten würden, mag das als Beweis dienen, dass die gesamte Situation ernst ist. Wird es nur aufgrund der materiellen Befunde gesehen, ist es tatsächlich nicht von einem echten Streit zu unterscheiden. Die körperlichen Indexe der Männer beim echten Streit sind kaum anders als die beim Spielen. Jedoch können die materiellen Befunde nicht verifizieren, wie real der Sachverhalt ist. Das oben genannte Spiel sieht in der Tat sehr ernst aus, wenn man berücksichtigt, welche physischen Reaktionen begleitend auftauchen. Wie brutal und damit realistisch dies auch immer erscheinen mag, ist es schließlich bloß ein Spiel! Insofern ein Ereignis innerhalb des Rahmens des Spiels bleibt, zählt es nicht als echt, nicht als ernst.

Selbst wenn es zu Verletzungen kommt, ist ein Spieler verletzt worden, nicht der Mensch. Obwohl die Verletzung an sich wirklich ist und gegebe-

---

13 | Vgl. G. Bateson: Eine Theorie des Spiels und der Phantasie, S. 257-261.

14 | E. Goffman: Moduln und Modulationen, in: Ders.: Rahmen-Analyse. Ein Versuch über die Organisation von Alltagserfahrungen, Frankfurt a.M. 1977, S. 60 (Herv.i.O.).

nenfalls lebensbedrohlich sein kann, ist es trotzdem nicht ernst. Die Tatsache der Verletzung ist natürlich ernst, deswegen muss der Spieler sicher behandelt werden, aber der Sinn der Verletzung ist nicht ernst, sondern im Rahmen des Spiels. Wenn die Verletzung in demselben Sinne wie die im nicht-spielerischen, nicht-geregelten Streit ernst wäre, müsste der Gegenspieler ggf. juristisch verurteilt werden. Aus diesem Grund können die materiellen Befunde nicht als Marker zwischen Spiel und Realität fungieren.

Nebenbei ist zu bemerken, dass die beiden Männer dabei, obwohl es sich angeblich um ein Spiel handelt, innerhalb des Rahmens ernst sind. Wenn sie nicht im Ernst spielen würden, wären sie Spielverderber. Sie sind nämlich nicht spielerisch bei ihrer Tätigkeit des Spielens; und in diesem Sinne kann man sagen, dass sie im Ernst sind. „Spiel kann sehr wohl ernsthaft sein."[15] Außerdem soll das Spiel an sich, das in der Wirklichkeit geschieht, nicht als unernst betrachtet werden, wie im Fall der Kunst auch gesehen. Gebauer und Wulf weisen diesbezüglich darauf hin: „Von Elias und Dunning wird schließlich die Wirklichkeit des Spiels – nämlich die Echtheit und Intensität der im Spiel erzeugten Emotionen – als wirklicher und wahrer als das soziale Leben behauptet."[16]

Nichtsdestoweniger sind die Ereignisse im Spiel wie gesagt von den realen Ereignissen zu unterscheiden. Wenn ein Spieler nach dem Spiel versucht, sich an einem Gegenspieler zu rächen, wird er als Verwirrter angesehen, der das Spiel mit der Realität verwechselt. (Obwohl man in unserer modernen Zeit nicht selten davon hört.) Kurz gesagt, mag der Inhalt des Spiels, der sich innerhalb des Rahmens ereignet, auch ernst sein, so ist er außerhalb des Rahmens nicht ernst. Aber die Spieler sind im Ernst bei ihrer Absicht zu spielen. Sie sind nicht unernst, nicht spielerisch. Johan Huizinga sagt dazu, „dass das Bewusstsein, bloß zu spielen, gar nicht ausschließt, dass dieses ‚bloß spielen' mit dem größten Ernst vor sich gehen kann, ja mit einer Hingabe, die in Begeisterung übergeht und die Bezeichnung ‚bloß' zeitweilig vollkommen aufhebt".[17]

Eine Parallele hierzu lässt sich auch in der Kunst finden. Die Ereignisse im Kunstwerk sind nicht echt, wenn sich die Perspektive außerhalb des Rahmens der Kunst befindet. So sind die Ereignisse nicht ernst, insofern man sie in Kontrast zur Realität stellt. Freilich, wenn man sie innerhalb des Rahmens der Kunst sieht, sind sie ernst. Man kann auf ein Kunstwerk beispielsweise emotional einfühlsam und manchmal auch heftig reagieren, obwohl man weiß, dass es eigentlich fiktiv ist.

Von der Kunst wird andererseits gesagt, dass sie eine Illusion von etwas schafft, das nicht wirklich da ist. Dieser Aspekt der Kunst wird indessen bei Platon nicht als künstlerisch bewertet. So wirft er in seiner *Politeia* der Kunst

15 | J. Huizinga: Homo Ludens, S. 13.

16 | G. Gebauer/C. Wulf: Das Spiel, S. 203.

17 | J. Huizinga: Homo Ludens, S.16.

vor, dass sie bloß als Abglanz vom Abglanz von der Idee und somit dem Wahren weit entfernt sei. Ein Kern seiner Kritik liegt darin, dass die Kunst falschen Schein erzeuge, die äußerliche Erscheinung entstelle und für einen bestimmten Effekt die Wirklichkeit manipuliere. Sie erzeuge damit illusionäre Erscheinungen, was dazu führe, das Sein der Sache zu verstümmeln. Die Illusion, die die Kunst erzeugt, gilt bei Platon nicht nur für die Bildhauerei oder die Malerei, sondern auch für die Poesie.[18] Somit wird deutlich, dass die Illusion nicht nur die optischen Vorstellungen einbezieht, sondern ganz allgemein die von der Kunst erzeugten Vorstellungen, die von der Wirklichkeit abweichen. Diese verführerische Wirkung der Illusion ist eben der Grund, warum Platon Bedenken gegenüber der Kunst hatte. Er fürchtete nämlich deren Macht, den Menschen eine Illusion einzuflößen und sie damit zu manipulieren. Die Illusion wird von Platon als eine Täuschung abgewertet, die die Leute verführerisch verleitet.

Abgesehen davon, welche ethische Bewertung der Illusion der Kunst gegeben wurde, zeigt der Vorwurf Platons abermals, dass die Illusion, die die Kunst erzeugt, die Leute fasziniert. Schöne Illusionen anzubieten und die Menschen damit zu bezaubern, wird also damals wie heute der Kunst zugeschrieben.

Auch Gombrich bestätigt, dass die Kunst nicht das wiedergibt, was wir sehen. Er untersucht in *Kunst und Illusion*, wie die Künstler die konventionelle Weise, die Welt zu sehen, „fortschrittlich" immer weiter zur „besseren" Weise entwickeln. Seine These basiert im Grunde darauf, dass man, entgegen der üblichen unreflektierten Auffassung, nicht einfach das sieht, was in Wirklichkeit da ist, sondern etwas, was schon durch die Weise, wie man sieht, vorbestimmt ist.[19] Diesbezüglich zitiert Gombrich den deutschen Denker Konrad Fiedler, der meinte,

> „dass schon die einfachste Anschauung, in der man meinen könnte, nur erst den Stoff für die Operationen der Denkfähigkeit zu empfangen, bereits ein geistiges Gebilde ist und das, was wir Außenwelt nennen, in Wirklichkeit das Ergebnis eines komplizierten psychologischen Vorgangs ist."[20]

Die Sichtweise hänge zudem mit dem Schema eng zusammen, wie man sich die Welt vorstelle, was wiederum nicht nur von den optischen Eindrücken her entschieden werde, sondern auch von „allen jenen Erinnerungsbildern" der anderen Sinne. Die Annäherung an die Kunst mit dem Begriff Illusion hat bei Gombrich allerdings nichts mit Illusionismus zu tun, sondern mit der ver-

18 | Platon: Der Staat, 603 b-c, bearbeitet von Peter Staudacher. Griechischer Text von Auguste Diès. Deutsche Übersetzung von Friedrich Schleiermacher, Werke in 8 Bänden, Bd. 4, hg. von Gunther Eigler, Darmstadt 1971, S. 821.

19 | E.H. Gombrich: Einleitung, S. 31-38.

20 | E.H. Gombrich, a.a.O., S. 32.

nünftigen Erklärung für das Verhältnis zwischen dem Sehen, der Wahrnehmung und der Psychologie. Wenn er sagt, dass die Kunst Illusion erzeuge, hat das weniger damit zu tun, dass man in der Kunst so viel fantasiere als damit, dass die Kunst die Menschen in einer Malerei auf der zweidimensionalen Fläche die dritte Dimension sehen lässt.

Die Illusionen sind in dem Sinne nicht ernst, als dass sie nicht wirklich existieren. Doch wenn man über ihre Wirkung redet, kann man nicht einfach sagen, dass sie gering geschätzt werden. Jedenfalls zeigt dies, dass, abgesehen davon, wie man die Wirkung findet, die Kunst die Kraft hat, zur Illusion zu führen.

Somit lassen sich die verschiedenen Bedeutungen des Ernstes der Kunst wie folgt zusammenfassen: Der Ernst verweist zum einen auf etwas Wirkliches, wobei es darum geht, ob es echt ist oder nicht, ob es sich real ereignet oder nicht. Zweitens betrifft er Wesen und Sinn. Drittens besteht er aufgrund der kommunikativen Einstellung, sich durch die Kunst zu verständigen.

4.2.2 Der Unernst der Disney-Kuckucksuhr

4.2.2.1 Die Besonderheit der Disney-Kuckucksuhr

Nachdem nun den verschiedenen Bedeutungen vom Ernst und Unernst der Kunst nachgegangen wurde und damit zunächst einige allgemeine ästhetische Fälle betrachtet wurden, soll hier nun das eigentliche Thema wieder aufgegriffen werden.

Am Beispiel der Disney-Uhr soll nun überprüft werden, ob auch deren Unernst geklärt werden kann, indem sie auf die drei Bedeutungen des Unernstes der Kunst angewendet wird. Darf eine solche Parallele zwischen Kitsch und Kunst aufgestellt werden? Für die Frage der Legitimation ist daran zu erinnern, ass beide eigentlich als ästhetischer Gegenstande anzusehen sind. Obwohl der Kitsch von den Kritikern als mangelhaft degradiert wird, ist bei näherer Betrachtung zu sehen, dass bei der Kritik eigentlich ein und dasselbe Kriterium wie für die Kunst verwendet wird. Der Kitsch nimmt zwar auf das Kriterium bezogen einen sehr niedrigen Platz ein, aber sein Platz liegt immerhin auf derselben Skala wie der der Kunst. Dass die beiden in bestimmter Hinsicht als zusammengehörend betrachtet werden können, wird zudem auch dadurch bestätigt, dass der Begriff Kitsch als Gegenbegriff zur Kunst gilt. Demzufolge kann er eigentlich nicht ohne eine Vorstellung von Kunst verstanden werden.[21] Auch hier besteht aber die Gegensätzlichkeit da-

21 | Vgl. Putz: „Immer noch evoziert der Begriff Kitsch seinen Gegenbegriff Kunst. Von Kitsch könnte nicht die Rede sein, gäbe es den Begriff der Kunst nicht. Das Verhältnis von Kitsch und Kunst muss in den Blick genommen werden, will man den Kitsch verstehen." (C. Putz: Kitsch, S. 3); vgl. auch W. Braungart: Kitsch, S. 2.

rin, dass beide an demselben Kriterium gemessen und nur im Ergebnis polarisiert verortet werden. Dabei ist der Grund dafür, dass beide dasselbe Kriterium teilen können, darauf zurückzuführen, dass beide zum selben Bereich des ästhetischen Gegenstandes gehören. Dies erlaubt eine Parallelisierung der beiden.

Wenn man nun ausfindig machen will, worin genau der Unernst der Disney-Uhr liegt, sollte man ihn zunächst anhand der drei Bedeutungen des Unernstes der Kunst beurteilen. Ist die Uhr also unernst, erstens, weil sie nicht real ist, zweitens, weil sie keinen Wahrheitsanspruch stellt oder drittens, weil sie keine ernste Absicht hat, etwas zu vermitteln oder sich zu verständigen?

Leider lassen sich diese Fragen nicht exakt beantworten, weil die Disney-Uhr eine Besonderheit hat, die der allgemeine Fall der Kunst nicht ganz abdecken kann. Diese Besonderheit findet sich darin, dass die Disney-Kuckucksuhr, anders als die Kunst, sehr stark im Realen verwurzelt ist. Sie ist nämlich ein Gebrauchsgegenstand, eine Uhr. Die kitschigen Gebrauchsgegenstände sind üblicherweise durch ihre Dienlichkeit und Alltäglichkeit gekennzeichnet. Demgegenüber sind Kunstwerke im Allgemeinen von ihrem Zweck her nicht für eine weitere praktische Nutzung geschaffen, sondern dienen im Prinzip nur dem ästhetischen Zweck. Vor allem seit der Neuzeit hat die Kunst mehr und mehr an Autonomie gewonnen und noch weitere geistige Bedeutung erhalten. Allerdings kann sie bisweilen auch eine schmückende Funktion innehaben und beispielsweise ein Gemälde dazu dienen, eine Wand zu verzieren. Aber diese Funktion ist für die Kunst im Grunde genommen nur sekundär. Insofern ein Werk als ernste Kunst anerkannt werden kann, wird sie ausschließlich zum ästhetischen Zweck verwendet.

Eine weitere Besonderheit der kitschigen Gegenstände gegenüber der Kunst liegt darin, dass ihre ästhetischen Elemente so eng mit den alltäglichen Aspekten verflochten sind, dass es schwer ist, die beiden Ebenen zu trennen. Im Vergleich dazu hat ein Kunstwerk mehr oder weniger einen markanten Rahmen, um es von der Realität abzugrenzen. Eine Suppendose wird wohl im Unterschied zum Gebrauchsgegenstand als Kunstwerk erkannt, wenn sie in einer Galerie ausgestellt wird. Entsprechend ist ein Streit in einem Theaterstück von einer realen Handlung zu unterscheiden wie auch eine Liebesgeschichte auf der Leinwand. So verlieren sie eindeutig ihren realen ontologischen Status. Hingegen ist die Grenze zwischen dem ästhetischen und dem praktischen Teil bei kitschigen Gegenständen wie der Disney-Uhr undeutlich und verschwommen. Als weiteres Beispiel sei nun ein Krug mit Bismarckkopf genommen. Dieser bekommt durch seinen Kopfteil eine Besonderheit, die ein normaler Krug nicht hat. Das ästhetische Element des Bismarckkopfes und das alltägliche des Kruges sind in einer Einheit auf eine Weise präsent, die keine sichtbare Markierung zur Trennung der beiden Ebenen enthält. Das schafft einen Kontrast zur Kunst, die meistens durch eine konventionelle bzw. institutionelle Kennzeichnung der Ebenen erkennbar ist. So fungieren Räume wie eine Galerie, ein Theater, ein Kino usw. als eine solche Markierung; ebenso gilt dies für bestimmte physikalische Formen, zum Beispiel Publikationen, Musikaufführungen, Bildrahmen usw. Den kitschigen Gegenständen fehlt aber diese Markierung.

Die Besonderheit der kitschigen Gegenstände wie der Disney-Kuckucksuhr oder des Bismarckkopf-Krugs lässt sich somit als Ambivalenz bzw. fließende Grenze zusammenfassen: Sie haben zwei Facetten, das ästhetische Element und das alltägliche, und die Grenze zwischen beiden ist nicht starr.

Aus diesem Grund erscheint es schwierig, einfach zu sagen, dass die Disney-Uhr nicht real ist, wie es bei der Kunst der Fall ist. Von einer Uhr, die als ein Kunstwerk im Kunstrahmen erschaffen und in einer Galerie ausgestellt wird, kann wohl gesagt werden, dass sie keine reale Uhr ist. Sie hat nämlich durch die Kunst einen anderen Rahmen als ihn eine Uhr als bloßer Gebrauchsgegenstand hat. Wie könnte man aber überhaupt von der Disney-Kuckucksuhr, die an der Wand meiner Wohnung hängt und mich stündlich über die Zeit informiert, sagen, dass sie nicht real sei, nur weil sie einen schmückenden Teil hat? Wäre das wirklich möglich, dass ein solcher Gebrauchsgegenstand einen Rahmen hat, der diesen von der Ebene der Realität abhebt und eine illusionäre Ebene schafft, wie es die Kunst tut?

Die Schwierigkeit, den Fall der Kunst im Ganzen auf den Fall des Kitsches anzuwenden, gilt auch bezüglich der zwei anderen Bedeutungen des Ernstes bei der Kunst, nämlich der des Wahrheitsanspruchs und der kommunikativen Intention, sich mitzuteilen. Diese Punkte können nicht unmittelbar auf den Fall des Kitsches bezogen werden, um dessen Unernst zu verstehen, weil die ambivalenten Aspekte des Kitsches einen daran hindern, ihm den gleichen Maßstab anzulegen, der für die Kunst angelegt wird. Es erscheint bereits ungewöhnlich, wenn man bei der Disney-Uhr danach fragt, ob sie den Wahrheitsanspruch erfüllt. Und auch die weitere Frage, ob sie sich im Ernst verständigen will, klingt merkwürdig.

In Anbetracht dessen scheinen alle Hinweise zu dem Ergebnis zu führen, dass die kitschigen Gegenstände nicht in der Weise ernst oder nicht-ernst sein können, wie es die Kunst ist. Trotz dieses Anscheins ist festzuhalten, dass der Fall der Kunst in eine Richtung weist, in der über den Unernst des Kitsches nachgedacht werden sollte, obwohl der Kitsch seinen eigenen Bereich hat, der nur durch Umkehrung des Kunstfalls nicht belegt werden kann. So soll deshalb nachfolgend geklärt werden, wie sich die drei Bedeutungen des Unernstes der Kunst mit dem Unernst des Kitsches verhalten und der Unernst der Disney-Uhr soll daran anlehnend erläutert werden.

Bevor aber näher darauf eingegangen wird, soll hier vorab der ambivalente Charakter des Kitsches noch näher ausgeführt werden. Dazu werden die kritischen Ansichten gegen die Ambivalenz des Kitsches betrachtet. Diese Betrachtung verfolgt zwei Intentionen: Erstens, die Ambivalenz des Kitsches noch deutlicher darzulegen. Zweitens, durch die Analyse der kritischen Einstellungen gegenüber dem Kitsch zu verstehen, in welcher Hinsicht der Kitsch von diesen für unernst gehalten wird und von welcher geistigen Einstellung diese Ansichten getragen werden.

Die fehlende Authentizität

Eine erste Auffassung, die gespaltene Eigenschaft des Kitsches problematisch zu finden, bezieht sich auf den alten Gedanken, dass ein Ding durch sein Wesen bestimmt werde. Der Gedanke hat eine lange Tradition und geht auf Platon zurück, der das Wesen als „das für das viele Einzelne einheitlich Eine, was das Einzelne selbst ist" definiert. Das Wesen ist bei ihm „das, dem das ‚ist' in eigentlicher Weise zugesprochen wird". Die Frage nach dem Wesen wird deshalb durch die Angabe dessen beantwortet, „was ein jegliches als es selbst ist: seiner Washeit". So wird hier das Wesen als ein Identisches angenommen.

Wenn dieses Verständnis vom Wesen einer Sache nun auf diesen Fall angewandt wird, ergibt sich, dass die Disney-Uhr nun zwei Wesen haben müsste, nämlich die Funktionalität und das Ästhetische. Jedoch ist es gemäß dieser Ansicht absurd, dass ein Ding durch zwei Wesen bestimmt wird. Wenn zwei Wesen gleichzeitig in einem Ding vorhanden sein sollen, müsse unter diesen wenigstens ein innerlicher Zusammenhang bestehen, damit sich eine Einheit daraus bildet. Nach dieser Auffassung soll dann ein Element einen primären Status bei der Wesensbestimmung einnehmen.

Will man gemäß dieser Ansicht das Wesen der Disney-Uhr bestimmen, drängt sich die Frage auf, welches Element an der Disney-Uhr primär sein soll. Um diese Frage zu beantworten, hilft es, sich kurz an die Analyse Heideggers zu erinnern, der das dinghafte Wesen der Dinge in deren „Dienlichkeit" gefunden hat, die für alle Zeugen als das „Zeugsein" bestimmt wird.[22] So kann diese Bestimmung auch sehr gut auf die Uhr angewendet werden, denn die Disney-Uhr ist eigentlich ein solches „Zeug", das zum Bedienen hergestellt worden ist.

Diese Bestimmung eines Dinges steht in Verbindung mit dem Gedanken, dass das Wesen einer Sache durch seinen Zweck bestimmt werden kann. Der deutsche Philosoph Christian von Wolff gibt in diesem Zusammenhang einen guten Hinweis: „Wer also das Wesen eines Dinges erkennt, der kann den Grund anzeigen von allem, was ihm zukommet."[23] Der Grund eines Dinges

22 | M. Heidegger: Der Ursprung des Kunstwerkes, in: Ders.: Holzwege, Frankfurt a.M. 1963, S. 18.

23 | C. von Wolff: Vernünftige Gedanken von Gott, der Welt und der Seele des Menschen, auch allen Dingen überhaupt. Den Liebhabern der Wahrheit mitgetheilet, Halle 1720, S. 18-19.

ist, wie durch die aristotelische Einteilung des Begriffes gut bekannt, auch als Zweck des Dinges auszulegen. Was das Wesentliche in einem Ding konstituiert, wird also mit dessen Zweck verbunden.

Daraus ergibt sich, dass das Wesen der Uhr in ihrem Zweck liegt. Wie gerade gesehen, findet die Disney-Uhr ihren Zweck, also den Grund ihrer Existenz, in der „Dienlichkeit". Somit wird nach dieser Ansicht die Problematik zweier Wesenheiten anscheinend aufgelöst, indem man den Zweck der Uhr in ihrer Nutzung sieht.

Diese Priorität des funktionellen Zwecks scheint zudem gerechtfertigt zu sein, wenn man bedenkt, dass man für einen ästhetischen Zweck nicht unbedingt einen Gebrauchsgegenstand verwenden müsste. Wenn man also lediglich eine Dekoration haben möchte, warum macht man dann nicht einfach eine Plastik vom Bismarckkopf? Warum muss dafür unbedingt ein Bierkrug benutzt werden? Wenn die Dekoration sein vorrangiger Zweck wäre, bräuchte er den Teil des Bierkrugs nicht unbedingt. Allerdings wäre er dann nicht mehr ein Bismarckkopf-Bierkrug, wenn er nur seiner äußerlichen Erscheinung nach wie ein Bierkrug aussehen aber de facto die Funktion eines solchen nicht erfüllen würde, zum Beispiel wenn man den Deckel nicht öffnen könnte oder der Boden fehlte. Dann wäre er de facto kein Bierkrug, sondern eine Dekoration, die die Form eines solchen hat. Die Tatsache, dass er aber die Funktionalität eines Kruges hat und jederzeit wie ein normaler Krug verwendet werden kann, beweist, dass er eigentlich nicht zu Dekorationszwecken hergestellt wurde. Aus solchen Überlegungen dürfte man zu der Feststellung gelangen, dass der primäre Zweck in der praktischen Dienlichkeit zu suchen ist. Dies ordnet wiederum automatisch dem schmückenden Aspekt die sekundäre Stelle zu. Somit wird die Disney-Uhr als ein Ding verstanden, das durch zwei verschiedene Zwecke bestimmt wird, die einen unterschiedlichen Rang in der Ordnung seines Wesens einnehmen.

So soll es dieser Ansicht nach eigentlich sein. Tatsächlich verletzt die Disney-Uhr aber diese Ordnung: Es ist bei ihr nicht fest bestimmt, was das Wesentliche ist und was sekundär. Denn das als zweiter Zweck dienende Element rückt immer wieder in den Vordergrund. Kitschgegenstände tragen in vielen Fällen die Funktionalität nur als Vorwand und bieten sich hauptsächlich als schmückendes Ding an. Dies erkennt man daran, dass man nicht selten einen Bismarckkopf-Bierkrug oder einen Teller mit einer Darstellung von Prinz Charles allein zum Anschauen auf ein Regal in der Küche oder auf den Kamin stellt. So werden die Gegenstände mehr durch das schmückende Element als durch das funktionelle ausgezeichnet.

Für die Ansicht, dass die Funktion das primäre Wesen eines Dinges ausmachen soll, ist diese Umstellung der Bestimmungsordnung bedenklich. Denn dies hat zur Folge, dass die Uhr ihr Wesen nicht gut verwirklicht. Ein Ding verwirklicht nach dieser Ansicht sein Wesen gut, wenn sein primärer Zweck erfüllt wird. Aber wenn der zweite Zweck, also das Schmücken, markanter ist als der erste, entfernt sich das Ding von seinem ursprünglichen Zweck. Dies führt dann dazu, dass die Verwirklichung des ursprünglichen Zwecks des Dinges beeinträchtigt wird.

Allerdings muss es nicht unbedingt als negativ bewertet werden, dass ein Ding zwei Zwecke hat und sie zugleich erfüllt. Vertritt man eine funktionalistische Auffassung, in der eine Sache allein darauf hin bewertet wird, ob sie funktionell gut ist, wird es kein Problem sein, dass sie gleichzeitig zwei Zwecke erfüllt. Bei der Frage nach dem Wesen eines Dinges geht es jedoch mehr um die „Washeit", als darum, ob es funktionell ist. Es geht um die Bestimmung, *was* ein Ding ist. Ein Ding verwirklicht sein Wesen, seine „Washeit", wenn es seinen primären Zweck als seine „Washeit" vollzieht.

Das Interesse am Wesen eines Dinges steht generell in Verbindung mit dem Interesse an der Authentizität. Der primäre Zweck ist das authentische Wesen eines Dinges, während der sekundäre als nicht echt gilt. Die Begriffe Substanz und Attribut können dabei den Sachverhalt näher erklären. So ist die Substanz, die das Wesentliche und das Immergleiche eines Dings enthält, ein echter Teil der Dinge, während die Attribute, die zur Substanz beiläufig hinzugefügt werden, nur kontingente und somit im Grunde keine echten Eigenschaften besitzen. Letzteres ist nicht wünschenswert, selbst wenn ein Ding gleichzeitig zwei Zwecke erfolgreich erfüllt. Denn wenn die Ordnung zwischen den beiden Zwecken nicht klargestellt ist, wird dies dazu führen, das wahre Gesicht eines Dinges zu verdecken. Deswegen muss die Disney-Uhr, wie gut sie auch immer ihre Funktion erfüllen mag, kritisch gesehen werden, weil bei ihr die Bestimmung dessen, *was* sie ist, nicht eindeutig ist. Somit ist ein Bismarckkopf-Krug in dieser Hinsicht kein ganz echter Krug, eine Disney-Uhr keine ganz echte Uhr, weil der unechte zweitrangige Zweck in den Vordergrund rückt und das Nicht-Authentische das Authentische und das Genuine überdeckt.[24]

Dieser Ansatzpunkt beim Wesen der Dinge erklärt auch, warum die kitschigen Gebrauchsgegenstände oft eine negative emotionale Reaktion auslösen. Vertritt man die Ansicht, dass es normal und authentisch ist, einem Ding einen primären Zweck zuzuschreiben, wird eine ambivalente Bestimmung des Zwecks für eine Abweichung vom Normalen gehalten. Die kitschigen Gebrauchsgegenstände werden hier als „Entartung" betrachtet, wie der Titel von Fritz Karpfens Publikation *Der Kitsch: eine Studie über eine Entartung der Kunst* (1925) verrät. Das Wort „Entartung" lässt hierbei etwas nicht Reines oder einen

24 | Ackerknecht weist diesbezüglich auf einen Zeitungsaufsatz hin: „Wer ein Gefühl, eine Absicht, eine menschliche Arbeit kitschig nennt, will damit deren Mangel an Echtheit und Ursprünglichkeit betonen." (E. Ackerknecht: Der Kitsch als kultureller Übergangswert, Bremen 1950, S. 14)

Hybriden assoziieren, was ästhetisch beurteilt mit der Empfindung von Hässlichkeit verbunden ist.

Diesbezüglich gewährt die häufig beobachtete Abneigung gegen den Eklektizismus Aufschluss. Der Eklektizismus wird oft als hässlich empfunden, was man darauf zurückführt, dass die verschiedenen Komponenten eines eklektizistischen Gegenstandes keinen Einklang ergeben, sondern nur nebeneinander ohne innerlichen Zusammenhang stehen. Es ist dann nachvollziehbar, dass der Eklektizismus von seinen Kritikern als Kitsch angesehen und als hässlich empfunden wird. Darüber hinaus ist es in demselben Kontext zu verstehen, dass ein Ding, wenn es einen seriösen und authentischen Eindruck machen soll, in den meisten Fällen nur eine einzelne Bestimmung zulässt. Denn man glaubt, eine einzelne Bestimmung macht einen „reinen" Eindruck. Hingegen erzeugt eine Melange verschiedener Elemente einen oberflächlichen und nicht ernsten Eindruck. Sie wird zudem nicht selten in ästhetischer Hinsicht als hässlich beurteilt.

Nebenbei bemerkt, die Abneigung gegen den Kitsch in einer extremen Form koppelt an die Idee der Hygiene an. Hier kann die emotionale Reaktion als eine idiosynkratrische beschrieben werden. Denn etwas Abnormales wird als nicht rein empfunden und deshalb als „schmutzig". Für diese Ansicht finden sich deutliche Anhaltspunkte in der Kitschgeschichte: Kitsch wird etwa „Schmutzliteratur" genannt. Ein Beispiel dafür lässt sich sogar in einem offiziellen Ereignis finden. In der Zeit der Weimarer Republik im Jahr 1926 wurde ein Gesetz gegen Bücher und Druckwerke, die sinnliche Ausdrücke enthielten, erlassen, das sogenannte „Schmutz- und Schundgesetz".[25] Dieses Gesetz, eingeführt im Rahmen geschmackserzieherischer Maßnahmen, entstand vor dem Hintergrund einer literaturpädagogischen Debatte um den Kampf gegen den „Ungeschmack". Als „Ungeschmack" wurden damals unter anderem die massenhaft erscheinenden Serien im Heftformat sowie das neue Medium Film bezeichnet. Damit zeigt der Begriff „Schmutz- und Schundliteratur", wie eng die Idee „schmutzig" mit dem Kitsch verbunden ist.[26]

25 | Fornemann weist auf Folgendes hin: „Ein besonderer Buchkampf, der in den sogenannten Sittlichkeitsvereinen zu finden ist, stellt sich unter Schundliteratur ein Schrifttum unsittlicher Ausprägung vor und wirft sie mit der ‚Schmutzliteratur' oder ‚Pornographie' in einen Topf." (W. Fornemann: Das Erbe Wolgasts. Ein Querschnitt durch die heutige Jugendschriftenfrage, Langensalza 1927, S. 147 [Herv.i.O.])

26 | Vgl. G. Jäger: Der Kampf gegen Schmutz und Schund. Die Reaktion der Gebildeten auf die Unterhaltungsindustrie, in: Archiv für Geschichte des Buchwesens 31 (1998), S. 163-191.

Aus der semiotischen Perspektive: Worauf verweist der Kitsch?

Eine andere kritische Ansicht gegen die Ambivalenz der kitschigen Gegenstände bezieht sich auf die semiotische Perspektive. Innerhalb der Semiotik gibt es viele unterschiedliche Ansätze über das Verhältnis zwischen dem Zeichen und dem Bezeichneten. Die fragliche Position schließt sich einem klassischen Modell an, bei dem das Wort „Krug“ als Referenz auf einen Krug als Bezugsobjekt verweist. Das Wort „Krug“ ist selber kein Krug, der als Ding real existiert, sondern es verweist lediglich auf diesen. Dahingegen ist der „reale“ Krug ein Ding, und verweist auf nichts.

Unter diesem Gesichtspunkt nun ein Blick auf den Bismarckkopf-Krug. Man sollte eigentlich annehmen, dass er nicht auf irgendetwas anderes als sich selbst verweist, da er ja im Grunde ein Krug ist. Aber beim Bismarckkopf-Krug wird dieses Referenzverhältnis fragwürdig. Er bleibt nämlich nicht nur ein Ding, das den Endpunkt eines Verweisungsverhältnisses einnimmt, sondern er verweist durch sich auf noch etwas anders.

Diese Tatsache, dass er nicht nur ein schweigsames Ding bleibt, sondern an einem Zeichensystem als Referent beteiligt ist, macht ein Merkmal des Kitsches aus. Ein normaler Krug verweist mit sich auf nichts. Aber ein kitschiger Krug verweist auf etwas anders, oder wenigstens versucht er es.

Wenn dem Bismarckkopf-Krug also ein Verweisverhältnis unterstellt werden kann, dann ist dies dem Bismarckkopf zu verdanken, den ein normaler Krug nicht hat. Denn dieser ist es, der dazu beiträgt, einen Krug zu einem ungewöhnlichen Krug, also in ein kitschiges Stück zu verwandeln. Die Weise, wie dies geschieht, kann im Großen und Ganzen in zwei unterschiedliche Ebenen unterteilt werden: Zum einen die semiotische Ebene, zum anderen die semantische. Bei der semantischen Ebene handelt es sich um den Mechanismus, wie der Krug einen „komischen“ Effekt erzeugt. Dies wird im nächsten Abschnitt eingehend erörtert, nachfolgend geht es hier zunächst um die semiotische Ebene.

Auf der semiotischen Ebene geht es um die Frage: Worauf verweist der Bismarckkopf mit sich selbst? Auf diese Frage mag man aus seiner äußeren Erscheinung leicht darauf schließen, dass er auf Bismarck verweist. In der Tat denkt man an Bismarck, wenn man den Krug sieht. Aber kann das alles sein, worauf der Krug mit seinem Kopfteil verweisen will? Wenn man bedenkt, dass sich Bismarck ausgerechnet auf einem Bierkrug befindet, so lässt dies das Verweisverhältnis Bismarckkopf-Bismarck in einem anderen Licht erscheinen. Und so kann die Frage neu formuliert werden: Worauf verweist der Bismarckkopf? Hierzu der folgende Fall: Eine Bismarckskulptur verweist in der Regel auf Bismarck. Aber es gibt noch eine weitere Ebene, auf die sie hindeutet. Auf dieser mag sie auf die Macht oder auf etwas Würdiges verweisen. Es ist die Ebene des Sinnverhältnisses. Auf dieser wird darüber gesprochen, was die Skulptur eigentlich sagen und welchen Sinn sie vermitteln will. Beim kitschigen Bierkrug kann dieselbe Frage aufgeworfen werden. Der Kopfteil trägt also dazu bei, den Krug zu schmücken. Dies legt die Vermutung nahe, dass er sich als Zierstück präsentieren will. Was der Bierkrug also mit seinem Bismarckkopf sagen will, lässt sich wie folgt formulieren: „Ich bin nicht bloß ein Krug sondern eine Dekoration, ein ästhetisches Ding." Diese Aussage lässt sich ebenfalls bei den anderen kitschigen Gebrauchsgegenständen finden. Egal, ob Entengießkanne oder Disney-Uhr, sie alle signalisieren die Nachricht: „Ich bin nicht bloß eine Gießkanne oder eine Uhr, sondern eine Deko, ein ästhetisches Ding."

Diese Behauptung mag Skepsis hervorrufen, kann man doch daraus, dass ein Gegenstand ein dekoratives Element hat, nicht automatisch darauf schließen, dass er seinen Hauptzweck in der Dekoration finden will. Der Einwand scheint überzeugend, wenn man an designte Gebrauchsgegenstände denkt. Diese haben ebenfalls ein dekoratives Element, aber sie sind keine Dekos, sondern Gegenstände, die treu ihrem primären Zweck der Funktionalität folgen. Aber dies ist beim Bismarckkopf-Krug nicht der Fall. Sein dekorativer Teil ist so sehr übertrieben, dass der funktionelle Zweck dagegen fast vernachlässigt wird. Sein überzogen betonter Kopfteil vermittelt den Eindruck, dass er sich nicht sonderlich dafür interessiert, die beiden Aspekte harmonisch zu kombinieren, wie es bei den Design-Gegenständen der Fall ist. So erscheint es recht plausibel, den kitschigen Gebrauchsgegenständen die Absicht zu unterstellen, dass sie sich als Dekos ausgeben wollen, indem sie ihren dekorativen Teil in den Vordergrund rücken und zugleich die Funktionalität zurückstellen.

Es soll hier noch darauf aufmerksam gemacht werden, dass das, worauf die kitschigen Gegenstände mit sich selbst verweisen, ein Abstraktum ist. Die Deko-Eigenschaft, auf die sie hindeuten, ist nämlich inhaltlich leer. Dass er eine Deko sein will, zeigt der Bierkrug nicht dadurch, wie schön er ist. Er hätte zum Beispiel den Kopfteil elaboriert darstellen können, so dass er handwerklich ansprechend erscheint. Er hätte dann damit präsentieren können, dass er ein ästhetisches Ding ist. Er geht jedoch einen anderen Weg: Statt die Rezipienten selber etwas von ihm empfinden zu lassen, kündigt er einfach unmittelbar an, „ich bin ein ästhetisches Ding". In der Kunst erkennt man das Schöne jedoch nicht durch eine direkte Botschaft: „das ist schön" oder „das ist Kunst". Sie lässt die Rezipienten durch ihre Darstellungsweise erkennen und empfinden, dass etwas schön ist. Der Kitsch hingegen gibt den Rezipienten nichts zu erkennen, sondern sagt direkt „das ist schön". Manchmal scheint es sogar, dass er die Rezipienten mit seiner Botschaft dazu zwingen will, dies so zu sehen. Die Deko, auf die die kitschigen Gegenstände verweisen, ist darum selber bloß ein leeres Zeichen, eine Tautologie.

So fungiert der Krug, der ursprünglich Bezugsobjekt (Referent) für ein Wort ist, diesmal selber als Referenz. Er verweist auf eine Deko. Die Deko ist dann in dieser Konstellation Bezugsobjekt und der Krug Referenz. Allerdings ist damit noch nicht alles geklärt, denn es stellt sich noch die Frage: Wenn der Krug Deko sein will und aus diesem Grund seinen Kopfteil hat, kann es dann nicht so gesehen werden, dass er diese Absicht bereits vollzogen hat und schon eine Deko *ist*? Warum sollte es hier nur so sein, dass er auf eine solche *verweist*? Warum soll man annehmen, dass hier lediglich ein Referenzverhältnis vorliegt?

In Bezug auf diese Frage wurde bereits erläutert, warum der Krug nicht vollständig zu einer Deko werden kann: Der Krug hat zwei verschiedene Facetten, von denen der ästhetische Aspekt im Vordergrund steht. Gerade dies ist die Grundlage dafür, dass er sich als Deko ausgibt. Trotz seines derartigen Verweises wird er aber tatsächlich nicht vollständig als solche angesehen. Denn der praktische Aspekt tritt nicht vollständig in den Hintergrund, sondern bleibt neben dem Aspekt des Schmückens bestehen. Trotz seines Bismarckkopfes bleibt er offensichtlich ein Krug. Gewissermaßen stört das praktische Element des Krugs insofern seinen dekorativen Aspekt, so dass dieser nicht erfolgreich auftritt: Dem Krug gelingt es nicht, sich einzig als ein Deko-Gegenstand auszugeben. Man denkt immer mit, was er ursprünglich ist, welchen praktischen Zweck er eigentlich zu erfüllen hat. Somit kann er nicht vollkommen als Dekorationsgegenstand gesehen werden.[27] Er ist keine Deko. Er verweist allenfalls darauf.

Immerhin ist es prinzipiell möglich, dass ein Ding als Zeichen auf etwas anderes als sich selbst verweist. Es wird dann zu einem Medium, das inhaltlich keine eigene Bedeutung hat. Die Symbole sind solche Fälle. So ist beispielsweise ein Kreuz nicht nur ein Ding aus zwei gekreuzten Holzstücken, sondern es verweist auf Jesus bzw. das Christentum. Hier rückt das ursprünglich dinghafte Wesen des Holzstückes in den Hintergrund. Denn wo das Kreuz nur als zwei Holzstücke wahrgenommen wird, kann das Symbolverhältnis nicht funktionieren. Erst wenn das ursprüngliche dinghafte Wesen ausgeblendet wird, kann das Symbol als solches heraustreten. Derartige Symbole gibt es aber nicht unbegrenzt, vielmehr werden sie durch Konvention geregelt. Wenn es so viele Symbole gäbe, wie man möchte, und ihre Verwendung beliebig wäre, würden die Referenzverhältnisse nicht mehr funktionieren.

Es ist klar, dass es sich beim Bismarckkopf-Krug nicht um ein solches Symbol handelt. Aber beiden ist gemein, dass sie als Dinge nicht auf sich selbst, sondern aus sich heraus auf etwas anderes verweisen. Sie sind dabei ein Medium, ein Zeichen. Für die Dinge, bei denen konventionell die Funktion als

---

27 | Man kann sich allerdings nicht nur das Symbol, sondern auch andere Verhältnisse zwischen Referenden und Referendum vorstellen. Beispielsweise passiert die Übertragung des Sinnes auch im Tropus. Dieser Fall wird hier jedoch nicht weiter behandelt, weil da es sich im Grunde um ein Phänomen innerhalb der Sprache handelt.

Symbol gegeben ist, ist es kein Problem, dass ein Ding wie ein Zeichen funktioniert. Aber für die dem Symbolsystem fremden Dinge, wie die kitschigen Gegenstände, erscheint dies problematisch. Ein Medium, das immer wieder an sein ursprüngliches materielles Wesen erinnert, kann sich nicht erfolgreich in ein Abstraktum (die Referenz) verwandeln. Im unvollkommenen Prozess der Verwandlung, orientierungslos zwischen dem Zeichen und dem Ding, wird es zu einem bezüglich seiner Identifikation ambigen Wesen. Es ist nicht das, was es gern sein will, sondern es täuscht dies nur vor.

Die Analyse der kitischen Gegenstände aus der semiotischen Perspektive mündet gewöhnlich darin, den Kitsch grundsätzlich als mit einem Makel behaftet zu bestimmen. Die einschlägigen Positionen ordnen den Kitsch in ein Verweisungsverhältnis ein, in dem er nur als Nachahmung daherkommt und ihm genau dies dann vorgeworfen werden kann.

Demgegenüber soll jedoch dargelegt werden, dass das Verweisungsverhältnis der kitschigen Gegenstände nicht allein mit der Kategorie der Kopie erklärt werden kann. Worauf die kitschigen Gegenstände zielen, liegt nämlich nicht darin, wie von der kritischen Ansicht behauptet, das Original so nachzumachen, dass man sie von diesen nicht mehr unterscheiden kann. Um ihnen dieses Motiv zu unterstellen, sind sie zu offensichtlich Kopie. Sie verheimlichen nicht, dass sie nicht original sind. Es liegt darum nahe, dass sie nur darauf verweisen will und nicht mehr. Es ist nicht so, dass der Bismarck-Krug Bismarck nachmacht, sondern er will lediglich darauf verweisen. Auch macht eine Lampe[28], die gezielt Nostalgie hervorrufen will, nicht einfach eine alte Lampe nach, sondern sie verweist auf diese.

Beim Verweisen verlieren der Referent und die Referenz nicht ganz ihre ursprünglichen Formen. Sie sind in einem Gegenstand gleichzeitig präsent. Es ist ein für Kitsch sehr wichtiges Moment, das diesen von anderen Sachen unterscheidet, denn der Spaß des Kitsches entsteht gerade deswegen, weil die beiden zugleich präsent sind und daraus eine Unschärfe, ein kleines Chaos entsteht. Wenn man das alles nur mit dem Begriffspaar Original-Kopie beschreibt, wird das besondere Merkmal des Kitsches nicht genug zu Tage gefördert.

Die ambige Eigenschaft des Verweisverhältnisses bietet zudem noch einen anderen Kritikpunkt. Der Ansicht Charles K. Ogdens und Ivor A. Richards zufolge gehören generell das Zeichen (die Referenz) und die Sache, auf die verwiesen wird (der Referent), zu verschiedenen ontologischen Ebenen.[29] So gehöre ein Wort als ein Zeichen zur ideellen Ebene, ein Ding, auf das mit dem

28 | C. Putz: Kitsch, S. 151.

29 | C.K. Ogden/I.A. Richard: Thoughts, Words and Things, in: J. Constable (Hg.): The meaning of meaning: a study of the influence of language upon thought and of the science of symbolism, London 2001, S. 30.

Wort verwiesen wird, zur materiellen. Wenn man aus dieser Sicht die kitschigen Dinge wie den Bismarckkopf-Krug betrachtet, ist es schwer, hier eine solche ontologische Trennung deutlich wahrzunehmen. Denn obwohl der Krug als ein Referent für das Wort „Krug" auf der materiellen Ebene bleiben sollte, überschreitet er die ontologische Grenze und wirkt zum Teil selber auf der ideellen Ebene als Zeichen, um auf seine Deko-Eigenschaft zu verweisen. Zudem überwindet der Krug die Ordnung von Zeichen und Ding, indem er für das Zeichen keine abstrakte Entität, sondern ein konkretes Ding wie den Krug verwendet. Bei den konventionellen symbolischen Gegenständen ist es zwar ebenfalls so, dass das Medium sich auf der materiellen Ebene befindet (zwei gekreuzte Holzstücke und nicht das Wort „Kreuz" verweisen auf Jesus), aber wie oben erwähnt, ist das Referenzverhältnis dort durch die Konvention gut erkennbar, während es im Fall des Bismarckkopf-Krugs nur eine irritierende Wirkung mit sich bringt.

Die Verwirrung wird indes nicht nur auf den Bismarckkopf-Krug beschränkt gestiftet, sondern hat noch weitere Auswirkungen. Die Dinge werden in der semiotischen Hinsicht als eine Art Basis für die Sinnverhältnisse angenommen. Hiernach zeugen die Dinge die Realität, die nicht mehr auf etwas anderes reduziert werden kann. Sie bieten dann die Grundlage für die ideelle Ebene wie die Sprache, worauf diese basiert. In diesem Reich der Dinge werden die Sinnzusammenhänge ausgeschaltet, wodurch sie von allen subjektiven Faktoren unabhängig bleiben, die je nach Sinnverleihung veränderbar sind. Die Dinge müssen als solche unversehrt von der ideellen Ebene bleiben, wodurch sie als objektive Instanz der Welt fungieren können. Hieraus ist zu schließen, dass die Sichtweise *die* Welt, oder anders formuliert *die* Realität suggeriert.

Wenn nun solche Dinge existieren, sich zwar als Zeichen gerieren, tatsächlich aber eben nur Dinge sind, können sie den ontologischen Status der Dinge im Allgemeinen schädigen und ferner das ganze System von Sinn und Dingen kontaminieren. Sie sind also heterogene Wesen und Dissidenten.

Diese Ansicht lässt sich mit der konventionellen Vorstellung der volkswirtschaftlichen Ordnung des Goldstandards vergleichen. In diesem Währungssystem ist Gold das, was tatsächlich existiert und echten Wert hat. Die Währung an sich ist allenfalls Papier, also lediglich ein Medium, um Wert darzustellen. Die Geldscheine verweisen zwar auf den Wert, aber sie haben selber keinen. Die Wirtschaft in diesem Währungssystem unterliegt Schwankungen, je nachdem, wie sich das Verhältnis des Goldes zu seinen symbolischen Zeichen (dem Geld) bewegt. Wenn etwa mehr Geld ausgestellt wird, als es dem Wert des Goldbestandes entspricht, erhöht sich die Wahrscheinlichkeit einer Inflation. Noch Schlimmeres ist zudem vorstellbar: Wenn das Gold, das in der Bank lagern sollte, um ein Wert-Kriterium zu bieten, selber als ein Tauschmittel in Umlauf gerät, wird das Währungssystem irritiert, das erst aufgrund der Trennung zwischen Geld und Gold funktioniert.

Man kann natürlich nicht sagen, dass der Fall des Krugs dem in jeder Hinsicht entspricht, aber dies mag helfen zu verstehen, was gemäß dieser Ansicht als bedrohlich empfunden wird: Wenn ein Ding die Rolle der Referenz spielt, ohne ein konventionell anerkanntes Symbol zu sein, dann ist das eine Gefahr für das Referenzsystem zwischen den Dingen und ihren Bedeutungen. Die kitschigen Dinge wie der Bismarckkrug sollen also dieser Ansicht nach gerade die Rolle der Referenz spielen und damit das Referenzsystem irritieren.

Bis hiehin, so lässt sich zusammenfassend sagen, wurde aufgezeigt, welche Kritikpunkte gegen die kitschigen Gebrauchsgegenstände es gibt und welche philosophischen Grundannahmen dahinterstehen. Die Tatsache, dass die Kritiken von bestimmten Standpunkten ausgehen, legt nahe, dass die Bewertung des Kitsches sich verändern kann, wenn man die Sache von einem anderen Gesichtspunkt aus betrachtet. Wenn man die Priorität nicht auf die Frage legt, was das Wesen der Sache ist und nicht versucht, eine Sache unter dem Gesichtspunkt des echten Wesens zu bestimmen, sondern von der Ambivalenz der Sache ausgeht, kann der Kitsch in ein anderes Licht gerückt werden. Wenn man darüber hinaus beachtet, dass das Ziel der kitschigen Gegenstände nicht darin liegt, ein Original zu kopieren, sondern auf etwas anderes zu verweisen und wenn man dies mit einer anderen Sichtweise beurteilt, wird der Kitsch eine neue Deutung bekommen können. Dies wird im Abschnitt 2.3 näher behandelt. Davor werden in den folgenden Abschnitten die Eigenheiten der Ambivalenz des Kitsches noch ausführlicher analysiert.

4.2.2.2 Die Ambivalenz auf der funktionellen Ebene – die vernachlässigte Funktionalität

Was ist die Besonderheit bei der praktischen Funktion der kitschigen Gebrauchsgegenstände? Man muss diese Frage stellen, denn nicht jedes praktische Ding, das geschmückt ist, ist Kitsch. Die Ambivalenz von Funktion und Schmuck als Merkmal des Kitsches scheint also nicht nur diesen zu kennzeichnen. Darum sollen hier die Modi dieser Ambivalenz bei den kitschigen Gebrauchsgegenständen noch konkreter betrachtet werden.

Nach der oben dargelegten Ansicht soll die primäre Bestimmung der kitschigen Gebrauchsgegenstände in ihrer praktischen Funktion liegen. Jedoch hat sich gezeigt, dass ihre wesentliche Eigenschaft vorrangig in ihrem ästhetischen Teil liegt. Die praktische Funktion ist für Kitsch nicht notwendig, sondern eigentlich optional. Das sieht man daran, dass es bei den kitschigen Gebrauchsgegenständen nicht wichtig ist, ob sie tatsächlich gut funktionieren. Wenn die Disney-Uhr die Funktion als Uhr gut erfüllt, wird das trotzdem keine Auswirkung darauf haben, ob sie Kitsch ist oder nicht. Wenn sie als Uhr gut funktioniert, bleibt die Tatsache unverändert, dass sie Kitsch ist. Erfüllt sie dagegen ihre Funktion nicht gut, zum Beispiel weil sie defekt ist, ist sie trotzdem nach wie vor eine Kitsch-Uhr.

Man denkt hingegen oft, dass Kitsch deswegen Kitsch ist, weil er funktionell minderwertig ist. Tatsächlich wird der funktionelle Aspekt bei vielen kitschigen Gegenständen vernachlässigt. Sie sind meist nicht ordentlich angefertigt und machen einen billigen Eindruck. Trotzdem spielt eine Funktionslosigkeit kitschiger Gegenstände bezüglich der Frage, was einen Gegenstand zum Kitsch macht, kaum eine Rolle.

Hingegen stellt die praktische Funktion bei den Gebrauchsgegenständen mit Design, die keinen kitschigen, sondern nur einen schönen, dekorativen Teil haben, einen wesentlichen Faktor dar. Hier ist die Ästhetik eigentlich sekundär. Wenn eine schöne Uhr nicht mehr funktioniert, ist sie als Uhr nutzlos. Dann hat der ästhetische Teil der Uhr ebenfalls keinen Nutzen mehr, da diese anhand ihrer praktischen Funktion beurteilt wird.

Mit diesem Beispiel lässt sich der Unterschied zwischen den Gebrauchsgegenständen mit Design und den kitschigen gut veranschaulichen. Beide verfolgen zwei Zwecke: die Funktionalität und das Ästhetische. Während Letzteren aufgrund ihrer widerstreitenden Zwecke eine Verwirrung vorgeworfen wird, werden Erstere für schön gehalten und gelobt. Ein Grund dafür lässt sich darin finden, dass Erstere mit ihrer Identität viel deutlicher umgehen als die kitschigen Gegenstände. Die Gebrauchsgegenstände mit Design haben zwar zwei Zwecke, zeigen allerdings offen, welcher Zweck Priorität haben soll. Sie sind also hinsichtlich der Hierarchie ihres Wesens ohne Zweifel. So läuft eine Teekanne mit Designbestandteil nicht Gefahr, dass man daran zweifeln könnte, dass ihr vorrangiger Zweck in ihrer Funktionalität liegt. Darüber hinaus wirkt bei der Teekanne ihr zweiter Zweck nicht aufdringlich, sondern bleibt zurückhaltend. Der zweite Zweck der Teekanne ist auf angenehme Weise mit ihrem eigentlichen Zweck harmonisiert und sie überbetont ihre ästhetische Komponente nicht. Man ist vielmehr darauf bedacht, dass diese den Gegenstand nicht beherrscht, weil ansonsten ein kitschiger Eindruck entstehen könnte. Nebenbei bemerkt werden Gegenstände, die mit ihrem Design ästhetisch erfolgreich sind, bisweilen fast als Kunst angesehen, wie der Barcelona-Sessel von Ludwig Mies van der Rohe beispielhaft zeigt.

Demgegenüber drängt der Kitsch seine ästhetische Komponente stark auf und appelliert, dass er als ästhetischer Gegenstand gesehen werden will. Zu diesem Zweck verwendet er hervorspringende Farben wie etwa ein starkes Rosa oder einen schematisierten Emotionscode wie eine Babykatze für eine Federmappe oder das Singen und Sprechen für einen Reiskocher, in der Erwartung, dass diese Mittel ein nüchternes Ding automatisch „süß" aussehen lassen. Dies trägt alles dazu bei zu demonstrieren, dass die Gegenstände etwas anderes sind als ein normales Alltagsding. Diese Nicht-Alltäglichkeit zielt wiederum auf den Effekt ab, den eigentlich alltäglichen Dingen einen ästhetischen Zug zu verschaffen. Der Kitsch bekommt damit wieder die Ambivalenz bezüglich seiner Identifikation, nämlich das Alltägliche einerseits und das Nicht-Alltägliche bzw. Ästhetische andererseits. Für diesen Effekt nehmen die kitschigen Gebrauchsgegenstände in Kauf, ihren funktionellen Aspekt zu vernachlässigen. Für sie ist der Effekt viel wichtiger.

4.2.2.3 Die Ambivalenz auf der semantische Ebene – die Größe der Disney-Uhr

Nachdem nun dargelegt wurde, wie anders sich der funktionelle Aspekt bei den kitschigen Gebrauchsgegenständen im Gegensatz zu rein dekorativen Dingen verhält, soll nun in diesem Abschnitt die Besonderheit der kitschigen Gebrauchsgegenstände auf der semantischen Ebene betrachtet werden. Was zeichnet den Kitsch auf dieser Ebene gegenüber den nicht-kitschigen, allein dekorativen Dingen aus?

Die kitschigen Gebrauchsgegenstände berühren durch ihre Darstellung zumeist Themen des Nicht-Alltäglichen. Dies reicht von politisch prominenten Menschen über religiöse Motive bis hin zu renommierten künstlerischen Werken. So gibt es etwa Sandalen mit dem Gesicht Barack Obamas, Brillenetuis mit dem Mona-Lisa-Motiv, Schlüsselanhänger mit dem Eiffelturm usw.[30] Hier entsteht dann eine große Diskrepanz zwischen der Trivialität der Gegenstände und dem ungewöhnlichen Motiv. Der Kontrast lässt sich dabei mit der Diskrepanz der Größe erklären. Wenngleich es hier nicht um die physische Größe geht, wird man generell sagen können, dass das Triviale klein und das Nicht-Alltägliche groß wirkt. Das Erste ist klein, weil es in einem vertrauten Bereich beheimatet ist, der relativ klein wirkt; das Letzte ist groß, weil es eben diesen Bereich überschreitet und fremd und weltläufig erscheint. Es gibt vermutlich mehrere Gründe, warum die kitschigen Dinge dazu neigen, ein großes Thema in einem kleinen Gegenstand zu verkörpern. Zunächst soll hier nur auf einen Grund hingewiesen werden, nämlich, dass sie damit versuchen, das Nicht-Alltägliche vertrauter zu machen. Die großen Themen wirken in solchen trivialen Gebrauchsgegenständen nicht mehr jenseits oder überdimensional, sondern für den Benutzer brauchbar und handhabbar. So wirkt das Nicht-Alltägliche nicht mehr fremd, sondern wird zu etwas Alltäglichem und Trivialen.

Für das Souvenir, das als ein häufiger Repräsentant des Kitsches gilt, lässt sich auf dieselbe Weise erklären, warum es kitschig wirkt: Die Reise gilt als ein ungewöhnliches Erlebnis gegenüber dem Alltag. Man bringt das Souvenir mit nach Hause als Erinnerung an die nicht-alltägliche Erfahrung.[31] Es ist je-

---

30 | Vgl. die Ausstellung „Böse Dinge: Eine Enzyklopädie des Ungeschmacks" im Museum der Dinge in Berlin vom 16. Juli 2009 bis 11. Januar 2010 und im Hamburger Museum für Kunst und Gewerbe vom 16. Mai 2013 bis 15. September 2013.

31 | Über die Analyse des Souvenirs siehe u.a. H. Pross: Medium „Kitsch" und Medienkitsch, S. 5-6.

doch schwierig, die Erlebnisse der Reise unmittelbar in einen materiellen Gegenstand umzusetzen. Diese lassen sich ja nicht bloß auf ein Ding reduzieren. Wenn die fragliche Erfahrung repräsentiert werden soll, sollte dies besser in einer sublimierten Form geschehen. Dafür kann Reiseliteratur ein Beispiel sein und genauso ein symbolisches Ding, das nicht metonymisch den Ort der Reise repräsentiert, sondern eine persönliche Bedeutung in sich trägt. Im Souvenir ist die Darstellung der Erfahrung aber zu unmittelbar und unpersönlich zugleich, um eine solche Bedeutung zu vermitteln. Auf der einen Seite ist es zu allgemein, um ein individuelles und besonderes Erlebnis zu repräsentieren. In einem Souvenir, das man in einem Laden kaufen kann, wird ein Ort mit einem für ihn typischen Merkmal wie etwa einem berühmten Gebäude ausgedrückt, worin kein Spielraum für eine persönliche Erfahrung zu finden ist. Es wirkt dabei nur oberflächlich wie ein Massenprodukt. Andererseits fungiert die Reise in gewissem Sinne wie ein Traum. Sie hebt sich vom alltäglichen Leben ab, bietet etwas, was man in der normalen Realität nicht erleben kann. Ein Souvenir ist aber zu konkret für eine zwar unbestimmbare, aber schöne Stimmung. Vielmehr findet es seine Rolle darin, ein Beweis dafür zu sein, dass man dort war.[32] In dieser nüchternen Rolle des Souvenirs kann die Reise dann nicht als ein Traum bewahrt werden, der keinen Ort in der Realität beansprucht. Stattdessen lässt das Souvenir den Traum, im Zuhause einen festen Platz finden, nämlich in einer Ecke im Regal. Dadurch wird aber die nicht-alltägliche Erfahrung zu einer konkreten, vertrauten und trivialen.

Das kitschige Merkmal des Souvenirs kann zudem an seiner physischen bzw. semantischen Größe erklärt werden. Es repräsentiert häufig in einer kleinen Figur etwas Größeres wie einen Turm, eine Statue, eine Kirche oder manchmal eine ganze Stadt. Die Objekte müssen dann verkleinert werden, was zwischen den realen Objekten und den Souvenirs einen erheblichen Kontrast hinsichtlich ihrer Größe erzeugt. Hierbei kann eine 30 Meter hohe Statue (plus 8 Meter Sockel) wie die des Cristo Redentor in Rio de Janeiro auf Souvenirgröße schrumpfen. Dabei ist es nicht nur die physische Größe, die bei der Statue verkleinert wird. Auch der dargestellte Jesus verwandelt sich in ein triviales Souvenir und wird in die Ecke eines Buchregals gestellt. Dadurch wird die religiöse Bedeutung von Jesus ebenfalls profaniert und trivialisiert.

Darauf, dass der Kitsch mit Vorliebe Themen des Nicht-Alltäglichen aufgreift, wurde schon oftmals hingewiesen. Giesz etwa lenkt die Aufmerksamkeit darauf, dass der Kitsch als Thematik gerne die besonderen Momente des

32 | Hierzu H. Pross, a.a.O., S. 6: „Das Ding, ob kunstvoll gefertigt oder gekitscht, bestätigt durch sein materielles Vorhandensein, das anfaßbar, ansehbar, fühlbar, vielleicht auch riechbar ist, das Vergangene. Das Andenken bestätigt. Es ein Zeichen des Dagewesenseins, und es symbolisiert, danke seiner materiellen Gegenwart, den Wert, den das Dagewesensein an einem Ort hat."

Lebens aufgreift, allesamt große Ereignisse wie „Tod, Sexus, Krieg, Schuld, Not, Geburt, Gott usw.".[33] Alles für ein Leben wichtige und bedeutungsvolle Momente, bei denen man ernst wird. Eben diese Momente macht der Kitsch aber unerbittlich trivial. Der Kitsch kann zum Beispiel keine Tragödie dulden. Dasselbe tragische Bühnenstück wird in einer kitschigen Darstellung zur Seifenoper. Im Kitsch wird weder Freude noch Trauer richtig radikal dargestellt. Vielmehr will er dies unbedingt vermeiden. Der Kitsch überrascht in diesem Sinne nicht wirklich. Alles soll im Kitsch in einer maßvollen Größe dargelegt werden. Um dies zu erreichen, verwendet der Kitsch mehrere Methoden der Darstellung, die nachfolgend gezeigt werden. Die erste wurde hier bereits aufgezeigt, nämlich dass der Kitsch seine Größe verringert und damit *handhabbar* wird. Giesz formuliert dies wie folgt: „Die Jaspersschen ‚Grenzsituationen' der menschlichen Existenz, könnte man sagen, vermag der Kitsch in rührende Idylle zu verwandeln, die angemessenen *numinosen* Schauer (Angst, Ehrfurcht, Andacht, Verzweiflung usw.) durch annehmliche Gerührtheit zu ersetzen."[34]

Dieses Merkmal der kitschigen Gegenstände schließt sich an eine weitere Eigenschaft des Kitsches an: Die Dinge bekommen durch die Verkleinerung und die Trivialisierung den Effekt, nicht real zu wirken. Der Bismarck auf dem Krug zum Beispiel wird nicht nur trivialisiert, sondern auch entrealisiert. Er wirkt auf dem Krug nicht mehr als der eiserne Staatsmann, der in der Geschichte wirklich existierte. Er verliert seinen ernsten Zug, sein reales Wesen, das man demgegenüber bei einer normalen Statue spüren würden. Er wirkt auf dem Bierkrug wie eine fiktive Figur. Der Grund dafür liegt jedoch nicht darin, dass er nicht mehr in der Realität existiert. Die zeitliche oder örtliche Distanz ist hier kaum ein Faktor, die Dinge nicht real wirken zu lassen. So ist Obama im Fernsehen nicht erreichbar, trotzdem wirkt er überhaupt nicht irreal. Er wirkt präsent und real, obwohl wir ihn nie persönlich getroffen haben und treffen werden. Aber Obama auf den Pantoffeln wirkt nicht wie ein amerikanischer Politiker, sondern eher wie eine Figur aus einem Comic. Dem Abbild auf den Pantoffeln ist die reale Distanz in der Wirklichkeit und seine ernste politische Bedeutung abhandengekommen. Stattdessen wird eine Ebene geschaffen, in der er sich in eine Figur verwandelt, die völlig vertraut erscheint. Ein ähnliches Phänomen ist in einem Ding wie dem Eiffelturm-Schlüsselanhänger sichtbar. Wenn der reale Eiffelturm auf die Größe eines Schlüsselanhängers schrumpft, so entsteht nicht nur an seiner Größe eine Veränderung. Er verliert dabei auch seine kulturelle und geschichtliche Bedeutung in der Realität und verwandelt sich in ein spielerisches Ding wie ein Spielzeug. Der kleine Eiffelturm spielt dabei nicht nur die Rolle, an den realen zu erinnern, sondern

33 | L. Giesz,: Phänomenologie des Kitsches, S. 47.

34 | L. Giesz, ebd. (Herv. Y.R.).

erschließt auch eine Ebene, auf der die Figuren und Dinge fiktiv wirken. Damit ergibt sich, dass die Veränderung der Größe bei den kitschigen Dingen die Realität der Sache in den Hintergrund treten lässt und die spielerische Ebene eröffnet. Dies erinnert an „Alice im Wunderland", die ihre Größe verändern musste, um in das „Wunderland" einzutreten.

Es ist zu beachten, dass der Entrealisierungseffekt der kitschigen Gegenstände aber nicht übertrieben ausgelegt werden darf. Dieser ist nicht so zu verstehen, dass die trivialisierten Gegenstände eine richtige Fantasie erzeugen, so dass man Illusionen sehen würde. Worauf hier die Aufmerksamkeit gelenkt werden soll ist vielmehr, dass sie mit der Verkleinerung die Sache unernst machen und einen Spielraum des Nicht-Realen erzeugen.

Die Disney-Kuckucksuhr lässt sich in demselben Kontext erklären. Disneyfiguren scheinen auf den ersten Blick nichts mit Größe zu tun zu haben. Doch wenn man die Auswirkung der Größenumwandlung berücksichtigt, den realen Dingen die Realität zu nehmen, kann auch hier eine Verbindung zwischen der Disney-Uhr und dem Aspekt Größe hergestellt werden. Was ihre Größe angeht, wirken Disneyfiguren allgemein nicht ungewöhnlich groß oder klein. Genauer gesagt, ihre Größe ist eigentlich gar nicht bekannt, weil sie einfach nicht in der Realität existieren. Sie sind Figuren aus einem Zeichentrickfilm, die dann dank ihres fiktiven Charakters eine spielerische Ebene erzeugen. Hier gibt es keine Veränderung der Größe, dennoch ist eine gleichartige Wirkung beobachtbar: Sie lässt einen Gebrauchsgegenstand wie eine Uhr nicht nur der Realität irgendwie entrückt erscheinen, sondern erlaubt auch einer spielerischen Dimension sich einzuschleichen.

So betrachtet hat die Disney-Kuckucksuhr dieselbe Struktur wie der Bismarckkopf-Krug, die Obama-Pantoffeln und der Eiffelturm-Schlüsselanhänger. Sie sind alle Gebrauchsgegenstände, die zu praktischen Zwecken genutzt werden und gehören zur alltäglichen Dimension. Zugleich haben sie auch einen schmückenden Teil, der dazu beiträgt, diesen alltäglichen Gegenständen eine der Realität entkommene Auswirkung zu verleihen und damit eine spielerische Dimension zu erschließen.

4.2.3 Die Explikation

Bei der Betrachtung der Ambivalenz hat sich herausgestellt, dass die kitschigen Gebrauchsgegenstände den ästhetischen Teil und nicht den funktionalen in den Vordergrund stellen wollen und welche Auswirkung dies hat. Was hat dies mit dem Unernst der kitschigen Gebrauchsgegenstände zu tun? Es sollte der Unernst des Kitsches ausgemacht werden, der sich weder aus der externen Beziehung mit der Kunstszene noch allein aus seinem oberflächlichen Zug ergibt und es wurde darum davon ausgegangen, dass er dann mit der Art Unernst zu tun hat, den der allgemeine ästhetische Gegenstand wie die

Kunst teilt. Deshalb wurden die Fälle untersucht, bei denen in der Kunst von Ernst und Unernst gesprochen wird. Das Ergebnis der Untersuchung zeigte, dass die Kunst in den folgenden drei Fällen unernst wirkt: Erstens, wenn sie keine bedeutsame Botschaft vermittelt; zweitens, wenn ihr die Absicht fehlt, für die Kommunikation eine Botschaft aufrichtig zu äußern; und drittens, als Ausdruck, dass die Ereignisse im Rahmen der Kunst nicht real passieren. Der Versuch, dieses Ergebnis auf den Kitsch anzuwenden, erwies sich jedoch als schwierig, weil den kitschigen Gebrauchsgegenständen anders als der Kunst noch der Zweck der praktischen Nutzung innewohnt.

Deshalb sollte zunächst mithilfe der Ambivalenz herausgefunden werden, wie groß das Gewicht des ästhetischen Teils in ihnen ist. Dabei stellte sich heraus, dass dieser dem funktionalen Zweck gegenüber im Vordergrund steht.

Ermöglicht dieses Ergebnis nun die Bedeutungen des Unernstes in der Kunst auf den Fall des Kitsches zu übertragen? Die Antwort ist ja, aber nur bedingt. Denn der ästhetische Teil der kitschigen Gebrauchsgegenstände kann erst in seiner Einheit mit dem funktionellen Teil richtig eingeschätzt werden. Darum wurden die beiden im Verhältnis zueinander betrachtet. Es wurde dabei gezeigt, dass der ästhetische Teil die Wirkung hat, einem alltäglichen Gegenstand seine Alltäglichkeit zu nehmen und ihn auf eine entrealisierte Ebene zu stellen.

Lässt sich diese Auswirkung mit einer der drei Bedeutungen des Ernstes und Unernstes in der Kunst in Einklang bringen? Es erscheint zunächst naheliegend, dies mit der dritten Bedeutung des Unernstes zu vergleichen, nämlich, dass die Ereignisse innerhalb des Rahmens der Kunst nicht real geschehen. Allerdings ist es schwierig, eine Parallelität zwischen der Struktur der kitschigen Gegenstände und der der Kunst aufzuzeigen. Was in ihnen könnte den Ereignissen in einem Theaterstück entsprechen? Es stimmt zwar, dass etwas bei den kitschigen Gegenständen nicht real wirkt, dies tut es aber nicht in derselben Weise, wie die Ereignisse in der Kunst in der Realität nicht passieren.

Was ist mit der zweiten Bedeutung des Unernstes der Kunst? Der Unernst, der auf ihren Wahrheitsanspruch bezogen ist, trifft ebenfalls nicht auf den Fall der kitschigen Gebrauchsgegenstände zu. Denn welche Wahrheit könnte beispielsweise ein Bismarckkopf-Bierkrug überhaupt vermitteln?

Hingegen bietet sich jene Bedeutung des Unernsts an, bei der es um die Absicht geht, sich aufrichtig zu verständigen, den Unernst der kitschigen Gegenstände zu begreifen. Um dies zu verstehen, ist hier nochmals daran zu erinnern, dass die Entrealisierung des alltäglichen Gegenstandes dazu führt, eine spielerische Ebene zu öffnen. Es fragt sich, wie man diese Ebene interpretieren soll. So unterstellt man in einer möglichen Interpretation, dass die kitschigen Gegenstände mit dieser spielerischen Ebene in eine Welt der Illusion und der Fantasie führen wollen. Nach dieser Deutung würde die Disney-Uhr darauf abzielen, den Menschen, die sie betrachten, die Illusion vermittelt, sie würden die fiktiven Figuren sie inmitten der Realität einen schönen Traum träumen lassen. Was für einen Traum vermitteln die Disneyfiguren? Nach dieser Ansicht sollen sie eine „Happy World" ohne Leid und Tod suggerieren – selbst wenn eine Figur explodiert, ist sie im nächsten Moment wieder wohlauf. So sollen sie die Leute von einer glücklichen Welt träumen lassen. Wer diese Interpretation vertritt, tendiert dazu, auch den Unernst der kitschigen Gegenstände unter diesem Gesichtspunkt zu sehen. Hiernach wirken sie unernst, weil sie nicht mit der Realität, sondern mit der Illusion zu tun haben.

Diese Interpretation kann aber nur unter Vorbehalt angenommen werden: Der Moment, in dem der Rezipient eines kitschigen Dings die Illusion erlebt, sollte nicht wie der Zustand in einem Rausch angesehen werden. Das Gefühl beim Rausch ist viel zu intensiv, um es mit dem Genuss des Kitsches zu vergleichen. So ist die Vorstellung nicht realistisch, dass man sich an einer Disney-Uhr berauscht. Es mag zwar Momente geben, in denen man mit ihrer Hilfe etwas Nicht-Reales genießt, aber es ist schwer vorzustellen, dass die Disney-Uhr stets eine solch intensive emotionelle Wirkung bietet. Vielleicht kann man hier von einem Tagtraum reden. Wenn dieser nicht so intensiv ist, ist die Vorstellung der Rezipienten von der Disney-Uhr damit vergleichbar. Dies soll natürlich nicht so verstanden werden, als erlebe der Rezipient einen Rausch. Darüber hinaus ist daran zu erinnern, dass es hier um Gebrauchsgegenstände geht, die alltäglich benutzt werden. Realistischerweise können diese eine fröhliche Stimmung erzeugen, aber sie sind zu gewöhnlich, als dass sie jemanden von der Realität völlig abheben würden.

Was die Erfahrung der puren Illusion mit den kitschigen Gebrauchsgegenständen noch mehr erschwert, ist die Tatsache, dass sie sie nicht mit einem natürlichen Laufen erzeugen, sondern künstlich dazu bringen wollen. Die Erfahrung mit dem Ästhetischen kann in der Regel den Effekt bringen, auch das Gewohnte mit einem anderen Blick zu sehen und es nicht mehr als so vertraut wie zuvor zu empfinden. Also ist der Entrealisierungsprozess bei der ästhetischen Erfahrung gar nicht ungewöhnlich. Was den schmückenden Teil bei den kitschigen Gebrauchsgegenständen angeht, kann jedoch nicht nur gesagt werden, dass er einen solchen Effekt bringt. Hier sollte man besser sagen, dass sie mit ihrem Schmuckteil zu dem Effekt *zwingen*. Hier läuft der Prozess der Entrealisierung also nicht von selbst ab, sondern wird gewissermaßen künstlich eingeleitet. Die kitschigen Gegenstände drängen dazu, von einer völlig üblichen Sache zugleich auch etwas Nicht-Übliches zu erfahren. Der Prozess irritiert außerdem wegen der Trivialität der Gegenstände.[35] In der Folge kann man

35 | Die Künstlerin Ellen Druwe weist hinsichtlich der Absicht des Kitsches in ihrer Definition von Kitsch darauf hin, „dass alles, was versucht, etwas anderes zu sein, es aber nicht ist, Kitsch ist. Zum Beispiel eine Gießkanne in Entenform will eine Ente sein, nicht völlig in eine schöne Illusion übergehen, sondern nur in einem zwiespältigen Zustand zwischen dem Gewöhnlichen und dem Ästhetischen.

Der Unernst der kitschigen Gebrauchsgegenstände hat also auch nicht mit der Erzeugung der puren Illusion zu tun. Der Dreh- und Angelpunkt hierbei liegt darin, dass sich die spielerische Ebene, die der ästhetische Teil eröffnet, auf die Art und Weise der Existenz eines Dinges bezieht. Sie hat nämlich zunächst zur Folge, die Eigenschaft der Dinge zu destabilisieren. Die Dinge gelten eigentlich als etwas Stabiles und Klares. Sie sind zum Beispiel in der Semiotik Ogdens und Richards der letzte Referent, auf den alle Sinnverhältnisse zurückgeführt werden. In den kitschigen Gegenständen bieten sie aber nicht mehr die Sicherheit als die letzte Instanz der Ordnung der Dinge. Sie bleiben nicht mehr schweigend, sondern sprechen nun mit ihrem Bismarckkopf oder den Disney-Figuren die Leute an. Ihre Nachricht heißt dabei, dass sie nicht nur ein Gebrauchsgegenstand sind, sondern mehr als das ein ästhetischer.

Die spielerische Ebene der kitschigen Gebrauchsgegenstände bestimmt dabei die Weise, wie sie die Nachricht äußern: Sie sagen dies nicht in einer Weise, in der man aufrichtig sagt, was man meint. Die Ansicht, das bei dem Bierkrug die Absicht unterstellt wird, er wolle sagen „ich bin nicht bloß ein Krug, sondern eine Deko, ein ästhetisches Ding" (siehe Seite 140), ist aber eigentlich die Botschaft, die er vermitteln will. Mit der Art und Weise seiner Vermittlung äußert er aber nicht den Inhalt so, wie dieser gemeint ist, sondern er drückt dies eher spielerisch aus So würde der Bismarckkopf-Bierkrug nicht sagen „ich bin nicht bloß ein Krug, sondern eine Deko", sondern: „Ich bin ein Krug. Das bin ich aber vielleicht nicht im Ernst." Genau in diese Äußerung findet sich der Unernst der kitschigen Gebrauchsgegenstände. Sie äußern sich nicht bestimmt. Ihre Ambivalenz zeigt sich nicht in der Weise, dass sie mit einer bestimmten Eigenschaft imponieren, während sie tatsächlich eine andere wesentliche haben (im Sinne von Ironie). Sie zeigt sich auch nicht darin, dass beide Eigenschaften affirmativ in den Vordergrund gestellt werden.

Die Kitschgegenstände präsentieren sich eher spielerisch, so als wären sie nicht ernst gemeint. Für den praktischen Aspekt des Dings wirkt dann der ästhetische nicht ernst und umgekehrt. Dies ist dann mit dem Unernst der Kunst vergleichbar, wobei die Absicht, sich ernst zu verständigen, in Frage gestellt ist.

ist aber keine." (Franze, Jana/Wycisk, Nicole/Koopmann, Johanna: Entengießkannen wollen Enten sein. Interview mit der Künstlerin Ellen Druwe, in: S. Kampmann et al. (Hg.): Nippes. Querformat. Zeitschrift für Zeitgenössisches, Kunst, Populärkultur, Heft 1 [2008], S. 57-58).

4.3 Die Disney-Kuckucksuhr als Trugbild

Von der Disney-Uhr sagt man, dass sie Kitsch sei, also nicht schön. Dieses ästhetische Urteil lässt sich aber nicht nur auf einen puren ästhetischen Aspekt zurückführen. Eine ästhetische Abneigung hängt eher generell mit der allgemeinen geistigen Haltung zusammen. So hat sich bei der Betrachtung der kritischen Ansichten gegen die kitschigen Gebrauchsgegenstände gezeigt, welche hintergründigen Gedanken hinter solchen Kritiken stecken. So ist in der Ansicht, bei der die Frage nach dem eigentlichen Wesen die allerwichtigste ist, der Vorwurf gegen den Bismarckkopf-Bierkrug auf die „unreine" Bestimmung bezogen. Die Identifikation, was es ist, also Krug oder Zierstück, ist gemäß solcher Ansicht dubios. Dort soll ein Ding einem Zweck angepasst werden, um seine Authentizität zu behalten. Nach der anderen Ansicht taucht der Bismarckkopf-Krug als ein Erreger von Verwirrung auf. Dieser Blick beruft sich dabei auf den Ansatz, dass die Ordnung des Zeichensystems durch die Trennung zwischen den Referenzen und den Referenz-Objekten eingehalten wird, was als Basis zur Überprüfung der Realität einer Sache dient.

Aus diesen Gesichtspunkten gesehen bietet die Ambivalenz des Kitsches einen Grund für den Vorwurf, dass er nicht echt und ein unberechtigter Vortäuscher sei. Die Existenz der kitschigen Gebrauchsgegenstände führe dazu, der Authentizität der Dinge und der Sicherheit des Zeichensystems etwas Verwirrung zuzufügen. Wenn man nun Kitsch nur aus dieser Sichtweise sieht, kann er nichts anderes als ein elender Schurke sein, der die Ordnung der Welt stört. Diese Vorwürfe gegen Kitsch sind jedoch nicht ganz richtig, denn in der Tat ist der Kitsch noch böser.

Die Verwirrung, die der Kitsch verursacht, liegt nicht nur darin, dass er einen von ihm gewählten Gegenstand als Deko nachahmt, oder dass sein Zweck nicht klar ist, wie die oben gezeigten kritischen Ansichten gegen Kitsch meinen. Die echte Verwirrung wird vielmehr dadurch verursacht, dass die kitschigen Gebrauchsgegenstände mit ihrer Ambivalenz solchen Ansichten einen Riss zufügen, indem sie sich der Logik vom Realen und Irrealen oder vom Authentischen und der Kopie entziehen.

Danach macht der Bismarckkopf-Bierkrug Bismarck nach, weil er sich als eine Deko ausgeben will. Dabei hat sich gezeigt, dass diese Ansicht voraussetzt, dass zwischen dem Bismarckkopf-Bierkrug und einem Bismarckkopf ein Verhältnis Original-Kopie besteht, und dass die Kopie sich das Wesen des Originals wünscht und es deswegen nachmacht. Weil es in unserer Kultur üblich ist, dem Original einen inkommensurablen Wert zu verleihen, sieht diese Schlussfolgerung einerseits völlig nachvollziehbar aus.

Aber das, was mit dem Kitsch ausgedrückt werden soll, scheint woanders zu liegen. Dies manifestiert sich paradoxerweise in seinem ambivalenten Wesen: Nicht dass der Bismarckkopf-Bierkrug eine Deko erfolgreich nachahmt, sondern dass er in einem Grenzbereich die Doppelung, mal Krug, mal Deko, genießt. So wünscht er sich nicht das Original, sondern eben den suspendierten Zustand zwischen den Bestimmungen.

Hierzu hat Gilles Deleuze in seinem einfallsreichen Text „Platon und das Trugbild" den Versuch unternommen, den Unterschied zwischen dem Urbild, dem Abbild und dem Trugbild aufzuzeigen. Er weist unter anderem darauf hin, dass das Urbild und das Abbild eine gemeinsame Qualität teilen und dass sie nur darin differenziert werden, dass das letztere weniger Anteil vom ersteren hat. Wie erwähnt ist dem Abbild bei Platon vorzuwerfen, dass es bloß eine Nachahmung der Idee ist und somit weit entfernt von der wahren Idee. Aber Deleuze zufolge besteht zwischen den beiden eine qualitative Kontinuität, die sich in der innerlichen Ähnlichkeit der beiden präsentiert. Dahingegen hat das Trugbild keine innerliche Affinität mit dem Original, sondern nur eine äußerliche.[36] „Es erzeugt zweifellos noch einen Ähnlichkeitseffekt; es handelt sich aber um einen Gesamt*effekt*, ganz äußerlich und mit Mitteln hervorgebracht, die sich weitgehend von denjenigen unterscheiden, die im Urbild am Werk sind."[37] Ein weiterer wichtiger Unterschied zwischen dem Abbild und dem Trugbild liege darin, dass im guten Abbild stets „ein herstellendes Verfahren" steckt und „in Entsprechung zu diesem Verfahren eine richtige Meinung oder sogar ein Wissen".[38] Darum seien nicht alle Abbilder verwerflich. Hingegen fällt auf das Trugbild der Verdacht, durch „List oder Subversion" lediglich auf eine „äußerliche und unproduktive Ähnlichkeitswirkung" zu zielen.

„Der reinen Identität des Urbilds oder des Originals entspricht die exemplarische Gleichartigkeit, der reinen Ähnlichkeit des Abbilds entspricht die so genannte nachbildnerische Gleichartigkeit."[39] Dahingegen besteht das Trugbild auf der Bewegung, einer Resonanz, die die divergenten Einzelnen bilden. Wenn man ein Trugbild, zum Beispiel ein *Trompe-l'oeil* von einem Wandbild als ein solches sehen will, muss man einen bestimmten Standpunkt einnehmen, weil man ansonsten nur die ungeschickt abgebildeten Säulen auf der Wand finden wird. Aber wenn ein Beobachter den richtigen Blickwinkel einnimmt, erscheint da ein dreidimensionaler Raum, den die zweidimensionalen Säulen erschaffen. Der Raum bewegt sich stets je nach dem Gesichtspunkt des Beobachters. Deleuze stellt dies dar als „ein stets Anders-Werden, ein subversives Werden der Tiefen, das dem Gleichförmigen, der Grenze, demselben oder dem Ähnlichen auszuweichen vermag: stets zugleich mehr oder weniger, doch

36 | G. Deleuze: Trugbild und antike Philosophie, in: Ders.: Logik des Sinns, Frankfurt a.M. 1993, S. 315.

37 | G. Deleuze, ebd.

38 | G. Deleuze, a.a.O., S. 316.

39 | G. Deleuze, a.a.O., S. 317.

niemals gleichmäßig".[40] Aus den stets wackelnden Bewegungen kommt die „Macht zum Phantasma"[41] heraus.

Das Trugbild zerreißt dadurch die Ordnung der Welt, die der Platonismus vertritt, also in der das Wesen von der Erscheinung oder das Urbild von dem Abbild zu unterscheiden ist.[42] Das Trugbild ist aber „kein degradiertes Abbild, es birgt eine positive Macht, die *sowohl das Original wie das Abbild, das Modell wie die Reproduktion* verneint. Von den beiden zumindest im Trugbild interiorisierten divergenten Serien kann keine als das Original bestimmt werden und keine als die Kopie."[43]

Das Trugbild wird bei Deleuze mit einer Simulation verglichen: „Die Simulation ist das Phantasma selbst."[44] So kann man von einem Trugbild nicht sagen, dass es falsch ist, wie „auch die Simulation nicht als Schein, als Illusion bezeichnet werden darf".[45] Denn die Begriffe Schein und Illusion sind erst dann möglich, wenn man voraussetzt, dass es das Wesen, das Reale gibt. Wo es aber „keine Wahrheit, keine Referenz und keinen objektiven Grund mehr gibt"[46], kann man aber einfach nicht davon reden, ob es Illusion ist oder nicht. Dort wird man dann das, was man sieht, ein Trugbild, eine Simulation nennen.

Insofern das Trugbild einer anderen Ordnung als der des Originals und des Abbildes folgt, kann man sagen, dass es keinen Wunsch nach einem Urbild hat. Es ist kein gescheitertes Bild, das eigentlich ein Original werden wollte, aber dies nicht geschafft hat. Sein Weg entgeht eher von Anfang an der Logik der Gleichartigkeit. Findet der Bismarckkopf-Bierkrug also hier mit dem Begriff Trugbild einen Berührungspunkt?

Wenn man den Bierkrug mit der Logik der Gleichartigkeit sieht, muss er als ein Pseudo, eine Kopie, ein Hybrid kritisiert werden. Der Einblick auf den Begriff Trugbild gibt aber noch eine andere Interpretationsmöglichkeit: Der Bierkrug wünscht sich nicht, Bismarckkopf zu werden. Der Bierkrug oder eine Entengießkanne strengen sich nicht danach an, den Bismarckkopf oder eine Ente nachzumachen und sich dadurch in eine schöne Illusion zu erheben. Sondern sie holen die Illusion in die Realität und erzeugen damit eine Simulation. Hier ist zwar auch die Unterscheidung zwischen dem Realen und dem Nicht-Realen nicht aufgehoben. Aber die Unterscheidung fungiert hier nicht zum „auswählen" oder „aussortieren", was real ist oder was echt. Die Differen-

40 | G. Deleuz, a.a.O., S. 316.

41 | G. Deleuz, a.a.O., S. 319.

42 | G. Deleuz, a.a.O., S. 320.

43 | G. Deleuz, ebd. (Herv.i.O.).

44 | G. Deleuz, a.a.O., S. 321.

45 | G. Deleuz, ebd.

46 | J. Baudrillard: Agonie des Realen, S. 11.

zierung dient eher dazu, ein Trugbild zu erzeugen. Ohne Differenz entsteht kein Trugbild, wie Deleuze zu Recht gesagt hat. Was der Bierkrug bilden will, ist also nicht eine schöne Illusion oder das Imaginäre, was beides nur auf der Ebene möglich ist, auf der das Reale als solche fungiert. In dieser Konstellation bräuchte man im Vergleich dazu nur einen Blickpunkt dafür, wie man das Bild „Ente-Hase" sieht. Hingegen ist die Simulation erst dort möglich, wo das Reale mit dem Nicht-Realen verschlungen ist. Aus dieser Fusion entsteht ein Bild, das die Unterscheidung zwischen dem Realen und dem Nicht-Realen überwindet.

Dadurch wird jene Interpretation in die Schranken gewiesen, die behauptet, dass die kitschigen Gebrauchsgegenstände dazu dienen, die unglückliche Realität mit einem irrealen Teil zu verschönern. Dieser Interpretation nach versehen sie eine langweilige oder verzweifelte Realität mit einem schönen Traum und lassen damit die harte Realität besser ertragen. So sei der Kitsch der Trost. Diese Interpretation ist allgemein verbreitet. Sie entpuppt sich aber bei näherer Betrachtung als nur die halbe Wahrheit, weil die kitschigen Gegenstände nicht Illusion, sondern Trugbild, Simulation erzeugen. Es ist zwar nicht bestreitbar, dass der Kitsch manchmal so eine Entspannung bereiten kann, aber darin erschöpft sich seine Wirkung nicht. Die kitschigen Gebrauchsgegenstände sind nicht so passiv und pessimistisch, dass sie, wie behauptet, höchstens nur Trost spenden und die Flucht anbieten können. Vielmehr sucht man im Grunde in solchen Gegenständen aktiv die Freude, egal ob diese naiv ist oder nicht, ob sie klein ist oder nicht. Um Spaß zu machen, sich zu freuen, erzeugt man aus allen möglichen Elementen der Gegenstände ein *Bild*. Dieses *Bild* ist kein Abbild, keine Kopie, weil es kein Original vor Augen hat. Es ist deshalb nichts Nachgemachtes, sondern eine Simulation. *Dieses Trugbild ist unernst, weil es nicht darauf achtet, was Wahrheit ist, was Realität und Nicht-Realität, was das Original. Es ist von der Logik Original-Abbild abgewichen.*

Dass die kitschigen Gebrauchsgegenstände der Logik der Gleichartigkeit nicht folgen, zeigt sich außerdem an ihrer praktischen Funktionalität. Bei näherer Betrachtung der Bedingung kann man sehen, dass der Kitsch einen praktischen Zweck verfolgt; so stellt sich heraus, dass die Verfolgung des Zweckes nicht unbedingt bedeutet, dass er diesen Zweck tatsächlich erfüllt. Die Bedingung des Kitsches sollte eher derart ausgelegt werden, dass die kitschigen Gegenstände *die Form* von Gebrauchsgegenständen haben, die, worauf bereits hingewiesen wurde, ihr Wesen in ihrer „Dienlichkeit" haben. Zu akzentuieren sei noch mal, dass der praktische Zweck nicht tatsächlich erfüllt werden muss, sondern allein die Form, die Geste der Dienlichkeit schon ausreicht, damit ein Kitsch-Gebrauchsgegenstand zustande kommt. So wird der Bismarckkopf-Krug als Kitsch identifiziert, unabhängig davon, ob er wirklich als Krug tauglich ist oder nicht. Solange er die äußerliche Erscheinung eines Kruges und zugleich einen Teil wie den Bismarckkopf hat, ist die Frage nicht mehr wichtig, ob er ein echter Krug ist. Hier ist die „äußerliche" Affinität, der „Gesamteffekt" entscheidend. Es ist hier also nicht in Frage, was er wirklich ist. *Diese fahrlässige, an der Washeit und der Authentizität desinteressierte Einstellung ist eine Quintessenz des Kitsches,* wie im nächsten Abschnitt zu sehen sein wird. Hier macht der Bierkrug nicht Bismarck oder eine Deko nach, sondern der Krug wird vielmehr als Vorwand genutzt, um sich daraus einen Spaß zu machen.

Daran anschließend sei noch ein Beispiel genannt, mit dem diese Sichtweise veranschaulicht werden kann: ein Kamin(-Feuer) auf einem Bildschirm. Man könnte auf den ersten Blick meinen, dass dieser den Kamin nachahmt und damit eine Nostalgie oder eine romantische Atmosphäre hervorrufen will, die gewöhnlich mit dem Image des Kamins verbunden ist. Diese Interpretation findet sich tatsächlich oft in den dargestellten Ansichten über Kitsch.

Was man hier wirklich genießen will, sind aber keine nostalgischen Momente. Man stellt einen solchen Kamin nicht auf, um solche Momente in die Gegenwart zu beschwören oder um in vertrauten Gefühlen zu versinken und auch nicht, weil man sich einen echten Kamin wünscht. Diese Vermutung könnte vielleicht für jene Menschen gelten, die einst aus dem Wunsch nach erfolgreicher Jagd heraus ihre erhoffte Beute auf Höhlenwände gemalt haben, weil sie an eine magische Kraft glaubten und hofften, viele Tiere erlegen zu können, wenn sie diese auf Höhlenwände malen. Hier scheint es in der Wahrnehmung keine Trennung von Illusion und Realität gegeben zu haben. Übertragen auf den Kamin dürfte also klar sein, dass es hier nicht um einen echten Kamin geht. Was man mit den Gebrauchsgegenständen erreichen will, ist kein berauschtes Gefühl, das einen frei träumen lässt. Man weiß im Gegenteil implizit oder explizit, dass der Kamin auf einen bestimmten Effekt zielt. Der hier beabsichtigte Effekt ist dabei keine romantische Atmosphäre (wer will mit dem Kamin auf dem Bildschirm etwas Romantisches genießen?), sondern vielmehr eine lustige und leichtsinnige. Was man dabei lustig findet, ist aber nicht der Kamin selbst. Was man genießen will, ist auch kein echter Kamin. Sondern dass der Kamin auf solche Weise in der Gegenwart hier in diesem Ort ist, das ist absurd – und interessant. Wer aber solch „Pseudo" so stehen lässt, ist derjenige, der auch die Leichtsinnigkeit, die Absurdität im Leben duldet. Es geht hier weniger um die Nostalgie oder einen Wunsch, sondern um das Spielen. Darum ist der Bildschirm-Kamin nicht ernst.

Diesbezüglich sei auf eine sehr interessante Analyse des Kunstwissenschaftlers Ernst H. Gombrichs hingewiesen, der sich mit einem bestimmten Aspekt der Artefakte wie „Toby Jug" aus dem 18. Jahrhundert oder mit Linoleum, das Fliesenwände, Tapeten, Holz usw. imitiert, was gleichwohl Kitsch genannt werden könnte, obwohl er selber den Begriff nicht verwendet, auseinandergesetzt hat. Die modernen Designer werfen solchen Gegenständen vor zu imitieren, Gombrich jedoch weist auf deren spielerischen Aspekt hin:

„Wir haben die Anfänge dieser Ablehnung zur Zeit der industriellen Revolution besprochen, als die Macht der Maschine, kostspielige Handwerksarbeit und sogar teures Material nachzuahmen, die alteingesessene Hierarchie früherer Handwerksüberlieferung bedrohte. Mimikry hieß der vulgäre Ehrgeiz, es den reichen Nachbarn gleichzutun, aber auf billig, und darum wurde es im Namen der Ehrlichkeit verdammt. Aber bis zu einem gewissen Grad trifft diese Kritik nicht ins Schwarze, denn Mimikry ist eine viel ältere Erbschaft, und ist dabei wirklich immer Schwindel im Spiel? Jeder weiß, dass der gemalte Vorhang kein wirklicher ist und dass das Linoleumparkett nicht Holz ist; vielleicht ist darum die Gewohnheit, sich mit Ersatz abzufinden, der billiger und leichter zu behandeln ist als das echte Material, nicht durchaus die Schuld unserer Schlechtigkeit. Wir könnten sie auch als eine Leistung der Einbildungskraft ansehen, eine Entdeckung der Phantasie, eine Befreiung von enger Wortwörtlichkeit durch spielerisches Verschieben der Funktionen."[47]

Die Verwendung des Begriffs *Einbildungskraft (Imagination)* hat zwar wahrscheinlich einen anderen Hintergrund als jenen des *Trugbildes*, aber seine Ansicht, den Kitsch nicht unter dem Gesichtspunkt der Kopie und der Lüge, sondern unter dem Begriff Spiel zu betrachten, findet dennoch einen Berührungspunkt mit dieser Auslegung des Begriffs Trugbild.

Die Ansicht, Kitsch als einen Trost zu sehen, hat Geltung, wenn man Kitsch noch unter der Logik der Gleichartigkeit sieht. Man braucht Trost, weil man das nicht hat, was man sich wünscht, weil man daran gescheitert ist. Dahingegen braucht man in der Logik des Trugbilds keinen Trost, weil es hier nichts zu scheitern gibt. Eher gibt es hier ein Spiel mit den ständigen Abweichungen und der Rückkehr. Wenn man den Kitsch nun aus dem Blickwinkel der Logik des Trugbildes sieht, ist das, was er einem gibt weniger Trost als Spaß.

Hierin liegt paradoxerweise die Bösartigkeit des Kitsches. Das Abbild ist in einer solchen Welt etwas Böses, wo die Logik von Original und Abbild herrscht. Die Bösartigkeit des Abbildes ist aber ein wenig brav, weil es mit seinem Wesen seine „Schuld" bekennt, weil es sich anstrengt, das Original nachzumachen. Seine Anstrengung verrät, was für ihn als richtig gilt. Es gibt nämlich mit seiner Existenz die Überlegenheit des Originals zu. Es reiht sich an derselben Linie des Originals an und steht nur in der Skala ganz unten. Das Abbild kann gerettet werden, indem es irgendwann zum Original wird – oder es kann als solches verworfen werden.

Der Kitsch ist aber kein Abbild. Sein Ziel ist es nicht, so wie das Original zu werden, sondern er genießt eher die unbestimmte Ambivalenz. So steht er der herrschenden Logik von Original und Abbild entgegen. Somit kann man

47 | E.H. Gombrich: Die Macht der Gewohnheit, in: Ders.: Ornament und Kunst. Schmucktrieb u. Ordnungssinn in der Psychologie des dekorativen Schaffens, Stuttgart 1979, S. 186.

ihn weder retten noch verwerfen, weil es hier kein Original als Maßstab des Wahren gibt. Außerdem ist er nicht ernst mit der Bemühung, etwas Wahres zu vermitteln. Er ist zudem auch damit nicht ernst, sich gegen das Original aufzulehnen. Er will es auch nicht verneinen, weil er in einer anderen Dimension als der der Gleichartigkeit steht. Er lässt sich also logisch nicht fassen.

Seine ausweichende Eigenschaft bringt andererseits eine subversive Auswirkung mit sich. Bislang wird der Kitsch aber in der Tat als der Exponent der Anpassung und der affirmativen Kunst bzw. Kultur angesehen. Darum mag die Ansicht auf den ersten Blick spitzfindig wirken. Den subversiven Aspekt findet man höchstens noch in der avantgardistischen Kunst, die bewusst und gezielt auf eine bestimmte Auswirkung den Kitsch per se oder die kitschigen Elemente verwendet. Betrachtet man dies mit der Logik der Gleichartigkeit und des Trugbildes, kann sie in einem anderen Licht betrachtet werden. Die Bemühung, sich gegen das herkömmliche Konzept der Kunst aufzulehnen und für diesen Zweck etwas zu setzen, das als den Wert des Gegenteils habend gilt, findet sich schließlich wieder der Maßstab, dem die bisherige Kunst folgt, nämlich dass sie den Wert des Schönen schätzt und die Einstellung, diesem ernsthaft zu folgen. Sie sind in dem Sinne alle ernst. Dahingegen sind der naive Kitsch bzw. die Kunst, die dem naiven Kitsch nachfolgt, von dem Wert und der Einstellung abgewichen. Das Original kann hier nicht richtig seine Macht zur Geltung bringen. Die subversive Kraft des Kitsches ist genau dort zu finden, wo die Macht des Originals hinreichet. Er existiert als ein solcher Ort in der Welt, an dem die Logik der Gleichartigkeit herrscht und seine Existenz erinnert diese ständig an seine Ohnmacht. Und die Kraft des Kitsches, der Logik der Gleichartigkeit auszuweichen, rührt aus seiner unbestimmbaren ambivalenten Eigenschaft her. Jean Baudrillard dazu: „Diese Undeutlichkeit ist die schlimmste aller Subversionen."[48] Und eben dieser widerspenstige Aspekt des Kitsches ist seine Bösartigkeit.

48 | J. Baudrillard: Agonie des Realen, S. 12.

5. Der Unernst des Kamelhaarmantels

In diesem Kapitel wird der Unernst einer anderen Sorte von Kitsch näher betrachtet. Über diese „Kitschsorte“, die die Form der Kunst in sich trägt und diese in deren Sinne nachahmt, wurde schon im vorherigen Kapitel dergestalt gesprochen, dass sie auf den ersten Blick nicht unernst wirkt (aber letztlich auch nicht ernst ist). Im Folgenden wird nun aufgezeigt, wie diese Sorte Kitsch unernst wirkt.

5.1 Der Kamelhaarmantel

Im Folgenden wird ein Teil des Romans *Der Frauenarzt* von Marie Louise Fischer, der im Jahr 1973 erschienen ist, einer Analyse unterzogen. Die Handlung des besagten Teils lässt sich dabei folgendermaßen zusammenfassen: Dr. Klaus Berg versucht in einem äußerst dringenden Notfall einen Jungen wiederzubeleben, dessen Mutter Selbstmord begangen hat und zuvor versucht hatte, auch ihrem Sohn das Leben zu nehmen. Der Junge kann nur durch Herzmassage gerettet werden und Dr. Berg ist dringend auf Hilfe angewiesen. Er ruft deshalb die Krankenschwester Kirsten Lenz an und bittet sie, sich zum Unglückort zu begeben. Den Moment ihrer Ankunft beschreibt die Autorin wie folgt:

„Er ging zur Tür, dann stürzte Kirsten Lenz ins Zimmer. Sie brachte einen Schwall winterlich frischer Luft mit. ‚Herr Doktor, melde mich gehorsam zur Stelle!‘ rief sie munter. ‚Was gibt's denn?‘ Dann erst sah sie den totenblassen kleinen Jungen und schlug sich mit der Hand vor den Mund. ‚Was ist gesehen? Hat die Mutter ...?‘ [...] Kirsten war sehr blass geworden, aber umsichtig und geschickt führte sie aus, was Dr. Berg von ihr verlangte. Ihre Hände zitterten nicht, als sie dem Jungen die Spritze gab. Erst dann zog sie ihren Kamelhaarmantel aus, unter dem sie den weißen Berufskittel trug.“[1]

---

1 | M.L. Fischer: Der Frauenarzt, Bergisch Gladbach 1973, S. 118.

Bemerkenswert ist, was die Autorin in diesem, keinen Aufschub duldenden Moment beschreibt: Den Mantel, den die Protagonistin trägt. Die Erzählung konzentriert sich darauf, das zu beschreiben, was gerade passiert; damit ist sie ereignisorientiert. Der Leser, der der Erzählung mit psychischer Eile und Ernst folgt, stößt nun plötzlich auf die sinnliche und konkrete Erscheinung eines Kamelhaarmantels, der ansonsten in keinem Zusammenhang mit dem Ereignis steht.

Dies ist zunächst sowohl hinsichtlich des inhaltlichen als auch des stilistischen Bezugs ein trivialer Sachverhalt. Welchen Zusammenhang aber soll dieser mit dem beschriebenen Kontext haben?

Generell hat die Beschreibung offenkundiger Nebensächlichkeiten in literarischen Werken häufig die Funktion, etwa die Emotionen der Figuren anzudeuten. Auch in diesem Roman kommen solche Szenen vor, indem die Autorin beschreibt, dass Dr. Berg sich bei einem wichtigen Gespräch eine Zigarette angezündet und sie „schnippt". Diese Beschreibung soll als Hinweis dafür dienen, dass Dr. Berg sich in einem psychisch angespannten Zustand befindet.

Somit kann auch hier angenommen werden, dass der Kamelhaarmantel eine Emotion oder eine innerliche Verfassung ausdrückt. Gleichwohl scheint in diesem Fall sehr schwer zu erfassen zu sein, welche psychologische Bedeutung dem Mantel zugeschrieben werden kann. Allein durch den Hinweis, dass die Protagonistin nicht irgendeinen Mantel, sondern einen *Kamelhaar*mantel trägt, lassen sich über die innerliche Verfassung der Protagonistin kaum Information erhalten. Ohnehin erscheint es an dieser Stelle nicht weiterführend, über die Figur an sich noch mehr zu erfahren. Obwohl man durch diese Beschreibung ihres persönlichen Geschmacks erfährt, dass sie vermutlich Kamelhaarmäntel schöner findet als solche etwa aus Leder, enthält diese Information keine wesentlichen inhaltlichen oder stilistischen Anhaltspunkte auf die Entwicklung der Geschichte. Darüber hinaus erscheint der Augenblick, in dem sie eilig am Notfallort eintrifft ist, als denkbar ungeeignet, dem Leser Informationen über den generellen Geschmack der Protagonistin zu vermitteln.

Für die weiteren Überlegungen zur Rolle des Mantels kann neben der Verschiebungsfunktion der psychischen Verfassung auf triviale Sachverhalte noch einen anderen Aspekt in Erwägung gezogen werden: der sinnliche Effekt des Kamelhaarmantels. So bietet er dem relativ sachlichen Bericht des Ereignisses einen optischen Reiz an. Der Mantel wird also erwähnt, um die Leser eine optische und eventuell taktile Empfindung sinnlich fühlen zulassen – darüber hinaus weist er keinen kontextuellen Bezug auf. Verkürzt lässt sich die Funktion des Kamelhaarmantels als sinnliche Markierung bezeichnen.

Eine solche Taktik, durch bestimmte sinnliche Eindrücke die Aufmerksamkeit des Publikums oder Lesers zu wecken, ist in „kitschigen" Stücken so häufig zu sehen, dass sie sogar generell als ein typisches Merkmal des Kitsches angesehen wird. Durch solch eine sinnliche Beschreibung, sei es bildlich oder sprachlich, soll den Kitsch-Liebhabern ein sinnlicher Genuss bereitet werden, was sodann auch für diese ein grundlegendes Motiv darstellt, so gerne auf Kitsch als (Stil-)Mittel zuzugreifen.

Der Kamelhaarmantel erfüllt somit in gewisser Hinsicht genau die Bedürfnisse jener Leser, die hauptsächlich aus der unteren sozialen Schicht kommen. Sie leben meist abseits des Bürgertums, wünschen sich aber dennoch ein (klein-)bürgerliches Leben. Dieser Wunsch dürfte mit dem Wunsch des Aschenputtels verglichen werden können, sich eines Tages in eine „Prinzessin" zu verwandeln. Die Leser des Arztromans projizieren ihren Wunsch nach gesellschaftlichem Aufstieg auf die Protagonistin, die aus derselben Schicht wie die der Leser kommt. Dies ist beim Kamelhaarmantel auch deutlich zu sehen: Die Krankenschwester, die in der Regel wirtschaftlich nicht wohlhabend ist, zieht sich einen Kamelhaarmantel an, der in den 1970er Jahren als teuer und repräsentativ galt. Die Traumerfüllungsfunktion dürfte also auch dem Kamelhaarmantel zugewiesen werden.[2]

Dieser Beitrag des Kamelhaarmantels scheint aber nichts mit seiner literarischen Leistung zu tun zu haben. Ihm fehlen nämlich die Notwendigkeit des Ausdrucks und die inneren Zusammenhänge. Walther Killy, der Verfasser von *Deutscher Kitsch*, wirft diesbezüglich dem Kitsch vor, dass er der Notwendigkeit des Ausdrucks entbehrt.[3] Ihm zufolge fungiert diese Notwendigkeit als eine Grenzlinie zwischen Kunst und Kitsch, wobei allein die Kunst weiß, wie Reiz und Stimmung mit Notwendigkeit auszudrücken sind, während der Kitsch sie darin allenfalls imitiert.

Die Kritik Killys gegenüber Kitsch ist nicht völlig grundlos: Viele als Kitsch angesehenen Werke beschäftigen sich tatsächlich mit der Beschreibung von trivialen Sachen, die nur einen geringen Beitrag zum Inhalt oder zum Stil des betreffenden Werkes leisten. Somit wird in „kitschigen" Stücken etwa häufig

2 | Vgl. S. Freud: Der Dichter und das Phantasieren, Studienausgabe Bd. X: Bildende Kunst und Literatur, Frankfurt a.M. 1969, S. 173-174: „Man darf sagen, der Glückliche phantasiert nie, nur der Unbefriedigte. Unbefriedigte Wünsche sind die Triebkräfte der Phantasie, und jede einzelne Phantasie ist eine Wunscherfüllung, eine Korrektur der unbefriedigenden Wirklichkeit." Ueding betrachtet die Bedürfnisse solcher Leser kritisch: „Der Kitsch will in bestimmter Weise auf ein tatsächlich vorfindbares Bewusstsein wirken und empirisch feststellbare Bedürfnisse befriedigen – gerade dadurch hält er seine Konsumenten von der Erkenntnis ihrer objektiven Interessen und von der Erfahrung ab, dass ihre Bedürfnisse Produkte einer bestimmten sozialen Organisation sind. Die affirmative Wirkungsintention des Kitsches entscheidet über seine gesellschaftliche Funktion." (G. Ueding: Glanzvolles Elend, S. 54)

3 | W. Killy: Deutscher Kitsch, S. 15.

beschrieben, welche Augenfarbe die Protagonistin hat und wie das Haar nicht nur herabhängt, sondern „lastet", wie ihr Gewand aussieht usw.[4]

Es scheint somit schwer, etwas gegen die Feststellung einzuwenden, dass die unnötig detaillierte Beschreibung von Kleinigkeiten, das Beharren auf triviale Dinge, ein Kennzeichen von Kitsch sei. Im Rahmen dieser Untersuchung wird auch, wie bereits angedeutet, nicht versucht, dieser Auffassung zu widersprechen. Die Frage, die hier interessiert, ist eher, ob diese Nicht-Bezüglichkeit auf den „wichtigen" Zusammenhang anders als ein misslungenes Unternehmen interpretiert werden kann. Soll sie also nur als ein verfehlter Effekt aus der Unzulänglichkeit hinsichtlich der eingesetzten künstlerischen Fähigkeit verstanden werden? Gibt es keinen anderen Spielraum für die Interpretation? Kann dieser trivialen Beschreibung nicht eine eigene Funktion zugebilligt werden? Welche Wirkung zeitigt sie im Hinblick auf die ganze Geschichte?

5.2 Hypothese

Bevor Funktion und Wirkung des Kamelhaarmantels in dem Roman erläutert werden, soll an dieser Stelle die Schreibweise nochmals genauer betrachtet werden. Die Verschiebung des Haupttextes auf einen unbedeutenden Sachverhalt kann man eine *Abschweifung* nennen. Warum aber erfolgt diese genau hier? Diese Frage wurde bislang in der Kitschforschung nicht gestellt. Ein Grund dafür findet sich hauptsächlich darin, dass die Abschweifung, das leichte Weggleiten vom Hauptkontext, üblicherweise auf die profanen Interessen der Kitschliebhaber zurückgeführt wurde. Die Leser dieser Roman-Sparte hätten nach dieser Ansicht noch nie „richtige" Kunst- und Geschmackserziehung genossen und könnten daher weder Interesse noch einen Sinn dafür haben, ob ein Stück literarisch gut aufgebaut sei oder nicht. Ihre Erwartung an die Romane liege bestenfalls in der Erfüllung ihrer sinnlichen Interessen, wie es etwa Frauen-Zeitschriften häufig anböten. Auf die Einbeziehung solcher Leser ziele die Beschreibung des Kamelhaarmantels ab. Richtet sich andernfalls die Schuldzuweisung nicht gegen die Leser, so werden die Autoren dafür kritisiert, dass sie aufgrund ihrer schriftstellerisch mangelhaften Fähigkeit so unkonzentriert seien und immer wieder vom Hauptmotiv des Werks abwichen.

Diese Erklärungen für die Abschweifung sind in bestimmter Hinsicht gewiss nicht durchweg abzulehnen, obwohl sie von einem zu einseitigen Gedanken getragen sind. An dieser Stelle sei noch auf einen anderen Aspekt hingewiesen, durch welchen der Sachverhalt aus einer neuen Perspektive betrachtet

4 | W. Killy, a.a.O., S. 9: „Ein mattseidenes Gewand, elfenbeinweiß und golden bestrickt, umfließt ihre Glieder und lässt einen zartgeschwungenen Nacken frei, auf dem die feuerfarbenen Flechten lasten."

werden kann. Dieser Perspektive zufolge ist die Abschweifung nicht bloß ein fahrlässiger und leichtsinniger Fehler, sondern füllt eine besondere Funktion aus bzw. zielt auf eine bestimmte Wirkung ab. Welche Wirkung kann gemeint sein?

Dazu folgende Hypothese: Die Beschreibung des Mantels *schwächt* den Ernst der ganzen Situation *ab*, indem sich die Aufmerksamkeit von dem sterbenden Jungen auf den Kamelhaarmantel *verschiebt*.

Die schwermütige und ernsthafte Stimmung aufgrund der lebensbedrohlichen Situation geht dabei durch die konkrete Darstellung des Mantels auf eine andere Ebene über. Mit anderen Worten fungiert dieses plötzliche Desinteresse an Ernsthaftigkeit als Eingang zu einer anderen Ebene, auf welcher für wichtig gehalten wird, was für einen Mantel die Krankenschwerster trägt, während der Junge um sein Leben kämpft.

Die Wandlung der Erzählebene lässt sich durch den Vergleich mit einer filmischen Kamerabewegung besser verstehen, die den Fokus vom Hauptobjekt auf ein nebensächliches verschiebt, was dramaturgisch keinen besonderen Sinn hat. Wenn diese Verschiebung des Fokus dabei keinen Sinnzusammenhang schafft und lediglich zum Ergebnis führt, die Konzentration der ganzen Geschichte zu durchkreuzen, so wird sich diese letztlich als überflüssig erwiesen. Diese Überflüssigkeit bleibt aber nicht nur harmlos, sondern übt eine eigene Wirkung aus, nämlich die Ernsthaftigkeit der eigentlichen Sache zu schwächen.

Zur Veranschaulichung hier ein weiteres Beispiel: Eine Frau, deren krebskranker Mann im Krankenhaus liegt, trifft sich mit einer Freundin; diese besucht die beiden im Krankenhaus. Sie unterhalten sich und die Frau des Erkrankten erzählt, wie schwer sie es habe. Es herrscht eine schwermütige Atmosphäre, als die Betreffende plötzlich einen Spiegel aus ihrer Handtasche herausholt, ihr Make-up korrigiert und ihre Zähne auf deren Makellosigkeit hin überprüft. Es ist nicht schwer, sich vorzustellen, dass die Freundin dieses Verhalten als nicht stimmig empfinden dürfte.

Beiden Beispielen ist eine übereinstimmende Struktur gemein, wie sie zu Beginn bereits kurz skizziert wurde: Die Abschweifungen schwächen den Ernst der Geschichte ab. Dabei sind zusätzlich die Auswirkungen zu beachten, die diese Abschweifungen bewirken. Die Erwähnung des Kamelhaarmantels stellt hierbei einerseits einen im Verhältnis zur gesamten Erzählung vermeintlich winzigen Teil dar, doch erreicht ihre Auswirkung die ganze Geschichte. Diesbezüglich drängt sich schließlich die Frage auf, ob die Geschichte als solche überhaupt ernst gemeint ist. Die Erwähnung des Kamelhaarmantels ist zwar nur ein Bruchteil des Ganzen, doch zugleich ein Riss, welcher die ganze Wand zum Einsturz bringen könnte.

Es stellt sich nun noch die Frage, warum die Abschweifung überhaupt auftaucht. Es wurde bereits angedeutet, dass sie nicht als eine ungewollte Ungeschicktheit des Autors gesehen wird, sondern eine spezielle Funktion innehat. Es ist also anzunehmen, dass Autoren, die derlei Abschweifung verwenden, dies mehr oder weniger gezielt tun.

Gleichwohl lässt sich allein aus dieser Tatsache nicht zwangsläufig schließen, dass die Autoren aus einer kreativen Ambition heraus davon Gebrauch machen. Zumindest lässt sich unter Vorbehalt feststellen, dass sie dieses Motiv auch aus einem ästhetischen Grund verwenden dürften. Diese Form der Abschweifung lässt sich beispielsweise auch in avantgardistischen Stücken finden, um damit die Trivialität einer Sache, die kaum mit der Handlung zu tun hat, detailliert zu schildern. Ein weiteres drastisches Beispiel findet sich in einem Werk, das Kitsch bewusst als Ausdrucksmittel verwendet. Ein solches unterscheidet sich von der äußerlichen Form her von dem „naiven", also authentischen Kitschstück nicht. Jedoch sollen sie getrennt gedacht werden: In dem Stück, das bewusst die Beschreibung trivialer Dinge verwendet, erfolgt dies aufgrund der künstlerischen Strategie des Künstlers, sie mit einem ästhetischen Sinn zu versehen. Warum aber tut er das? Die Motivation ist dabei öfter darauf zurückzuführen, die Trivialität und die Sinnlosigkeit der trivialen Dinge demonstrativ zu präsentieren. Was der Künstler vermutlich damit sagen will, ist, dass sie letztendlich sinnlos sind.

Hingegen werden sie im Kitschstück nicht in diesem Bewusstsein eingesetzt. Darum kann hier nicht von einer in diesem engeren Sinne künstlerischen Strategie des Autors geredet werden. Was soll es aber heißen, wenn der Autor die trivialen Sachen nicht bewusst beschreibt? Das heißt natürlich nicht, dass er dies tut, ohne zu wissen, was er tut. Vielmehr beschreibt auch er die trivialen Dinge mit einem Ziel. Jedoch fehlt ihm das Bewusstsein, dass er damit die Trivialität der Sache in den Vordergrund stellt und damit präsentiert, dass er die Trivialität oder die Sinnlosigkeit solcher Dinge zu Tage bringt. Eher umgekehrt denkt er, dass er etwas Schönes oder wenigstens dem Kontext Angemessenes darstellt. Er schreibt also über die trivialen Dinge, weil er sie schön findet, nicht weil er sie aufgrund einer künstlerischen Strategie nutzen will.

An dieser Stelle mag sich die Frage aufdrängen, warum die betreffenden Autoren ausgerechnet etwas schön finden können, was andere als sinnlos oder banal ansehen. Dies mag, so die vielfache Meinung, auf mangelhafte künstlerische Fähigkeiten zurückführen sein oder auf schlechten Geschmack.

Doch wenn man etwas schön findet, so geht doch das ästhetische Gefühl mit einer geistigen Haltung einher. Unter einer geistigen Haltung sind dabei abstrakte Elemente zu verstehen, die eine bestimmte Zeit die Kultur, die Kunst, die generelle geistige Tätigkeit usw. einer Gruppe von Menschen direkt oder indirekt beeinflussen. Mit diesem Verständnis lässt sich an den Foucault'schen Begriff des „Episteme" anschließen. Obwohl man sich der geistigen Haltung nicht bewusst wird, wirkt sie gleichwohl für alle Mitglieder einer Gruppe wie die Luft zum Atmen. Somit wird den Kitsch-Autoren eine solche geistige Haltung unterstellt. Wenn sie Schreibweisen wie die Abschweifung hin zur Beschreibung trivialer Dinge schön finden, gibt es eine geistige Haltung, die ihnen dieses ästhetische Gefühl ermöglicht. Um zu klären, warum etwa die Autorin M.L. Fischer diese Schreibweise schön findet, gilt es zu überlegen, vor welchem geistigen Hintergrund sie den Kamelhaarmantel beschreibt.

Hinsichtlich der anfänglich formulierten Hypothese über die Auswirkung des Kamelhaarmantels soll nun nach und nach geklärt werden, wie der Kamelhaarmantel den Ernst der ganzen Geschichte abschwächt. Dafür wird nachfolgend erläutert, was darunter zu verstehen ist, dass eine Geschichte, ein Roman nicht im Ernst gemeint ist. Zuvor muss aber noch geklärt werden, was es generell bedeutet, dass etwas nicht ernst gemeint ist.

5.3 Zwei Möglichkeiten, „ernst meinen" zu verstehen

5.3.1 „Ernst meinen"

Was genau bedeutet „nicht ernst", wenn ein Roman nicht ernst (gemeint) ist? Um dieser Frage nachzugehen, wird die Äußerung in der natürlichen Sprachumgebung betrachtet. Dafür werden zunächst jene Beispielfälle vorgestellt, bei denen man danach fragt, ob eine Äußerung ernst ist oder nicht.

Diese Frage wird in der Regel gestellt, wenn der Verdacht besteht, dass eine Äußerung mit dem eigentlich Gemeinten nicht übereinstimmt. Wenn also etwa jemand sagt „es ist hier sehr kalt!" gibt es mehrere Möglichkeiten der Interpretation: So kann diese Äußerung so verstanden werden, dass damit der körperliche Zustand beschrieben werden soll. Einem anderen Verständnis zufolge soll die Botschaft vermittelt werden: „Ich möchte das Fenster zumachen."[5] Häufig ist nicht sofort zu erkenn, was der Sprecher eigentlich sagen will: Ob es sich also um eine Beschreibung, um einen Befehl, um eine Bitte usw. handelt. Falls einem Hörer nicht klar ist, was der Sprecher wirklich meint, fragt er nach, was er *im Ernst* gemeint hat.

Es geht hier folglich darum, unter welcher semantischen Kategorie die Frage subsumiert werden soll. Hier sei nun angenommen, dass der Sprecher seine Äußerung im Ernst meint, während seine Äußerung jedoch in ihrer grammatischen Form einen Aussagesatz bildet. Hierbei handelt es sich dann um eine Verschiebung zwischen Gesagten und Gemeinten. Dennoch kann hier keine Rede von einer Lüge sein. Denn der Sprecher hatte keine Absicht, den Hörer zu täuschen. Es geht nur darum, *wie* man vermittelt, was man meint. Die Nichtübereinstimmung zwischen dem Gemeinten und dem Gesagten soll

5 | Vgl. Kapitel 3, Abschnitt 2.2.2.

sich in solch einem Fall innerhalb eines Spektrums befinden, dessen Bandbreite nicht so groß ist, dass die beiden im gewöhnlichen Sprachgebrauch als verwechselbar angenommen werden können. So ist es generell vollkommen verstehbar und üblich, dass, wie im obigen Beispiel, manchmal eine Bitte in der Formulierung einer Beschreibung geäußert wird. Hierbei stellt sich nie in Frage, ob es sich um eine Lüge handelt. Vielmehr geht es darum, ob man die richtige semantische Kategorie zum richtigen Verstehen verwendet.

Nun zu dem Fall, dass die Frage gestellt wird, ob eine Äußerung im Ernst gemeint ist oder nicht. Sagt beispielsweise jemand zu mir „du siehst so ähnlich aus wie Angelina Jolie", dann ruft diese Äußerung in mir den Verdacht hervor, die Person habe das eventuell nicht im Ernst gemeint. Doch was bedeutet dabei „im Ernst meinen"?

Darunter sind Äußerungen wie folgende zu verstehen: „Wenn er etwas im Ernst sagt, heißt das, dass er das sagt, was er glaubt." So werde ich also zurückfragen, wenn ich wissen will, ob der Sprechende etwas im Ernst gesagt hat oder nicht: „Glauben Sie das, was Sie sagen, wirklich?" Hier geht es somit um die Authentizität der Äußerung, was auch direkt oder indirekt die Frage suggeriert, ob jemand lügt oder nicht.

Hier lässt sich der von Habermas geprägte Begriff der Geltungsansprüche des kommunikativen Handelns heranziehen. Diese werden Habermas zufolge von den an der Kommunikation Beteiligen implizit erhoben und lauten „Wahrheit, Richtigkeit, Wahrhaftigkeit und Verständlichkeit".[6] Die Ernsthaftigkeit einer Äußerung lässt sich im Rahmen der Habermas'schen Begriffe unter anderem als Wahrhaftigkeit verstehen.

„Der wahrhaftige Sprecher übernimmt die Verpflichtung, für die Konsequenzen einzustehen, die er mit den impliziten *Ernsthaftigkeitsbedingungen* seiner Sprechakte auf sich genommen hat; auf diese gründet sich die reziproke Verlässlichkeit, ohne die ein Partner den Sprechakt seines Gegenübers nicht anerkennt, und ohne dessen Anerkennung wiederum kann der Sprechakt gar nicht vollständig ausgeführt werden. Jene Verpflichtung, die implizit *alle* Sprechakte begleitet, liegt auf einer Metaebene."[7]

Hier ist zu sehen, dass es bei der „Wahrhaftigkeit" um die Ehrlichkeit des Sprechers geht, wie ernst er das wiedergibt, was er sagen will.[8] „Wahrhaftigkeit ver-

6 | J. Habermas: Was heißt Universalpragmatik? in: Ders.: Vorstudien und Ergänzungen zur Theorie des kommunikativen Handelns, Frankfurt a.M. 1989, S. 440.

7 | J. Habermas: Vorbereitende Bemerkungen einer Theorie der kommunikativen Kompetenz, in: J. Habermas/N. Luhmann: Theorie der Gesellschaft oder Sozialtechnologie – Was leistet die Systemforschung? Frankfurt a.M. 1982, S. 131-132 (Herv.i.O.).

8 | J. Habermas: Was heißt Universalpragmatik?, S. 440: „allgemeine Funktion der Sprechhandlung des ‚Ausdrucks von subjektiven Erlebnissen'".

bürgt die Transparenz einer sprachlich sich darstellenden Subjektivität."[9] Deswegen ist hier die Rede davon, ob die Intention einer Täuschung vorliegt oder nicht. „Wahrhaftig sind die Äußerungen eines Sprechers, wenn er weder sich noch andere täuscht."[10]

Hier zusammenfassend noch einmal die verschiedene Bedeutungen der Ernsthaftigkeit einer Äußerung: Dies ist zum einen die Übereinstimmung zwischen dem Gesagten und dem Gemeinten und zum anderen die Über einstimmung zwischen dem Gesagten und dem vom Sprecher Geglaubten. Der Begriff der „Wahrhaftigkeit" bezieht sich unter anderem nur auf eine der beiden Bedeutungen, nämlich die Übereinstimmung zwischen dem Gesagten und dem vom Sprecher Geglaubten. Was die Übereinstimmung zwischen dem Gesagten und dem Gemeinten angeht, so könnte der Habermas'sche Geltungsanspruch der „Wahrheit" in Erwägung gezogen werden, doch zielt der Begriff eher auf die Richtigkeit oder Falschheit von Aussagen ab, was auf objektiver Ebene, egal ob hinsichtlich der ontologischen Wahrheitstheorie oder der Konsensus-Theorie, nachgeprüft werden kann. Im Falle des Geltungsanspruchs der „Wahrheit" geht es also nicht darum, was man semantisch wirklich meint, sondern ob eine Aussage richtig ist oder nicht, was man ohne Bezugnahme auf die subjektive Intention allein anhand objektiver Angaben feststellen kann. Kurz: „[D]ie Wahrhaftigkeit von Äußerungen liegt in einer anderen Dimension als die Wahrheit von Aussagen."[11]

Es stellt sich dabei heraus, dass die Frage nach der Ernsthaftigkeit aus zwei jeweils verschiedenen, aber miteinander verbundenen Gesichtspunkten gedacht werden muss: Erstens geht die Frage, ob eine Äußerung ernst ist, mit dem Ausmaß der Lücke zwischen dem Geäußerten und dem vom Sprecher Gemeinten einher. Hierbei bedeutet das „Ernste" das, was man wirklich meint. Zweitens bezieht sich diese Frage auch auf die Authentizität der Äußerung, die sich anhand der Übereinstimmung zwischen dem Gesagten und dem Geglaubten überprüfen lässt. Beide Aspekte sind sehr eng miteinander verbunden, daher ist es oft nicht einfach sie zu differenzieren. Gleichwohl können und müssen sie unterschiedlich behandelt werden, denn sie sind vor allem danach zu unterschieden, worauf die Frage hinausläuft. Im ersten Fall zielt die Frage letztendlich auf das *Was* ab: Es wird danach gefragt, *was* man eigentlich sagen will. Dementgegen richtet sich die zweite Frage auf das *Ob*: *Ob* man ehrlich sagt, was man glaubt.

9 | J. Habermas, a.a.O., S. 426.

10 | J. Habermas: Vorbereitende Bemerkungen einer Theorie der kommunikativen Kompetenz, S. 131.

11 | J. Habermas, ebd.

5.3.2 „Nicht ernst meinen"

Um den Unernst des Kamelhaarmantels darzustellen, ist zu klären, wie sich „im Ernst meinen" zum Unernst einer Äußerung verhält; im Folgenden wird deshalb der Fall des „nicht im Ernst Meinens" näher betrachtet.

Vorweg nochmals der Hinweis, dass für die Aussage etwas „im Ernst meinen" zwei verschiedene Deutungen möglich sind. Zunächst soll dazu der Fall der Übereinstimmung zwischen dem Geäußerten und dem Geglaubten näher beleuchtet werden. Im Umkehrschluss bedeutet dies: Wenn die betreffende Person etwas äußert, was sie eigentlich nicht glaubt, dann meint sie es nicht im Ernst. In diesem Fall handelt es sich dann nach Habermas um die Verletzung der Wahrhaftigkeit.

Im umgekehrten Fall würde dies bedeuten, dass die betreffende Person etwas nicht äußert, was sie eigentlich glaubt. Kann man auch über diesen Fall sagen, dass die Person es nicht im Ernst meint? Diese Frage lässt mehrere Antworten zu – je nachdem, inwiefern „nicht äußern" ausgelegt wird: Wenn es bedeutet, „nicht das zu äußern, was man eigentlich glaubt, und stattdessen das zu äußern, was man eigentlich nicht glaubt", verfehlt die Äußerung eine Wahrhaftigkeit, genauso wie zuvor.

Was ist mit dem Fall, in dem „nicht äußern" bedeutet, *nichts* zu äußern? Wenn man dies nur unter dem Gesichtspunkt sieht, ob eine Äußerung eine Lüge ist oder nicht, wird man nicht einfach sagen können, dass sie eine Lüge ist.[12] Dieses „nicht äußern" entbehrt aber ebenfalls jeder Wahrhaftigkeit. Die Wahrhaftigkeit bedeutet hier also, wie bereits gesehen, die Bereitschaft, sich zu verständigen. So erklärt Habermas: „wenn er [Sprecher] weder *sich* noch andere täuscht" (Herv. Y.R.). Darum wird sein Verhalten hier als „nicht im Ernst meinen" eingeordnet.

Allerdings gibt es noch eine andere Bedeutung von „im Ernst meinen", nämlich dass das Geäußerte und Gemeinte übereinstimmen. Im Umkehrschluss bedeutet dies: Wenn die betreffende Person nicht äußert, was sie eigentlich meint, meint die Person dies somit nicht im Ernst.

Doch mutet gerade diese Umkehrung von „im Ernst meinen" problematisch an, da „nicht zu äußern, was man eigentlich meint", auf verschiedene Weisen auszulegen ist. So kann dies zunächst so verstanden werden, dass eine Person absichtlich nicht das sagt, was sie wirklich meint. Dieser Fall lässt sich wieder auf mehrere Fälle unterteilt denken. Wenn „nicht das sagen, was man wirklich meint" bedeutet, absichtlich nicht das zu sagen, was man wirklich meint und stattdessen das Gegenteil, kann hier wieder von einer Täuschungsabsicht die Rede sein, wobei dies dann unter den Fall der Nichtübereinstim-

12 | Allerdings kann weiter darüber diskutiert werden, ob man das unter der Lüge einordnen soll oder nicht, je nachdem, wie man die „Lüge" definiert.

mung zwischen dem Geäußerten und dem Geglaubten subsumiert wird. Dies ist der Fall, wenn etwa eine Person eine Einladung erhält und dazu sagt, „ich komme gern vorbei“, obwohl sie die Einladung eigentlich nicht annehmen will.

Andererseits kann die Umkehrung von „im Ernst meinen“ auch auf etwas anderes verweisen, bei dem es sich nicht unbedingt um eine Täuschung handelt. So ist noch eine andere Form der Inversion zu bedenken: Wenn die betreffende Person zwar etwas nicht äußert, was sie eigentlich meint, aber auch nicht das Gegenteil davon meint, sondern etwas völlig anderes. Dies gilt etwa für den Fall, wenn jemand sagt „es ist mir kalt“ anstelle direkt zu sagen „ich bitte dich, das Fenster zuzumachen“ – hier lässt sich der betreffenden Person schwerlich eine Täuschungsabsicht unterstellen. Es mag mehrere Gründe dafür geben, warum die Person nicht direkt sagt, was sie im Ernst meint. Möglicherweise findet sie es eine direkte Bitte als zu unhöflich oder sie ist gehemmt und kann deshalb eigene Wünsche nicht offen mitzuteilen usw. Hier liegt somit keine Täuschungsabsicht, sondern es handelt sich allenfalls um eine unterschiedliche Formulierung oder Rhetorik.

Diesbezüglich stellt „nicht ernst meinen“ eine Möglichkeit der Äußerung dar, die zwar keine ernste Täuschungsabsicht beinhaltet, jedoch etwas *anders* formuliert als das, was man eigentlich meint.

Die Ironie stellt dabei ein dafür prototypisches Beispiel dar. So zeichnet sich Ironie generell dadurch aus, dass man das Gegenteil von dem meint, was man sagt.[13] Außerdem kann sie in einer erweiterten Bestimmung so definiert werden, dass der Ironiker etwas *anderes* meint, als er sagt.[14] Ein weiteres Beispiel findet sich im Scherz, bei welchem das Geäußerte und das vom Sprecher Gemeinte sich oft nicht miteinander decken. Kann hier von einer Täuschungsabsicht die Rede sein? Goffman weist darauf hin, dass man beim Scherzen in einem strengen Sinne eine Täuschungsabsicht hat, was aber immer schon die spätere Entlarvung voraussetzt. Darum kann hier keine ernste Täuschungsabsicht entstehen.[15]

Hervorzuheben ist noch, dass Ironie durch eine Teilung in zwei Ebenen möglich wird: in das Geäußerte und das Gemeinte oder, anders formuliert, das

13 | E. Lapp: Linguistik der Ironie, Tübingen 1922, S. 28; E. Behler: Ironie und literarische Moderne, Paderborn/München 1977, S. 7.

14 | E. Lapp: Linguistik der Ironie, S. 39.

15 | E. Goffman: Pläne und Täuschungsmanöver, in: Ders.: Rahmen-Analyse. Ein Versuch über die Organisation von Alltagserfahrungen, Frankfurt a.M. 1977, S. 102: „In allen Gesellschaften scheint es mir das zu geben, was man „scherzhafte Täuschung“ nennen könnte, nämlich die Täuschung einer oder mehrerer Personen mit dem ausdrücklichen Zweck, einen Spaß zu machen -harmlose, nicht ernst gemeinte, gewöhnlich kurzzeitige Unterhaltung. Man geht davon aus, dass der Betroffene bald in die Sache eingeweiht wird […].“

Ausgedrückte und das nicht Ausgedrückte. Selbst wenn zwischen den beiden Ebenen der Ironie nicht unbedingt eine semantische Polarität unterstellt werden muss, so ist die Teilung wesentlich, um die Ironie in Gang zu setzen. Dabei ist vorausgesetzt, dass es im Prinzip möglich ist, die Grenze zwischen dem *echt* Gemeinten und dem *nicht* Gemeinten zu ziehen. Ferner muss, wenn P einen Satz sinnvoll ironisch verwenden möchte, sozusagen außerhalb des Satzes P über P sprechen können. Dies lässt sich wie folgt schematisieren:

Das ist nicht ernst gemeint.

Danke. Du bist sehr nett. Ich liebe dich.

Wie Harald Weinrich bemerkt, verstellt man sich und gibt dies gleichzeitig auch zu verstehen. Die Mitteilung „das ist nicht ernst gemeint" dient somit als eine Art Metasprache, die mit der kommunikativen Beziehung in Verbindung steht.[16] Diese Metasprache sollte ihrerseits wiederum nicht ironisch verwendet werden, da die Kommunikation sonst im Chaos enden würde.

Festzuhalten bleibt, dass die in diesem Abschnitt dargelegten Fälle des „nicht ernst Meinens" analog zu den in Abschnitt 5.3.1 gewonnen Erkenntnissen allesamt ernst sind, da sie letztlich keine Täuschung darstellen. Wenn man etwas ironisch sagt oder einen Scherz macht, verweist man zwar mit der Äußerung auf etwas anderes, bleibt aber in der Intention insofern wahrhaftig und ernst, als man sich verständigen will. Allerdings werden dafür nicht die ansonsten üblichen Mittel wie Ironie oder Scherz verwendet. Dass man im Grunde etwas zu vermitteln hat und dies zu verstehen geben will, gilt sowohl für die „normalen" Fälle, bei denen das Geäußerte und das Gemeinte übereinstimmen, als auch für jene der Nichtübereinstimmungen, inklusive des Falles der Ironie.

Zusammengefasst lässt sich sagen, dass in der natürlichen Sprachumgebung „nicht im Ernst meinen" als die Verletzung der Wahrhaftigkeit oder als eine von dem, was man eigentlich meint, abweichende Formulierungsweise

---

16 | Vgl. G. Bateson: Eine Theorie des Spiels und der Phantasie, S. 242-243 (siehe Abschnitt 5 in diesem Kapitel); Paul Watzlawick verwendet eine analoge Unterscheidung: „Wenn wir Kommunikation nicht mehr ausschließlich zur Kommunikation verwenden, sondern um *über* die Kommunikation selbst zu kommunizieren (wie wir es in der Kommunikationsforschung unweigerlich tun müssen), so verwenden wir Begriffe, die nicht mehr *Teil* der Kommunikation sind, sondern (im Sinne des griechischen Präfix meta) von ihr handeln. In Analogie zum Begriff der Metamathematik wird dies Metakommunikation genannt [...]." (P. Watzlawick: Menschliche Kommunikation. Formen; Störungen; Paradoxien, Bern 1982, S. 41-42 [Herv.i.O.])

verstanden werden kann. Die letzte Bedeutung kann aber unter dem Gesichtspunkt der Wahrhaftigkeit gesehen als „im Ernst Meinen" gezählt werden, weil sie mit der Absicht, sich zu verständigen, ernst ist. Aus demselben Grund wird die Ironie auch als „im Ernst gemeint" gezählt.

Bezüglich des „nicht im Ernst Meinens" gibt es indes noch eine Auslegungsmöglichkeit. Wenn eine betroffene Person nicht das äußert, was sie wirklich meint, wobei sie auch weder das Gegenteil noch etwas anders meint, sondern nichts Bestimmtes, dann meint sie dies nicht im Ernst. Ein Beispiel lässt sich in dem Begriff „Bullshit" finden. Das Wort steht für Unsinn oder Blödsinn. Doch was meint man eigentlich mit Bullshit? Situationen, in denen man Bullshit erzählt können sein: Um zu Scherzen, zu Prahlen, zum Zeitvertreiben usw. In dem Fall, das Bullshit nicht auf etwas Bestimmtes abzielt, also keinen Sinn macht, gilt die Aussage als nicht ernst, weil hier die Intention, sich aufrichtig zu verständigen, nicht ernst gemeint ist. Hier scheint jemandem nicht wichtig, dass er sowohl mit den anderen als auch mit sich selbst im Ernst kommuniziert. Auf diesen Fall wird später noch einmal ausführlicher eingegangen.

5.4 „Nicht ernst meinen" von Kunsttexten

5.4.1 Erste Überlegung: Ironie

Hier soll noch einmal zu der zu Beginn gestellten Hypothese, die Beschreibung des Kamelhaarmantels habe den Effekt, den Ernst des ganzen Werks in Frage zu stellen, zurückgekehrt werden. Dafür ist die Überlegung nun von einer normalen Sprachumgebung auf eine künstliche, nämlich auf das Kunstfeld zu übertragen. Zuvor seien einige vorbereitenden Hinweise angeführt: Es geht im Folgenden nicht mehr um Äußerungen, die in der alltäglichen Wirklichkeit mehr oder weniger spontan und ohne gezielte Struktur gemacht werden, sondern um einen Text, der zu einem bestimmten Zweck und in einer gewissen Struktur konstruiert wird. Unter einem Kunstwerk ist hierbei aber nicht nur die „schöne Kunst" zu verstehen, sondern auch Stücke, die unabhängig von der künstlerischen Qualität zu künstlerischen Zwecken geschaffen worden sind. Dies umfasst somit ein Drama ebenso wie eine Geschichte, einen Roman bzw. auch „kitschige" Werke wie Arztromane.

Zur Erinnerung: Was bedeutet es, „nicht Ernst zu machen" bezüglich der Hypothese, der Kamelhaarmantel führe die Geschichte in den Bereich des Nicht-Ernsten? Um darauf zu antworten, wurde zuerst der Fall einer allgemeinen, alltäglichen Äußerung betrachtet. Im nächsten Schritt geht es nun darum, die Ergebnisse dieser Betrachtung auf den Fall des Kamelhaarmantels anzuwenden. Zunächst wird hierbei „nicht ernst" unter dem Gesichtspunkt der Nichtübereinstimmung zwischen dem Geäußerten und dem Gemeinten in Betracht gezogen.

Wie werden das Geäußerte und das Gemeinte im Fall der Äußerung auf den Kunsttext angewandt? Auf den ersten Blick ist eine Parallelität zwischen dem Sprecher einer Äußerung und dem Autor eines Kunsttextes vorstellbar. Daraus erwächst sodann eine weitere Parallelität in Bezug auf „ernst meinen", was dazu führt, dass ein Werk ernst gemeint ist, wenn das, was in ihm ausgedrückt wird und das, was der Autor damit meint, übereinstimmen. Aber worauf verweist dies? Wie ist es möglich, dass das, was in einem Werk ausgedrückt wird, von jenem abweicht, was der Autor meint?

Zunächst scheint die Annahme der Parallelität berechtigt zu sein, wenn man daran denkt, dass viele ästhetische Diskussionen sich damit beschäftigen, was ein Werk wirklich sagen will oder was ein Autor damit wirklich meint. So sollte etwa, wenn der Arztroman, wie als Hypothese aufgestellt, nicht ernst ist, dies dieser Parallele zufolge zunächst darauf verweisen, dass das Ausgedrückte von dem von der Autorin Gemeinten abweicht. Es sei an dieser Stelle nochmals die Annahme in Erinnerung gerufen, dass die Autorin nicht aus einem schreibtechnischen Mangel heraus über den Kamelhaarmantel geschrieben hat und die Interpretation ausgeschlossen wird, dass das im Werk Ausgedrückte unabsichtlich von dem von der Autorin Gemeinten abgewichen ist.

Für den Fall, dass die Autorin den Kamelhaarmantel bewusst anführt, kann als Interpretationsmöglichkeit eingeräumt werden, dass dieser als rhetorisches Mittel aufgetaucht ist. Wollte die Autorin in diesem Fall etwas anderes sagen als das, was im Werk erscheint? Angenommen, die Autorin verwendet Ironie als Ausdrucksmittel und erwähnt zu diesem Zweck den Kamelhaarmantel, so hieße das: Sie wollte eigentlich nicht das ausdrücken, was an der Oberfläche im Werk erscheint, zum Beispiel die romantische Liebe zwischen dem Arzt und der Krankenschwester, sondern diese vielmehr ironisieren; dafür setzt sie Mittel wie etwa den Mantel ein, womit sie absichtlich übertrieben das Aussehen der Protagonistin darstellt und zugleich die Übertreibung als ein Zeichen der Ironie demonstrativ in den Vordergrund stellt. Diese Annahme, die für einen üblichen Arztroman etwas zu weit zu gehen scheint, erscheint gleichwohl nicht als völlig gedankenexperimentell, bezieht man etwa exemplarisch das Phänomen des *Camp* mit ein. In dieser Kunsttendenz werden die Objekte so offensichtlich „kitschig" dargestellt, dass man sie auch ohne geschärften Blick ausschließlich als „Kitsch" beurteilen würde. Doch ist *Camp* von „klassischem" Kitsch zu unterscheiden, denn die *Camp*-Künstler setzen im Rahmen ihres Kunstkonzepts den kitschigen Teil bewusst ein. So geben sie ihre Werke kalkuliert als „kitschig" an, was viele Zuschauer zur Ansicht bringt, dass es sich hierbei wirklich um Kitsch handelt. Allerdings lassen sich die Werke insofern doch nicht als Kitsch bezeichnen, als die Künstler sich dessen bewusst sind, dass sie kitschig wirken werden. Für diesen Fall kann gesagt werden, dass das im Werk Ausgedrückte mit dem von den Künstlern Gemeinten nicht übereinstimmt. Warum sie in ihren Werken eine solche Verschiebung anbringen, mag daran liegen, dass sie, um ironisch zu sein, die Verschiebung als ein Ausdrucksmittel verwenden oder dass sie, wie Sontag annimmt, dadurch ihre spezifische Kunstüberzeugung verwirklichen wollen. Es ließen sich weitere diesbezügliche Vermutungen anstellen, was jedoch den Rahmen der Diskussion an dieser Stelle sprengen würde.

Wenn jedenfalls die Künstler die Verschiebung zwischen dem Ausgedrückten und dem Gemeinten anführen, so geschieht dies wohl nicht grundlos. Sie geben ein Zeichen, durch welches die Zuschauer zu hinterfragen beginnen, ob die Kunstschaffenden wirklich ausschließlich das gemeint haben, was dargestellt ist. In Bezug darauf bietet Weinrich hinsichtlich der Rolle des „Ironiesignals" folgende interessante Erklärung:

> „Man tut klein und man gibt gleichzeitig zu verstehen, dass man klein tut. Man verstellt sich, gewiss, aber man zeigt auch, dass man sich verstellt. Das Ironiesignal ist ebenso konstitutiv für die Ironie wie das Kleintun."[17]

Signale sind nach Weinrich mimische, gestische und intonatorische Modulationen wie Augenzwinkern, Räuspern oder eine emphatische Stimme.[18] Diese gelten hierbei der natürlichen Umgebung der Äußerung, im Fall etwa des Kunsttextes müssen aber an andere Sorten von Zeichen gedacht werden. Übertreibung und Theatralität, welche im *Camp* häufig verwendet werden, fungieren als solche „Ironiesignale", womit *Camp* die Rezipienten daran hindert, den betroffenen Gegenstand wörtlich auszulegen.[19]

Könnte der Kamelhaarmantel auch unter jenem Gesichtspunkt betrachtet werden, demzufolge der Autor ihn als ironisches Element benutzt hat, zum Beispiel um ein kitschiges Stück zu ironisieren? Sofern der Kamelhaarmantel die Funktion des „Ironiesignals" innehat, wird er damit zu etwas anderem als das, was an der Oberfläche dargestellt ist. In Bezug auf die im Roman geschilderte, konkrete Situation, in welcher der Junge dringend gerettet werden muss, soll, setzt man obige Interpretationsmöglichkeit voraus, der Kamelhaarmantel auf etwas verweisen, was zu erkennen gibt, dass die Szene von der Autorin nicht ernst gemeint ist. In diesem Fall könnte dann konstatiert werden, dass die Autorin das, was an der Oberfläche in dem Werk steht, nicht im Ernst meint, sondern ihre wirkliche Absicht darin liege, das Stück zu ironisieren.

Es dürfte sich letztlich schwierig gestalten, der Autorin eine solche Intention schlüssig zuzuschreiben und im Kamelhaarmantel ein „Ironiesignal" sehen.

17 | H. Weinrich: Linguistik der Lüge, Heidelberg 1974, S. 60.

18 | H. Weinrich, a.a.O., S. 61.

19 | Vgl. S. Sontag: Notes on „Camp", S. 287.

Gleichzeitig ist es auch unmöglich, diese Interpretation, etwa aus einem logischen Grund, ganz auszuschließen, schließlich ist die Ironie so stark von der subjektiven Einstellung abhängig, dass man alles ironisch sehen kann, wenn man will.

Während bislang die Diskussion entlang des Korrelats zwischen der Äußerung in der natürlichen Sprachumgebung und dem künstlerischen Text geführt wurde, sei hier noch auf eine weitere Ebene hingewiesen, die über das Konzept des Korrelats hinausreicht.

Wenn man eine Äußerung nicht klar verstehen kann, so wird man den Sprecher fragen, was er damit meint. Angenommen, das Korrelat bestünde im obigen Sinne, so wäre es möglich und sinnvoll, den Autor zu fragen, was er damit gemeint hat, wenn sein Kunsttext nicht deutlich zu verstehen ist. Doch gilt dies de facto nicht immer. In vielen Fällen wird nicht allein durch die Frage an den Autor eines Textes eine Klärung herbeigeführt. Es mag der Einwand erhoben werden, dass der Autor den Text geschrieben hat und er ihn daher im Sinne Blumenbergs wie ein Gott als sein Geschöpf geschaffen hat,[20] er also in seinem Werk das ausdrückt, was er sagen will. Dementsprechend könne ein Text durch seinen Autor vollkommen entschlüsselt werden. In der Tat wird diese Position in darüber geführten ästhetischen Debatte auch von manchen Wissenschaftlern vertreten. Dementgegen wird in dieser Arbeit die Auffassung vertreten, dass das, was ein Kunstwerk vermitteln will, nicht darauf reduziert werden kann, was der Autor selbst in dem Werk sagen will.

Dies lässt sich unter anderem daran erkennen, dass ein Kunstwerk auf eine andere Ebene verweist als die des Geäußerten oder die des Gemeinten: *Einen Sinn*. Im Fall einer alltäglichen Äußerung würde es genügen, zu wissen, was eine Äußerung bedeutet, um zur Kenntnis zu nehmen, was damit gemeint ist. Bei einem Kunsttext kommt aber auch dem weiteren Sinn des Textes Bedeutung zu. Der Sinn eines Kunsttextes kann nicht lediglich dadurch aufgelöst werden, indem danach gefragt wird, was er bedeutet oder was er sagt. Dafür wäre es bereits ausreichend, den Autor zu fragen, was er damit meint. Der Sinn eines Textes enthält jedoch zahlreiche komplizierte Facetten von Sinnzusammenhängen, welche normalerweise mit einem außerwerklichen Horizont verbunden sind.

Sinn lässt sich hierbei häufig auch gleichermaßen als Bedeutung verwenden, und in der Tat überlappen sich beide. Dennoch ist dem Sinn ein eigener Spielraum zuzuweisen, wie auch Gottlob Frege differenziert. Er unterscheidet bekanntermaßen die Bedeutung vom Sinn, wonach etwa der Morgen-

20 | Vgl. H. Blumenberg: „Nachahmung der Natur." Zur Vorgeschichte der Idee des schöpferischen Menschen, in: Ders.: Wirklichkeiten in denen wir leben, Stuttgart 1999, S. 89 (Herv.i.O.): „Noch Leonardo hatte in seinem *Trattato della Pittura* die Gottähnlichkeit des Malers gerade damit begründet, dass er in der Nachahmung der Natur ihren Schöpfer nachahme."

stern und der Abendstern zwar dieselbe Bedeutung, jedoch verschiedene Sinne haben.[21] Im Rahmen einer realen Kommunikation, in der ein Sprecher eine Äußerung macht, wird diese Kommunikation abgeschlossen, indem man die Bedeutung der Äußerung, also das, worauf die Äußerung verweist, richtig versteht. In der künstlerischen Kommunikation jedoch, die sich in einem Kunsttext vollzieht, reicht es nicht nur aus, die Bedeutung zu verstehen. Wenn man auch einen Kunsttext sprachlich und in diesem Sinne die Bedeutung des Textes versteht, so kann ein Leser oder ein Publikum den Sinn des Kunsttextes gleichwohl gegebenenfalls nicht gut verstehen. Jemand, dessen Muttersprache Deutsch ist, kann etwa *Wahlverwandtschaft* verstehen, in dem Sinne, dass er alle lexikalischen Bedeutungen der Wörter und der Sätze versteht. Doch besagt dies nicht auch zwingend, dass er deswegen auch den Sinn des Werkes begreift.

Zieht man in Betracht, dass als fast selbstverständlich angenommen wird, dass der Kunst in ihrer modernen Konzeption ein Sinngehalt beizumessen sei, lässt sich leicht daraus schließen, dass man erst dann sagen kann, dass ein Kunststück verstanden und die Kommunikation in dem Sinne vollzogen wurde, wenn man den Sinn dieser Kunst begriffen hat.

21 | Vgl. G. Frege: Über Sinn und Bedeutung, in: G. Patzig (Hg.): Funktion, Begriff, Bedeutung, Göttingen 1986, S. 47 (Herv.i.O.): „Nun sehen wir aber, dass der Gedanke des Satzes „der Morgenstern ist ein von der Sonne beleuchteter Körper" verschieden ist von dem des Satzes ‚der Abendstern ist ein von der Sonne beleuchteter Körper'. Jemand, der nicht wüsste, dass der Abendstern der Morgenstern ist, könnte den einen Gedanken für wahr, den anderen für falsch halten. Der Gedanke kann also nicht die Bedeutung des Satzes sein, vielmehr werden wir ihn als den Sinn aufzufassen haben. Wie ist es nun aber mit der Bedeutung? [...] Man wird jedenfalls erraten können, dass solche Sätze vorkommen, ebenso gut, wie es Satzteile gibt, die wohl einen Sinn, aber keine Bedeutung haben. Und Sätze, welche Eigennamen ohne Bedeutung enthalten, werden von der Art sein. Der Satz ‚Odysseus wurde tief schlafend in Ithaka ans Land gesetzt' hat offenbar einen Sinn. Da es aber zweifelhaft ist, ob der darin vorkommende Name ‚Odysseus' eine Bedeutung habe, so ist es damit auch zweifelhaft, ob der ganze Satz eine habe. Aber sicher ist doch, dass jemand, der im Ernste den Satz für wahr oder falsch hält, auch dem Namen ‚Odysseus' eine Bedeutung zuerkennt, nicht nur einen Sinn; denn der Bedeutung dieses Namens wird ja das Prädikat zu-oder abgesprochen. Wer eine Bedeutung nicht anerkennt, der kann ihr ein Prädikat weder zu- noch absprechen. Nun wäre aber das Vordringen bis zur Bedeutung des Namens überflüssig; man könnte sich mit dem Sinne begnügen, wenn man beim Gedanken stehenbleiben wollte. Käme es nur auf den Sinn des Satzes, den Gedanken, an, so wäre es unnötig, sich um die Bedeutung eines Satzteils zu kümmern; für den Sinn des Satzes kann ja nur der Sinn, nicht die Bedeutung dieses Teiles in Betracht kommen. Der Gedanke bleibt derselbe, ob der Name ‚Odysseus' eine Bedeutung hat oder nicht."

Die Ansicht, dass ein Text einen Sinn vermittelt, ist außerdem, wie der oben erhobene Einwand andeutet, mit dem Gesichtspunkt verbunden, wie man ein Kunstwerkt sieht. Selbst wenn dem Künstler als einem Schöpfer seine künstlerische Subjektivität anerkannt und sein Werk in dem Sinne als sein Geschöpf gesehen wird,[22] so ist trotzdem nicht unmittelbar daraus zu schließen, dass die ganze Existenz des Werks nur von seinem Urheber abhängig ist. Ein Werk erhält vielmehr nachträglich einen eigenen Sinn, der mit der Zeit immer wieder erneuert werden kann.

Dieses Perspektive erhält unter Einbeziehung der Rezeptionsästhetik eine Stütze, der zufolge ein Werk nicht einseitig einen Sinn vermittelt, sondern die Rezipienten bei der Konstituierung des Sinns mitwirken. Somit lässt sich der Sinn eines Kunstwerkes nicht gänzlich auf den Autor zurückführen. Es ist allerdings wahr, dass ein Autor ein Ziel, ein Konzept oder einen Grund hat, warum er das Werk schaffen will und auch den Sinn des Werkes vor Augen hat. Diese Intention des Autors kann trotzdem nicht den gesamten Sinn des Werks umfassen. Denn nach Hans-Georg Gadamer ist ein Kunstwerk ein offener Text, für den man immer wieder, je nach Zeit, Ort und Rezipienten, neue Sinne schaffen kann. Ein Text ist nicht abgeschlossen. Sehr wohl kann und soll auf die Intention des Autors immer wieder zurückgegriffen werden, doch ist dies weder primär noch entscheidend, denn dies ist nur eine von zahlreichen möglichen Interpretationszugängen. Der Leser kann sich auch zu einem Werk seinen eigenen Sinn verschaffen.

Zusammengefasst beinhaltet ein Kunsttext, anders als unter natürlichen Sprachbedingungen, eine zusätzliche Ebene des Sinnes, die nicht allein dadurch zu erschließen ist, dass man den Autor fragt, was er meint. Aus diesem Grund ist es auch nicht ausreichend, die Autorin des Arztromans zu fragen, was sie damit im Ernst meine, um herauszufinden, ob der Roman ernst gemeint ist oder nicht. Somit hat sich gezeigt, dass es interpretatorisch unwahrscheinlich ist, den Kamelhaarmantel als ein Element der Ironie ansehen zu können. Der Arztroman ist also nicht in jener Weise nicht ernst, dass die Autorin ihn ironisch meint. Die Hypothese, der Kamelhaarmantel stelle den Ernst der ganzen Geschichte in Frage, bleibt deshalb noch unerklärt.

5.4.2 Zweite Überlegung: „Dichter lügen"

Nun soll das Augenmerk auf eine andere Bedeutung von „nicht ernst meinen" gelenkt werden. Dieser zufolge ist eine Äußerung ernst, wenn sie das wahrhaftig sagt, was ihr Urheber wirklich glaubt. Somit geht es hier im weitesten Sinn

22 | Vgl. H. Blumenberg: „Nachahmung der Natur", S. 89: „Oskar Walzel hat vor allem sichtbar gemacht, wie der Vergleich Gottes mit dem schöpferischen Künstler schon das Sich-Vergleichen des Künstlers mit Gott enthält."

um das Nichtvorhandensein oder Vorhandensein einer Täuschungsabsicht. Soll nun die hier behandelte Bedeutung von „Unernst“ auf einen entsprechenden Kunsttext wie den Arztroman angewendet werden, so sind dabei einige Umstände zu bedenken. Zunächst ist darauf hinzuweisen, dass der Sprecher beim Kunsttext kein natürlicher Sprecher, sondern ein Autor ist. Um dies näher zu erklären, kurz zurück zu der Frau, die ihr Make-up korrigiert hat, während sie von ihrer Sorge und Trauer um ihren kranken Mannes erzählt. Wenn etwa Zweifel gehegt wird, dass sie es mit ihrer Erzählung ernst meint, so lenkt sich der Verdacht zunächst auf die Frage, ob sie die Wahrheit erzählt, also ob ihr Mann wirklich erkrankt ist. Wenn man aber weiß, dass ihr Mann in der Tat krank ist, so wird die Frage darauf zielen, ob sie wirklich die Gefühle hat, die man bei ihr beobachten kann. Des Weiteren lässt sich fragen, ob sie ein Schauspiel aufführt und etwa das Gefühl nur vortäuscht, sie also lügt, wenn sie sagt, sie sei traurig.

Übertragen auf diesen Kontext stellt sich die Sache aber nicht so einfach dar, denn es geht hier um die Kunst, in der die Äußerungen einen anderen ontologischen Status als die natürliche Sprache haben. Zur Erläuterung sei ein einfaches Beispiel angeführt: Wenn ein Mann auf der Bühne sagt, „ich habe sie getötet“, so wird hier nicht gemeint, dass Pierce der Schauspieler sie getötet hat, sondern Othello. Alle Äußerungen, die auf der Bühne erfolgen, können nicht wie die natürliche Sprache behandelt werden. Sie sind also in einer Kapsel eingepackt, in der sich alles, was in ihr gesprochen wird und in ihr geschieht, in etwas verwandelt, das nicht real ist. Auf diese Weise erhält das Geschehen den Status der Kunst.

Das oben Dargestellte ist vergleichbar mit einem Bann, der alles in sich in eine Illusion, in Kunst verwandelt. Dieser Bann wird aber verschwinden, wenn die Vorhänge auf der Bühne geschlossen werden. Dann gibt es keinen Othello mehr, sondern nur noch den Schauspieler Pierce, der ihn gespielt hat. Dieser Umstand erschwert es, die Frage zu stellen, ob eine Äußerung oder ein Schauspieler in dem besagten Bann wahrhaftig ist. Wenn alles in diesem Bann eine Illusion und nicht real ist, wie kann man aber dann ein in der Realität nicht vorhandenes Wesen danach fragen, ob es wahrhaftig ist? Somit wird deutlich, dass an das, was in der Kunst geschieht, nicht die Frage nach der Wahrhaftigkeit gerichtet werden kann.

Was ist aber mit dem Autor? Kann man nicht danach fragen, ob ein Autor mit seinem Werk wahrhaftig ist oder nicht? Damit die Bedeutung des Ernstes im Sinne der Wahrhaftigkeit hier angewandt werden kann, ist auf das Korrelat zurückzuverweisen, demzufolge ein Autor ernst ist, weil er das in seinem Werk ausdrückt, was er glaubt. Doch kann diese Entsprechung nicht bestehen, zumal das, was er in seinem Werk ausdrückt, sich auf einer anderen ontologischen Ebene als der Autor selbst befindet. Der Autor befindet sich nämlich – anders als sein Werk – in der Realität. Das, was er als ein natürlicher Mensch denkt und glaubt, ist hierbei im Grunde davon zu trennen, was er als Autor denkt und glaubt. Somit muss, was er als Autor denkt, nicht zwingend in seinem Werk Ausdruck finden, obwohl in der Praxis häufig eine Verbindung zwischen beidem zu sehen ist. Ein Kunstwerk muss nicht dem entsprechen, was ein Dichter oder ein Künstler wirklich glaubt. Wenn er auch von jenem, was er als ein Kunstwerk schafft, als natürlicher Mensch überzeugt ist, stammt das Werk nicht mehr von ihm als einem natürlichen Menschen, sondern von ihm als Autor. Denn alles, was *in* dem Kunstwerk ist, hat einen anderen ontologischen Status. So lässt sich auch für den Fall, in dem er auch das in seinem Werk zum Ausdruck bringt, was er in der Realität nicht glaubt, nicht behaupten, dass er deswegen lügt. Er übt damit nur Kunst aus.

Außerdem sollte, damit jemand etwas ehrlich sagen kann, also seiner Intention nach das wiedergibt, was wirklich der Fall ist, die Möglichkeit miteinbezogen werden, dass er lügt. Wo man nicht feststellen kann, was die Wahrheit ist, kann die Lüge auch nicht bestehen. Damit angenommen werden kann, dass ein Autor im Rahmen der Ernsthaftigkeit einen Spielraum hat, sollte die Möglichkeit bestehen können, dass er lügt. Kann aber ein Autor lügen? Diese Fragestellung erinnert unmittelbar an den Vorwurf, den Platon gegen die Dichter erhoben hat. Lügt demnach ein Dichter, so heiße dies, dass er etwas Anderes als das sagt, was er in der Wirklichkeit glaubt. Aber ist dies überhaupt möglich? Schließlich muss ein Kunstwerkt nicht dem entsprechen, was ein Dichter oder ein Künstler wirklich glaubt. Die Lüge des Dichters in diesem Sinne ist gleichwohl im Prinzip nicht möglich, wie bereits gesehen. So kann dieser erzählen, was sich in Wirklichkeit nicht begeben hat oder was er nicht im Ernst glaubt, gleichwohl kann er die Leser nicht täuschen. Auch selbst, wenn er dies wollte, könnte er dies nicht tun, denn seine „Lüge" wird sich durch den Kunst-Bann in Kunst verwandeln. Und wenn er auch sein Werk generell als schlecht und verachtenswert, wie etwa am Beispiel des Camps, oder als sinnlos, wie im Fall des „Absurden Theaters", darstellt, so wird dies solange als Kunst verstanden werden, wie es als Kunst ausgegeben wird, unabhängig davon, welcher künstlerischen Beurteilung diese Kunst dabei unterzogen wird.

Es sei an dieser Stelle auf die Möglichkeit hingewiesen, dass Künstler lügen können, indem sie plagiieren oder fälschen. Es ist schwer zu bestreiten, dass Künstler in diesen Fällen als Lügner bezeichnet werden können. Weiter gibt das Verständnis des Begriffs „lügen" zu verstehen, warum der Kitsch als Lügner deskreditiert wird. Denn generell gilt, dass Kitsch ein Original unrechtmäßig kopiert, was zudem aus überwiegend kommerziellen Interessen heraus geschieht. Einer solchen Ansicht über Kitsch zufolge interessiert sich der Künstler nicht für die Kunst, sondern lediglich für Profanes wie Geld oder Ruhm. Diese Interessen der Künstler sind demnach nicht dem Werk immanent, sondern liegen außerhalb des Rahmens der Kunst, also in der Realität. Wird ein solcher Künstler sodann deshalb kritisiert, so wird ihm nicht seine schlechte Kunst selbst, sondern seine schlechte Arbeitsmoral vorgeworfen. Somit richtet sich die Kritik nicht gegen seine Fähigkeit, die an dem bemessen wird, was von einem Künstler erwartet wird, sondern auf seine Ernsthaftigkeit hinsichtlich seines Berufs, die von einem natürlichen Menschen erwartet wird.

Die bisherige Betrachtung zeigt, dass es nicht möglich ist, nach der Ernsthaftigkeit der Autorin Luise Rinser zu fragen, das heißt danach, ob sie das glaubt, was sie ausgedrückt hat – denn diese Frage kann an sich nicht gestellt werden. Allenfalls kann danach gefragt werden, ob sie in ihrer Eigenschaft als natürlicher Mensch ihren Beruf ernsthaft ausübt. Die Frage also, ob jemand zu lügen oder andere zu täuschen beabsichtigt, kann nur hinsichtlich eines in der Realität befindlichen Sprechers gestellt werden.

Aus dem „Unernst des Kamelhaarmantels" kann man keinen Hinweis hinsichtlich der Aufrichtigkeit einer Äußerung erhalten.

5.4.3 Dritte Überlegung: Bullshit

Alle bisherigen Überlegungen führen dazu, dass der Kamelhaarmantel und sein Effekt auf die Geschichte, nämlich deren Ernsthaftigkeit in Frage zu stellen, mit den in den Abschnitten 5.4.1 und 5.4.2 behandelten Bedeutungen von „nicht ernst meinen" nicht angemessen erklärt werden können. Nun soll für die weitere Überlegung der Begriff „Bullshit" als dritte Möglichkeit eingeführt werden: Wenn der Kamelhaarmantel nicht ironisch ist und auch nicht lügnerisch sein kann, so mag er sogenannter „Bullshit" sein.

Zunächst ist zu überprüfen, ob eine der Definitionen des „Bullshits" mit dem Unernst des Kamelhaarmantels in Verbindung gebracht werden kann. Wenn Bullshit nun auf der Ebene zu verstehen ist, auf der es gleichgültig ist, „wie die Dinge wirklich sind",[23] ist es dann nicht einfach, die Verbindungspunkte zu finden, die den Unernst des Kamelhaarmantels tangieren? Denn insofern der Arztroman, mit welcher Qualifikation auch immer, zum Kunstfeld gehört, kann hier kein Kriterium dafür gefunden werden, wie die Dinge wirklich sind. Denn die Kunst bewegt sich in einem Rahmen, der sich davon absetzt, wie es in der Wirklichkeit ist. Dieser Umstand hält dann auch davon ab, mit der Kunst die Frage nach dem Wahrheitswert zu stellen. Würde man somit Bullshit nur aus diesem Blickwinkel heraus definieren, müsste die Kunst insgesamt zum Bullshit werden. In diesem Sinne kann man auch nicht einfach sagen, dass der Arztroman deswegen Bullshit sei, weil er die Sache nicht so formuliert, wie sie in der Wirklichkeit ist. Festzustellen bleibt, dass der Arztroman nicht in der Lage ist, danach befragt zu werden, ob er sagt, wie die Dinge in der Wirklichkeit sind, zumal er sich innerhalb des Kunstrahmens befindet.

23 | H. Frankfurt: Bullshit, Frankfurt a.M. 2006, S. 40.

Insoweit scheint der Arztroman erst einmal nicht mit der Kategorie des Bullshits erfasst werden zu können.

Es kann jedoch in Erwägung gezogen werden, dass der Arztroman sich auf eine andere Bedeutung des Bullshits bezieht. Diese geht mit dem Verständnis des Begriffs „Wahrheitswert" einher. Wie im letzten Kapitel gesehen, wird die Kunst als ernst angenommen, wenn sie einen „Wahrheitsanspruch" in dem Sinne erfüllt, dass sie in sich etwas Wahres und Bedeutsames vermitteln soll. In diesem Fall scheint der Arztroman ohne weiteres als „Bullshit" definiert werden zu können: Der Arztroman widersetzt sich dem Wahrheitsanspruch, vermittelt ohne kritische Reflexion über die Wahrheit nur affirmative Werte und verbreitet damit ein falsches Bild der Realität. So gibt der Roman nicht an, wie „die Dinge wirklich sind" und zeigt auch sonst nichts Bedeutsames.

Auch diese Auslegung erweist sich als nicht ausreichend, um den Arztroman in die Kategorie „Bullshit" einzuordnen. Ihr gemäß müsste der Roman eine Art Lüge sein, denn sie legt den Akzent auf den trügerischen Effekt des Romans. Der Begriff Bullshit zielt hingegen im Kern seiner Bedeutung auf Vernachlässigung und Schlampigkeit, nicht jedoch auf eine trügerische Absicht ab. Man kann aber diesem Roman keine bewusste Täuschungsabsicht bzw. das Ziel, die Wahrheit zu verstellen, unterstellen, auch wenn er am Ende zu trügerischen Folgen verleiten mag. Das Fehlen einer Täuschungsabsicht entlastet ein Werk wiederum nicht vom Bullshit-Vorwurf. In der gerade diskutierten Auslegung wird nicht beachtet, dass Bullshit im Kern auf die „Laxheit" einer Sache abzielt. Man bezeichnet mit Bullshi" in seiner lockeren Verwendung eine Sache, die belanglos und inhaltsleer ist. Somit ist nachvollziehbar, dass der Arztroman Bullshit genannt wird, wobei Bullshit hier als Schimpfwort fungiert. In seiner strengen Definition jedoch steht Bullshit notwendig in Zusammenhang mit *Laxheit*, was den Kern der Kritik an Bullshit darstellt. So verfehlt die Ansicht, dass der Arztroman Bullshit sei, weil er sich dem Wahrheitsanspruch widersetzt, den Punkt, worin er eigentlich Bullshit ist. Ihre Analyse über die Wirkung des Arztromans ist zwar zutreffend, doch kann er nicht allein deshalb als Bullshit bezeichnet werden. Will man ihn gleichwohl damit in Verbindung bringen, so muss man dafür einen anderen Anhaltspunkt mit der Laxheit finden. Was heißt dann die Laxheit des Bullshits?

Der Sprachphilosoph Harry Frankfurt beschäftigt sich in seinem Buch *Bullshit* mit eben diesem Begriff. Sein bündiger Vergleich mit einem Zitat von Wittgenstein zeigt, warum der Begriff hier eingeführt wird. So führt er aus: „Es scheint durchaus angebracht, zwischen achtlos hergestellten, minderwertigen Produkten und Bullshit eine Parallele zu sehen."[24] Und weiter: „Ganz sicher gibt es in seiner Arbeit, wie in der Arbeit eines schlampigen Handwer-

24 | H. Frankfurt, a.a.O., S. 28.

kers, irgendeine Nachlässigkeit, die sich den Anforderungen uneigennütziger und strenger Disziplin widersetzt oder entzieht."[25]

Somit ist der schlampige Handwerker derjenige, der sich nicht um „jeden kleinsten und unsichtbaren Teil" kümmert. Er arbeitet also nicht richtig und gut. Die Autorin scheint auf den ersten Blick dem schlampigen Handwerker ähnlich zu sein: Ihre Einführung des Mantels könnte aus dieser Perspektive betrachtet werden. Insofern scheint hinsichtlich des Kamelhaarmantels die Interpretation möglich, dass die Autorin aufgrund ihrer mangelnden Disziplin diesen ungewollten „Fehler" gemacht hat. Wird der Kamelhaarmantel also als eine solche Art von Nachlässigkeit verstanden, erinnert dies erneut an den oben erwähnten Verdacht, dass er das Ergebnis einer handwerklichen Ungeschicklichkeit ist. Doch kann dieser Verdacht an dieser Stelle vorerst abgewendet werden – die Begründung hierfür wird in der weiteren Diskussion einen wichtigen Platz einnehmen.

So liegt etwa im Fall der Autorin die Sache nicht so, dass sie aus mangelnder Disziplin heraus keine andere Wahl gehabt hätte, als den Mantel zu erwähnen, obwohl sie eigentlich Besseres schaffen wollte. Vielmehr beschreibt sie bewusst, was die Protagonistin getragen hat, was sich an der Tatsache erkennen lässt, dass sie Beschreibungen wie jene über den Kamelhaarmantel nicht einmalig, sondern regelmäßig und unter anderem in Bezug auf das Aussehen der Protagonisten und Protagonistinnen macht. Ferner erscheint eine solche Art Beschreibung nicht nur in diesem Werk, sondern in allen ähnlichen Romanen des Genres Arztroman, so dass sie sich als deren typische Eigenschaft ausweist. Diese Eigenschaft, die aufgrund ihrer regelmäßigen und häufigen Erscheinung auch als Stil erkannt wird, zeigt sich hierbei nicht nur in Arztromanen. Auch in Genres wie Kampfkunst-Romanen sind wiederholt erscheinende Beschreibungen, beispielsweise über eine jeweilige Kampfszene, zu finden. Diese Darstellungen prägen solche Stücke so tiefgreifend, dass man ohne sie dieses Genre gar nicht identifizieren könnte. Würde sich dieses Phänomen hierbei lediglich aus einer mangelnden Disziplin heraus ergeben, so würde es nicht so systematisch, also nicht innerhalb jedes dieser Stücke, erscheinen. Es kann letztlich also unterstellt werden, dass die Autoren dieser Genres solche Wiederholungen bewusst und gezielt einsetzen. Derlei detaillierte Beschreibungen von Einzelphänomenen sind vermutlich als eine Art Konvention dieser Schreibtechnik einzuordnen.

Der Verdacht, dass der Kamelhaarmantel lediglich ein fahrlässiger Fehler wäre, kann nun aus einer weiteren Perspektive heraus geprüft werden. So ist der „schlampige Handwerker" nicht nur ein schlechter Arbeiter. Schlampig meint weniger, bei einer Arbeit ungeschickt zu sein, sondern eine geringere Sorgfalt walten zu lassen. Der Handwerker könnte sozusagen mehr leisten, als er jetzt schafft, wäre er bei seiner Arbeit behutsamer. Es mag sein, dass er

25 | H. Frankfurt, a.a.O., S. 31.

einfach nicht ausreichend diszipliniert ist oder dass er nicht das Bedürfnis verspürt, gute und gründliche Arbeit zu verrichten. Wie dem auch sei, seine Arbeit ist keine gute und gründliche.

Auch Frankfurt weist daran anschließend auf einen wichtigen Aspekt hin, um die Eigenschaft des Begriffs Bullshit noch zu präzisieren. Der Bullshitter ist dabei zwar im allgemeinen Sinne mit einem schlampigen Handwerker zu vergleichen, die „spezielle Form von Laxheit" des Bullshitters aber, so konstatiert Frankfurt weiter, sei von „schlichter Nachlässigkeit" zu unterscheiden. Um dies zu erklären, stellt er eine Episode von Wittgenstein vor, die Fania Pascal in ihrem Erinnerungsbericht beschrieben hat.[26] Diese Episode soll hier näher betrachtet werden, weil es bedeutsam ist zu klären, inwiefern der Kamelhaarmantel als Bullshit angesehen werden kann, um den Unterschied zwischen der Laxheit und der Nachlässigkeit zu verstehen. Pascal war in einem Krankhaus, da stattete Wittgenstein ihr einen Besuch ab. Sie krächzte: „Ich fühle mich wie ein Hund, den man überfahren hat." Ihre Worte jedoch verärgerten Wittgenstein. In dieser kurzen und wenig aufschlussreich scheinenden Anekdote sucht Frankfurt Hinweise für das Prinzip des Bullshits und stellt dabei die Frage, worüber genau Wittgenstein entrüstet war. Seiner Analyse nach war dieser nicht einfach über ihre „unbeabsichtigte Nachlässigkeit" verärgert.

„Entscheidend ist vielmehr, dass Pascal, soweit Wittgenstein dies sehen kann, einen bestimmten Sachverhalt beschreibt, ohne ernsthaft die Erfordernisse zu beachten, die das Bemühen um eine zutreffende Beschreibung der Realität mit sich bringt. Ihr Fehler ist nicht, dass sie die Dinge nicht richtig darstellt, sondern dass sie dies gar nicht erst versucht."[27]

Wittgensteins Grundeinstellung zum Gespräch sei, so schließt Frankfurt, dass er ihre Bemerkung „ernst nimmt und als eine Aussage versteht, die mit dem Anspruch auftritt, eine informative Beschreibung ihre Gefühlszustands zu liefern".[28] Sie hingegen hat darauf nicht geachtet – was hier zu betonen ist. Sie verfolgte in dem Sinne nicht die Absicht zu lügen.

„Denn sie maßt nicht an, die Wahrheit zu kennen, und ist daher überhaupt nicht in der Position, bewusst eine Behauptung aufzustellen, die sie selbst für falsch hielte. Ihre Aussage gründet weder in der Überzeugung, dass sie wahr sei, noch in dem Glauben, dass sie falsch sei, wie es für eine Lüge erforderlich wäre."[29]

---

26 | F. Pascal: Meine Erinnerungen an Wittgenstein, in: R. Rush (Hg.): Ludwig Wittgenstein. Porträts und Gespräche, Frankfurt a.M. 1987, S. 56.

27 | H. Frankfurt: Bullshit, S. 39.

28 | H. Frankfurt, ebd.

29 | H. Frankfurt, a.a.O., S. 40.

Sie war also lediglich nicht sehr behutsam bei dem, was sie sagte, und eben diese fehlende Aufmerksamkeit hinsichtlich des Wahrheitswerts ärgerte Wittgenstein.

Frankfurt konkretisiert zudem durch den Vergleich mit dem Begriff „bullsession“ das Merkmal des Bullshits dahingehend, dass der Zweck beider Begriffe nicht in der Mitteilung von Überzeugungen liegt und dass in ihnen „der Zusammenhang zwischen dem, was man sagt, und dem, was man glaubt, gleichsam außer Kraft gesetzt sind.“[30] Doch kann das alles überhaupt ein ausreichender Grund sein, dass man sich ärgert? Kann man, selbst wenn nicht auszuschließen wäre, dass der große Philosoph, der in der Philosophiegeschichte eine neue Ära eingeleitet hat, besonders empfindlich bezüglich des Wahrheitswerts von Aussagen oder einer Äußerung sein kann, hier nicht einen anderen Grund unterstellen?

Betrachtet man diesen Sachverhalt also nicht nur aus dem Blickpunkt, dass die nicht ausreichend ernste Einstellung zur selbst gemachten Äußerung falsch ist, und stellt die Frage, *warum es jemandem damit nicht ernst ist,* so erschließt sich eine neue Perspektive. So kann etwa davon ausgegangen werden, dass das „nicht ernst genug“ sein auch aus einem psychologischen und zudem geistigen Blickwinkel gesehen werden kann. Mit dieser Sicht deutet sich an, dass man einen bestimmten Grund haben kann, nicht so sehr darauf zu achten, was die Wahrheit ist. Hieraus ergeben sich folgende Fragen: Unter welchen Umständen mag man „nicht ernst genug“ mit seinen eigenen Äußerungen verfahren? Unter welchen Umständen wird jemandem der Wahrheitswert der eigenen Aussage gleichgültig? Pascal hatte, wie oben gesehen, nicht die Intention zu lügen. Warum hat sie etwa nicht einfach „nur der Wahrheit entsprechend“ gesagt, dass sie sich nicht wohl fühlt? Die Antwort auf diese Frage lässt einen anderen Grund erkennen, warum Wittgenstein entrüstet war.

Ein Hinweis auf die Antwort findet sich in dem Gedicht von Henry Wadsworth Longfellow, das Frankfurt anführt. Er stellt dies als „ein Motto“ vor, das Wittgenstein sich zu eigen macht. Der Vers lautet wie folgt:

„In früheren Zeiten der Kunst
Bearbeiteten Handwerker mit größter Sorgfalt
Jeden kleinsten und unsichtbaren Teil,
Denn die Götter sind überall.“[31]

Der frühere Handwerker, der also keinen Bullshit produziert, ist sorgfältig und ernst. Er und seinesgleichen haben einen Grund dafür, nämlich: „[...] die Götter sind überall.“ Frankfurt selbst schenkt diesem Punkt keine besondere Auf-

30 | H. Frankfurt, a.a.O., S. 44.

31 | H. Frankfurt, a.a.O., S. 27.

merksamkeit, doch er sollte als ein wesentlicher mentaler Hintergrund des Bullshits im Rampenlicht stehen. Zurück zum Thema „Götter“, welches hierbei gleichwohl nicht wörtlich zu verstehen ist. Vielmehr ist damit allgemeiner der Umstand gemeint, dass man generell einem Gegenstand gegenüber Ehrfurcht und Respekt hegen kann. Die Ehrfurcht wirkt sich dabei nicht nur auf die handwerkliche Arbeit, sondern auch auf *das Verhalten* aus, das über die allgemeine Arbeit hinaus weit in alle Bereiche des Lebens eingedrungen ist. Gemeint ist, wie man sich Dingen, anderen Menschen und seinem eigenen Leben gegenüber verhält. Diejenige Person, welche Ehrfurcht vor den Göttern hat, wird wohl möglichst vermeiden, leichtsinnig und frivol zu sein und in ihrem Verhalten größte Vorsicht und Sorgfalt walten lassen. Dies verwundert nicht, stellt man sich vor, dass die Götter alles, was man spricht und tut, hören und sehen. Unter diesen Umständen muss man die Arbeiten nicht nur deshalb vollkommen anfertigen, um einem spezifischen Qualitätskriterium zu entsprechen, sondern auch, um die Götter oder das den Göttern Entsprechende zu ehren. Auf diese Weise zeigt man in seiner Arbeit Respekt und Ehrfrucht vor den Göttern.

Ein Bullshitter macht eben in diesem Punkt einen wesentlichen Unterschied, zumal er implizit *Respektlosigkeit* gegenüber den Göttern walten lässt, was sich nicht zuletzt daran zeigt, dass er dem Wahrheitswert keine ausreichende Beachtung schenkt. Der Bullshitter geht nicht davon aus, dass die Götter alles überall hören und sehen. Jedoch lässt sich daraus nicht ableiten, dass es für ihn keine Götter gibt. Allein – er ist in seinem Desinteresse bereits derart fortgeschritten, dass es ihm gleichgültig ist, ob es ein solches Wesen gibt, vor dem er Respekt haben und er darum in seinem Verhalten Sorgfalt walten lassen sollte.

Der Respekt vor Göttern kann nun auch in einem weitergehenden Sinne verstanden werden. Gunter Gebauer gibt hierzu im Rahmen seiner weitergehenden Interpretation zum Thema „Götter“ Aufschluss. Er weist auf einen Eintrag Wittgensteins hin, den dieser am 11. Juni 1916 in sein Tagebuch schrieb:

„Ich weiß, dass diese Welt ist.
Dass ich in ihr stehe, wie ein Auge in seinem Gesichtsfeld.
Dass etwas an ihr problematisch ist, was wir ihren Sinn nennen.
Dass dieser Sinn nicht in ihr liegt, sondern außer ihr.
Dass das Leben die Welt ist. [...]
Den Sinn des Lebens, d. i. den Sinn der Welt, können wir Gott nennen.“[32]

Gebauer greift auf den Gedanken Augustinus' zurück, um die Sinnzusammenhänge des Tagesbucheintrags zu erschließen. Die Menschen können Au-

32 | G. Gebauer: Wittgensteins anthropologisches Denken, München 2009, S. 54.

gustinus zufolge Gott als Ganzes nicht fassen, weil sie nur einen kleinen Teil Gottes enthalten.[33] Also ist es logisch, dass etwas Kleineres etwas Größeres nicht erfassen kann. Wenn man der Welt immanent bleibt, bedeutet dies dann zwangsläufig, dass es schlicht unmöglich bleiben muss, über Transzendenz überhaupt zu reden?

„Auch wenn die Menschen die höhere Ordnung ihrer Welt nicht erfassen und den Bezug auf das Transzendente in ihrer Sprache nicht verstehen können, ist der Gedanke, dass es diese Ewigkeitssicht gibt, wichtig für sie: Selbst wenn sie ihn nicht aussprechen können, gibt er doch der Ordnung ihrer Welt einen Sinn."[34]

Diesen Sinn, schreibt Wittgenstein, können wir Gott nennen. So sind in dieser Hinsicht Gebauer zufolge die Notizen Wittgensteins „eine Art Glaubensbekenntnis"[35] und eine „ethische Tätigkeit".[36]

Aus diesem Hinweis ist zu schließen, dass diejenigen, die sich aus Respekt vor den Göttern zurückhalten, solche Menschen sind, die der Welt einen Sinn verleihen. Hingegen deutet das Verhalten des Bullshitters sich selbst gegenüber an, dass er sich nicht für den Sinn der Welt interessiert. Was gleichwohl dabei nicht verkannt werden sollte, ist, dass er in Bezug auf den Sinn der Welt kein Pessimist ist, sondern dass er sich einfach nicht für das Thema des Sinns interessiert. Über den Grund, warum sich Wittgenstein entrüstete, kann nun in diesem Zusammenhang erneut nachgedacht werden. *Der Kern des Ärgers liegt also nicht darin, dass jemand einfach gegen eine Regel der Sprachkonvention verstößt, sondern dass die betreffende Person ihre Respektlosigkeit gegenüber dem Sinn der Welt preisgibt und damit implizit erkennen lässt, dass es für sie nichts so gravierend Wichtiges gibt, wofür sie sich zurückhalten und etwas ganz im Ernst nehmen würde.*

Noch einmal zurück zum Kamelhaarmantel. Die Laxheit des Arztromans zeigt sich darin, dass die Autorin „schlampig" arbeitet, wenn auch nicht in dem Sinne, aus mangelnder Geschicklichkeit mit dem Gegenstand nicht gut umgehen zu können. Im Gegenteil verfolgt sie treu die eigene Schreibweise des Genres des Arztromans und ergeht sich bewusst über den Kamelhaarmantel. Damit ist die Charakteristik der Laxheit des Arztromans aber noch nicht erschöpft. Worin liegt ihre Schlampigkeit, wenn sie nicht in einer Ungeschicklichkeit liegt?

Die Einordnung des Kamelhaarmantels in einen Notfall-Kontext ist unmöglich, wenn man das klare Ziel hat, die Handlung der Geschichte im Ernst voranzubringen. Zudem ist davon auszugehen, dass jemand, der ein Kunst-

33 | G. Gebauer, a.a.O., S. 56.

34 | G. Gebauer, ebd.

35 | G. Gebauer, a.a.O., S. 54.

36 | G. Gebauer, a.a.O., S. 56.

werk schaffen will, sein Tun ernsthaft betreibt. Der Umstand, dass die Autorin von der Hauptlinie der Geschichte abweicht, indem sie, auch wenn es immer nur kurz sein mag, die Aufmerksamkeit auf den Mantel lenkt, vermag aufzuzeigen, dass ihr Ziel des Schreibens nicht darin liegt, ein Kunstwerk zu schaffen. Es kann hier nicht entschieden werden, ob sie weiß, wie ein schönes und ordentliches Kunstwerk zu schaffen ist und ob sie ihre Fähigkeit zu einem solchen Werk einfach nicht eingesetzt hat, obwohl sie über eine solche verfügt. Was hier jedenfalls sichtbar wird, ist, dass ihr Interesse nicht darin liegt, ein schönes Kunstwerk zu schaffen, sondern eher darin, innerhalb des Genres Arztroman zu schreiben. Es ist für sie nicht von Interesse, ob ihr Roman ein Kunstwerk ist oder nicht. Sie betrachtet ihr Werk nicht anhand dieses Kriteriums. Ihr Desinteresse hieran lässt darauf schließen, dass jener Wert für sie nicht wichtig ist, den man generell modernen Kunstwerken zuschreibt. Heidegger etwa führt in seiner Analyse über die Bauernschuhe van Goghs folgendes Beispiel an: „Van Goghs Gemälde ist die Eröffnung dessen, was das Zeug, das Paar Bauernschuhe, in Wahrheit ist. Dieses Seiende tritt in die Unverborgenheit seines Seins heraus."[37]

Hier wird die Kunst zum Ort, wo das Sein des Seienden sich offenbart. Die Autorin vernachlässigt also die Funktion der Kunst, etwas Sinnhaltiges, geschweige denn etwas Wahres zu vermitteln, indem sie einer Form der Kunst folgen würde. Die Autorin weiß, dass sie keine Kunst macht, und sie denkt, dass sie es nicht tun muss. Sie arbeitet „schlampig" in dem Sinne, dass sie sich nicht bemüht, ein Kunstwerk zu schaffen.[38] Das heißt aber auch nicht, dass sie ihre Arbeit an sich vernachlässigt. Sie arbeitet nur auf ihre eigene Weise. Was für sie wichtig ist, ist ihren Lesern auf spezifische Art Spaß anzubieten.

Wie kann sie indes so schlampig sein? Vielfach wird die Meinung vertreten, dass ein Produzent solchen Kitsches mit dem Interesse der Leser rechnet und Kitsch in sein Werk einschließen lässt, weil es Geld bringt. Aus der kritischen Perspektive auf Kultur bzw. Kulturindustrie gesehen enthält diese Ansicht sicherlich eine Wahrheit, dem soll hier aber nicht weiter nachgegangen werden. Es soll vielmehr darauf hinwiesen werden, dass hinter einer solchen Einstellung zur Kunst eine geistige Haltung steht, von der ein Individuum kulturell und gesellschaftlich geprägt ist. Diese Haltung, die auch mit dem Foucault'schen Begriff „Episteme" verstanden werden kann, ist in vielen Fällen, ohne sich dessen bewusst zu werden, in die Individuen eingedrungen und dort identifizierbar. Eine geistige Haltung ist in der Tiefe direkt und indirekt an die Frage nach dem Sinn der Welt angeschlossen. Sie ist bekannt für ein ty-

37 | M. Heidegger: Der Ursprung des Kunstwerkes, S. 25.

38 | Es ist noch zu bemerken, dass Schlampigkeit allein keine ausreichende Bedingung für Kitsch sein kann. Viele Kitschstücke haben beispielsweise im Detail übertriebene Darstellungen.

pisches Thema der Philosophie, aber natürlich sind es nicht nur die Philosophen, auf die sie Wirkung ausübt. Vielmehr erstreckt sich ihre Reichweite auf zahlreiche Bereiche des Lebens, auch wenn diese Verbindung oft nicht deutlich sichtbar ist. Die Weltanschauung und die daraus folgende Lebensweise inklusive der ästhetischen Sensibilität müssen sich unterschiedlich artikulieren, wenn man unterschiedliche Antworten auf die Frage (nach dem Sinn) hat.

Davon ausgehend soll an die laxe Einstellung der Autorin angeknüpft werden. Dabei drängen sich – den üblichen Vorwurf der respektlosen Einstellung einmal beiseite lassend– folgende Fragen auf: Wie ist es der Autorin möglich, solche „schlampige" Einstellung zu ihrem Werk zu haben? *Welche* geistige Haltung ermöglicht ihr eine solche Einstellung zur Sache?

Bevor darauf eingegangen wird, sind noch die beiden bereits unterschiedenen Haltungen näher zu betrachten. Ist ein Mensch bereits von der Existenz des Sinns der Welt überzeugt, so bedeutet dies, dass das Leben für ihn mehr oder weniger eine Struktur hat, die durch diesen Sinn konfiguriert ist und so eine „normative Ordnung"[39] besitzt, nach welcher er leben kann. Diese Ordnung wirkt dann umfassend in allen Lebensbereichen. So ist der sorgfältige Handwerker denkbar, wenn er *überall* das Wesen der Götter annimmt. In diesem Sinne ist die Welt für ihn *homogen*. Die Welt ist ohne Lücke von einem Schleier des Sinns bedeckt. Auf diese Weise verinnerlicht man den Sinn der Götter. Hingegen ist eine andere, viel weniger ‚gründliche' Einstellung ebenso vorstellbar, aufgrund derer etwa eine betreffende Person denkt, dass sie sich nur da ordentlich zu verhalten braucht, wo sie wirklich beobachtet wird. So würde sie ggf. meist vorsichtig sein, um den Ärger der Dämonen abzuwenden; an einem Ort jedoch, wo diese ihre Mächte nicht mehr ausüben können, wäre dies nicht mehr nötig. Diese Einstellung ist bereits profan/desillusioniert und pragmatisch, denn sie beruht primär darauf, was für die Betreffenden selbst von Vorteil ist. So ist ihnen etwa eigenes Wohlgefühl wichtiger als einem Wert oder einem Sinn zu folgen. Erst wenn man von einem Wert überzeugt ist, wird man auch dort das enthaltsame und vorsichtige Verhalten beibehalten, bei dem keine anderen Wesen, etwa überwachende Götter, vermutet werden.

Wenn aber jemand diesen Sinn nicht bzw. nicht deutlich zu erkennen vermag, so wird er nicht jene konsequente Struktur oder Ordnung pflegen können wie derjenige, der an den Sinn glaubt. Gleichwohl ist es ohne Weiteres möglich, dass diejenige Person, die einen solchen Sinn nicht erkennt, auch innerhalb ihres Lebens über bestimmte Werte und eine Ordnung verfügt. In dem Fall allerdings zeichnet sich diese Grundhaltung durch einen anderen Charakter aus. So ist hier weniger das Bestreben zu erwarten, das Leben in einer Einheit zu denken, was sich an die Frage nach dem Sinn anschließt. Vielmehr richtet sich die Aufmerksamkeit auf praktische und pragmatische Fra-

39 | G. Gebauer: Wittgensteins anthropologisches Denken, S. 56.

gen, auf jene etwa, wie man seine Interessen besser durchsetzen kann und wie man gut und glücklich (egal in welchem Sinne und wie auch immer) leben kann. Es kann also festgehalten werden, dass sich als profan zu bezeichnende Fragen deutlich von jenen nach dem Sinn unterscheiden lassen.

Im Modus eines so verstandenen Profanen verhält man sich somit ebenfalls rational und zweckmäßig, um seine Ziele zu erreichen. Somit ist es hier ebenfalls von Nutzen und anzustreben, dass eine Arbeit sorgfältig angefertigt wird, ein Anspruch, der in diesem Zusammenhang wohl auch erfüllbar ist. Gleichwohl ist diese Sorgfalt instrumentell für einen Zweck eingesetzt, um zu einem anvisierten Ergebnis zu gelangen. Der Fokus liegt nicht darauf, ob die Arbeit ordentlich gemacht werden *soll*, sondern ob es *nötig ist*, diese in diesem Sinne zu verrichten. Nicht der Anspruch, dass eine Arbeit, egal zu welchem Zweck, an sich sorgfältig und behutsam gemacht werden soll, ist also handlungsleitend, vielmehr kann man sich bereits damit zufriedengeben, wenn die Sorgfalt das Niveau erreicht, das man für die Erreichung eines vorgesehenen Zwecks als angemessen erachtet.[40] Geht man davon aus, dass ein sorgfältiger Handwerker mit seiner Arbeit behutsam ist, weil er an den Sinn der Welt glaubt, so lässt sich daraus schließen, welche Einstellung zur Welt ein schlampiger Handwerker haben muss: Er glaubt nicht an solche Wesen wie Götter, die der Welt einen Sinn verleihen. Er erkennt in der Welt keinen transzendenten Sinn, bzw. er ist nicht davon überzeugt. Blumenberg bezieht diese Haltung auf eine geschichtliche Ebene und weist darauf hin, dass die Entwicklung der Naturwissenschaften in der Neuzeit zwangsläufig zu Sinnlosigkeit, Gleichgültigkeit und Rücksichtslosigkeit gegenüber der Welt führte.[41] So diagnostiziert er unter dem Gesichtspunkt der geschichtlichen Wandlungen die Entdeckung der Sinnlosigkeit der Welt als ein Zeichen der Neuzeit. Franz Josef Wetz stellt die Ansicht Blumenbergs wie folgt dar: „Zunehmend zwingt das wissenschaftliche Wissen uns, ohne Hintergrundstützen auszuhalten, was wir nur schwerlich auszuhalten vermögen: für die Welt, die selbst stumm und gleichgültig ist, bedeutungslos zu sein."[42] Er zitiert weiter: Man „nimmt an den Sternen die Mitleidlosigkeit gegenüber dem

40 | Calinescu weist diesbezüglich auf den hedonistischen Zug des Kitsches und das Prinzip der „mediocrity" hin: „To understand the nature of Kitsch we should, then, analyze the particular hedonism characteristic of the middle-class mentality. Its primary feature is perhaps that it is a middle-of-the-road hedonism, perfectly illustrated by the ‚principle of mediocrity' that always obtains in kitsch (this all-pervading mediocrity is easier to notice in the more elaborate and exaggeratedly complicated forms of kitsch). The middle class being an active class, its hedonism is confined to the use of spare time. It is a hedonism of relaxation and, therefore, compensatory in nature." (M. Calinescu: Kitsch, S. 244 [Herv.i.O.])

41 | F. J. Wetz: Hans Blumenberg zur Einführung, Hamburg 2000, S. 59-156.

42 | F. J. Wetz, a.a.O., S. 78.

Menschen wahr, die Unbeteiligtheit des Weltalls als Ärgernis".[43] Dies komme dem Selbstwertgefühl des Menschen „schmerzhart" und „kränkend" vor.[44]

Diese Enttäuschung regt aber andererseits Seite die Menschen dazu an, den Blick nicht mehr jenseits, sondern diesseits zu wenden. Die Erde kommt dem Menschen als ein „Glücksfall" vor, weil „sie der einzige Ort innerhalb des riesenhaften Universums zu sein scheint, der menschliches Leben im Allgemeinen und die Selbstbehauptung der menschlichen Vernunft im Besonderen ermöglicht."[45] Der Mensch legt dann als eine Kompensation des Sinnverlustes mehr Bedeutung auf die Kunst, wobei die künstlerische Erschaffung sich bis zu „weltebenbürtigen Werken" erhebt und zugleich die Subjektivität des Künstlers mehr als je zuvor betont wird.[46]

Der Sinnverlust der Welt entwickelt sich aber auch in eine andere Richtung, in welche sich etwa auch der Arztroman einordnet. So fragt die Autorin nicht nach einem Sinn – also der Kunst. Sie interessiert sich nicht dafür, ihr Werk zu einem Geschöpf zu machen, das mit Sinn aufgeladen ist. Kitsch reagiert nicht direkt auf die Sinnlosigkeit der Welt, indem er sich verzweifelt zumindest darum bemüht, die Sinnlosigkeit zu überwinden (oder zur Sinnlosigkeit Stellung zu beziehen). Er scheint diese eher als eine gegebene Bedingung hinzunehmen, die er einfach zu ertragen hat. Bei ihm dreht sich die wesentliche Fragestellung weder darum, eigenen Sinn zu schaffen, noch darum, wie er sich trotzdem weiter bemüht, den Sinn der Welt zu finden. Vielmehr scheint es darauf hinauszulaufen, in einer dem Sinn gegenüber gleichgültigen Welt auch diesem gegenüber gleichgültig zu sein. Er versucht nicht, sich mit Sinn aufzuladen, sondern ignoriert diesen Faktor.

Die spezielle Form Laxheit, die den Begriff Bullshit prägt, lässt sich auch aus diesem Blickpunkt heraus erklären. Wozu soll man bis in das unsichtbarste Detail hinein sorgfältig arbeiten, wenn dies keinen Sinn machen wird? Wovor soll man sich mit Respekt zurückhalten und behutsam mit seiner Haltung sein, wenn kein weiteres Wesen dabei ist? Man neigt unter solchen Umständen eher dazu, nicht den Willen zu haben, aus dem Sinnlosen etwas Sinnvolles zu kreieren, sich keinen normativen Normen unterzuordnen, oder durch eine destruktive Geste gegen die Sinnlosigkeit zu protestieren. Gleichwohl soll dies nicht bedeuten, dass diese Tendenz unweigerlich zur Hilflosigkeit führt. So wird auch auf Basis dieser Haltung sorgfältig gearbeitet und das Glück gesucht, lediglich der Frage nach dem Sinn wird kein großes Gewicht mehr beigemessen.

---

43 | F. J. Wetz, ebd.

44 | F. J. Wetz, ebd.

45 | H. Blumenberg: Wirklichkeitsbegriff und Möglichkeit des Romans, in: A. Haverkamp (Hg.): Ästhetische und metaphorologische Schriften, Frankfurt a.M. 2001, S. 62.

46 | H. Blumenberg, a.a.O., S. 64.

Dieser Haltung fehlt ferner der Bezug zu einer vermeintlichen Homogenität der Welt, die durch einen Sinn zusammengehalten wird, was dazu führt, nicht mehr so gründlich und konsequent zu sein und zu verfahren. Dies heißt nicht, dass man nun gegenüber allem unmotiviert ist. Man kann sich sehr wohl für viele Sachen interessieren und diese ernsthaft verfolgen, doch bleibt dieser Ernst nur lokal und selektiv. Man gibt sich nicht einem umfassenden Sinn hin.

Aus dieser Haltung heraus wird es der Autorin des Arztromans möglich, die Hauptlinie der Handlung quasi auf die Seite zu schieben und dann von dem Kamelhaarmantel zu erzählen. Sie hat vermutlich keinen umfassenden, stringenten Sinn, dem sie sich hingibt und der ihrem Leben eine einheitliche Bedeutung verleihen würde. Bezüglich ihrer Tätigkeit als Autorin misst sie ihrem Schaffen keinen Sinn bei, den ernste Künstler normalerweise verfolgen. Aus ihrer Einstellung zu ihrem Schaffen ergibt sich, dass auch der Arztroman nicht in einem Sinne zu begreifen ist. Das Werk ist mal eine Fiktion, mal eine Realität, was in einem ernsten Kunstwerk nicht passieren würde, wie im nächsten Abschnitt zu sehen sein wird. Der Autorin macht diese Tatsache jedoch nichts aus. Sie findet es nicht widersprüchlich, in einem Werk Realität und Fiktion miteinander zu mengen, im Gegenteil, sie kommt sehr gut damit klar. Zudem: Für jene andere Frau, die ihr Make-up korrigiert, gilt dies ebenfalls. Ihre Trauer ist zwar ernst, doch gibt sie sich ihr nicht hin. Ihr selbst kommt somit ihr heterogenes Verhalten, entsetzt zu sein und gleichzeitig ihr Aussehen zu pflegen, nicht unstimmig vor. Beiden kommt die „Abschweifung‘ innerhalb eines Hauptkontexts gar nicht als solche vor, weil ihnen die Unterscheidung des Trivialen vom Hauptsächlichen (Ernsten) nicht zuzumuten ist. Beides steht eher parallel, wobei Autorin und Frau die Parallelität nicht als eine schizophrene Spaltung erleben, sondern sich gut daran anpassen können.

5.5 Der Riss des Rahmens: Der Unernst des Kamelhaarmantels

In diesem Abschnitt geht es um die Frage, worin der heterogene Charakter der Arztromans liegt und wie die Abschweifung des Kamelhaarmantels dazu beiträgt.

Man könnte einwenden, dass dieser Abschweifung eine so große Bedeutung nicht beigemessen werden sollte und man nur konstatieren bräuchte, dass die Verschiebung des Fokus auf den Kamelhaarmantel die Dringlichkeit der Situation in der Geschichte verdünne; man bräuchte jedoch nicht gleich behaupten, dass die Abschweifung dem Ernst der ganzen Geschichte schaden würde. Hierzu eine Beispielszene, in der Ärzte während einer anspruchsvollen Operation miteinander über triviale Sachen wie ihre Dates vom Vortag oder das Essen in der Kantine sprechen. Ein Leser kann aus einer solchen Szene ablesen, dass die Ärzte die Operation nicht so ernst nehmen, wie es eigentlich sein sollte, und er mag dementsprechend ihr Verhalten nicht gutheißen. Dennoch ist es unwahrscheinlich, dass er deswegen den Ernst der Geschichte bezweifeln wird.

Dahingegen vermittelt die Beschreibung über den Kamelhaarmantel nicht den Eindruck, dass der Arzt und die Krankenschwester die Situation nicht ernst nehmen. Jedoch wirft die Szene Zweifel auf, ob die Geschichte im Ernst gemeint ist. Denn die Verschiebung der Aufmerksamkeit auf den Kamelhaarmantel passt nicht zu der angeblich Notsituation, in der das Kind wiederbelebt werden muss vor dem Hintergrund, dass seine Mutter sich umgebracht hat. Woher kommt dieser Unterschied? Und was genau stimmt nicht in der Szene im Arztroman?

Zunächst ist darauf hinzuweisen, dass es bei der Beschreibung der Operationsszene die Ärzte sind, die nicht ernst sind, nicht aber die Schilderung der Geschichte, während es bei der Kamelhaarmantel-Szene die Art und Weise der Schilderung ist, und nicht etwa der Arzt oder die Krankenschwester in der Geschichte. Dieser Unterschied wird noch deutlicher durch folgenden Vergleich: Wenn man die Szenen nicht nachvollziehen könnte, würde man sich im ersten Fall fragen, wie sich die Ärzte in der Geschichte so leichtsinnig verhalten können. Im Vergleich dazu würden man bei dem zweiten Fall fragen, wie die Autorin bei der Beschreibung so abschweifend sein kann. Selbst wenn das Verhalten der Ärzte nicht gut nachvollziehbar wäre, liegt hier wenigstens ein konsequenter Fokus auf einer Geschichte, die im Rahmen eines Romans erzählt wird. Die Geschichte geschieht nämlich für das Publikum, im übertragenen Sinne ähnlich der Funktion eines Fernsehbildschirms. Die Ebene, auf der diese Geschichte geschieht, ist getrennt von der Ebene, von welcher aus der Autor die Geschichte erzählt und von welcher aus das Publikum sie rezipiert, nämlich von der Realität her. Wenn auch eine Geschichte im Drama nicht gut erzählt wird, wird doch alles noch innerhalb des Dramas, also in dessen Rahmen bleiben.

Dies sieht im zweiten Fall ganz anders aus: Der Fokus verlässt kurz die Geschichte, also die Ebene der Kunst, wenn plötzlich die Realität einbricht, die hier als der Kamelhaarmantel präsentiert wird. Hierzu eine weitere Szene aus dem Film „Die Truman Show“ (USA 1998, R: Peter Weir). Die Hauptfigur Truman redet mit seiner Frau Meryl in der Küche, als diese inmitten des ernsthaften Gesprächs plötzlich einen „Mococo drink“ nimmt und dafür wirbt.

Hier ist eine interessante Struktur zu beobachten: Die Schauspielerin Laura Linney spielt die Frau der Hauptfigur John Carry, der sich mit ihr unterhält. Als sie aber zwischenzeitlich für das „Product Placement“ den „Mococo drink“ demonstrativ zeigt und dabei wie in einer Werbung typisch lächelt, ist sie nicht mehr innerhalb des Rahmens der Geschichte. In diesem Moment tritt sie aus dem Hauptfilm heraus und in die Realität ein, in der die Produkte beworben werden. In diesem Moment verschwindet die Geschichte – die fiktive Geschichte, die fiktive Ehefrau etc. – und es bleibt nur die reale Schauspielerin Laura Linney, die für ein Produkt wirbt, das es überall zu kaufen gibt. Das Produkt und das Werben dafür befinden sich auf der Ebene der Realität. Die Medien (wie etwa die Form des Films), die die Geschichte vermitteln, befinden sich zwar in der Realität, aber die Geschichte selber ist nicht real, sie steht im Rahmen der Kunst. Wenn die reale Werbung in die fiktive Geschichte einbricht, wie in „Die Truman Show" dargestellt, entsteht plötzlich ein Riss im Rahmen, der die fiktive Geschichte von der Realität unterscheidet und Letztere dann durch den Riss in die Fiktion hineinzieht.

Die Auswirkung des Risses ist aber nicht lokal beschränkt, sondern wirkt auf das Ganze: Die Geschichte hat auf die Zuschauer wie eine fiktive Story gewirkt, bis die Schauspielerin durch ihre für die Werbung typischen Gesten offensichtlich für das Getränk wirbt. Sie war in dem Sinne im Rahmen der Kunst, der sie von der realen Welt trennte. Aber im Moment der Werbung ist der Rahmen aufgebrochen, die Geschichte entpuppt sich als bloß eine „Show", also eine Fernsehsendung, in der man die künstlich inszenierte Situation sieht. Generell hat eine solche Show auf einer Seite immer einen Zugang, durch den die realen Elemente sich hineinmischen. So kann man zum Beispiel hören, dass die Zuschauer klatschen, lachen, ausbuhen etc. – was zur „Realität" gehört. Oder: In diesem Beispiel werden die Schauspieler je nach Bedürfnis in der Geschichte spontan eingesetzt. So zerbröckelt der fiktive Zug der Geschichte durch die Werbung.

Eine Geschichte ist zwar fiktiv und nicht real – und in diesem Sinne nicht ernst, aber sie ist eigentlich innerhalb des Rahmens ernst, wie in den vorherigen Abschnitten am Beispiel des Spiels bzw. der Kunst gesehen. Es wurde gezeigt, dass die Ereignisse im Spiel oder in der Kunst nicht ernst, aber zugleich auch ernst sind und dies sogar sein müssen, sieht man sie innerhalb des Rahmens.

In der Geschichte der „Die Truman Show" funktioniert der Rahmen indessen anders als jener bei der Kunst, bei der er sich in der modernen Zeit generell streng von der Realität absetzt. Der Riss, den die Werbung erzeugt, bricht geradezu diesen Rahmen. In dem Moment, in dem die Schauspielerin für den „Mococo drink" wirbt, werden die Zuschauer daran erinnert, dass die Geschichte eigentlich nicht ernst, sondern bloß eine „Show" ist. Dann wird damit der Ernst der ganzen Geschichte beschädigt.

Ein ähnlicher Effekt ist auch im Fall des Kamelhaarmantels zu beobachten: Die Aufmerksamkeitsverschiebung auf den Mantel verursacht einen Effekt wie jenen, der von der Werbung ausgelöst wird. Der Mantel lässt nämlich einen Zugang zur Realität entstehen. In diesem Fall liegt die Realität darin, dass die Beschreibung des Mantels dem Interesse der Leser entgegenkommt. Die Autorin schreibt nicht umsonst über diese Trivialität, sondern sie hat dies kalkuliert getan. Lässt man eine Bewertung dieses Kalküls außer Acht, erhält man nun einen Einblick in das, was die Autorin damit erzeugt. Sie weiß, was genau die Leser gerne lesen wollen, und mischt deswegen diesen Faktor in die fiktive Geschichte ein. Sie zieht das reale Interesse *holprig und heterogen*, ohne kontextuelle Verbindung in die Fiktion hinein. Die Fokussierung auf den Mantel inmitten größter Dringlichkeit erzeugt jenen Effekt, den die Werbung in „Die Truman Show“ hat, nämlich dass der Rahmen der Geschichte einen Riss bekommt und damit der Ernst der Geschichte auch insgesamt beschädigt wird.

Dies lässt sich auch kommunikationstheoretisch erklären. Bateson führt in seinem Aufsatz „Theorie des Spiels und der Phantasie“ einen paradoxen Rahmen anhand der Mitteilung „Dies ist ein Spiel“ vor, wobei dieser Rahmen die folgende Mitteilung einschließt: „Alle Behauptungen innerhalb dieses Rahmens sind unwahr.“[47] Diese Mitteilung wird auf der Metaebene vermittelt und ist nach Bateson eine „metakommunikative Mitteilung“.[48] Er definiert den Begriff dabei nicht ganz klar, aber man kann seinen Aussagen, mit denen er etwas über das Phänomen des Spielens zwischen Säugetieren erklärt, folgenden Hinweis entnehmen: „Nicht nur meinen spielende Tiere nicht ganz, was sie sagen, sondern sie kommunizieren gewöhnlich auch über etwas, das es gar nicht gibt.“[49] Das Spiel unter den Tieren ist also nicht mehr möglich, wenn sie den dem Kampf ähnlichen Handlungen keine Metamitteilung wie „das ist ein Spiel“ beifügen würden.[50] So kann man unter der „metakommunikativen Mitteilung“ eine implizit vermittelte Nachricht über die gesprochenen oder gezeigten Mitteilungen verstehen, die aussagt, in welchem Kontext diese verstanden werden sollen.

Angewendet auf den Kontext der Kunst, kann der Sachverhalt wie folgt dargestellt werden:

Die metakommunikative Mitteilung:

Das ist nicht wahr. *(Alle Äußerungen in diesem Rahmen sind nicht ernst.)*	Ich hasse dich. Ich liebe dich

So ist die Mitteilung „das ist nicht ernst“ bei einer Geschichte oder in einem Kunststück nicht explizit gegeben, aber die Beteiligten an der Kommunikation setzen dies implizit voraus. Die Mitteilung sagt, dass alle Äußerungen in dem Rahmen nicht wahr, nicht real sind. Wie in den vorherigen Abschnitten gese-

47 | Vgl. G. Bateson: Eine Theorie des Spiels und der Phantasie, S. 250.

48 | G. Bateson, a.a.O., S. 242.

49 | G. Bateson, a.a.O., S. 247.

50 | G. Bateson, a.a.O., S. 244.

hen, werden die Ereignisse und die Handlungen innerhalb dieses Rahmens gesehen – als ernst. Falls man ständig denkt, dass sie nicht ernst sind, kann man die entsprechende Geschichte (Kunst) nicht richtig genießen. Gleichwohl sollen sie außerhalb des Rahmens auch als nicht ernst angesehen werden und als zu einem Kunststück gehörend erkannt werden können. Erst wenn man sie als etwas sehen kann, das nicht wirklich passiert, und sie von der Realität unterscheiden kann, kann die Kunst bestehen. Aber das ist noch nicht alles: Die Kunst ist an sich ernst. Obwohl die Ereignisse und die Handlungen in der Kunst als nicht wahr wahrgenommen werden sollen, üben die Künstler die Tätigkeit der Kunst im Ernst aus und wollen sie ernsthaft kommunizieren.

Dieser Sachverhalt kann mit dem Begriff „metakommunikative Mitteilung" erklärt werden. Die metakommunikative Mitteilung „das ist nicht wahr" lässt sich nämlich wiederum aus einer Metaperspektive sehen, in der sie dann als ernst gemeint angenommen wird. Das stellt sich dann wie folgt dar:

(B) Metakommunikative Mitteilung: *Das ist ernst gemeint.*	Metakommunikative Mitteilung: *Das ist nicht wahr* Ich liebe dich. Ich hasse dich. (A)

Die Mitteilung „das ist ernst gemeint" ist auch eine metakommunikative Mitteilung, auf die man für das Zustandekommen einer erfolgreichen Kommunikation als Prämisse angewiesen ist. Im Fall der Kunst ist sie darum generell als metakommunikative Mitteilung schon vorausgesetzt. Die Metamitteilung „das ist nicht wahr" muss also ernst gemeint werden. Ansonsten wird nicht mehr unterschieden, was ernst ist und was nicht. Bateson zeigt diese Unklarheit wie folgt[51]:

Alle Behauptungen innerhalb dieses Rahmens sind unwahr. Ich liebe dich. Ich hasse dich.

Wenn die metakommunikative Mitteilung mit in den Rahmen hineinkommt, entsteht ein Paradox, das mit Epimenides' Paradox vergleichbar ist.[52] Wenn sie im Rahmen nicht als Metamitteilung, sondern als übliche Mitteilung steht,

51 | G. Bateson, a.a.O., S. 250.

52 | G. Bateson, a.a.O., S. 249.

soll diese auch sie selbst betreffen. Man kann dann nicht mehr wissen, ob die Mitteilung „Alle Behauptungen innerhalb dieses Rahmens sind unwahr" selber wahr ist oder nicht. Um dieses Paradox zu vermeiden, muss die Trennung zwischen den Klassen der Äußerungen für eine gelingende Kommunikation eingehalten werden. Wenn die Mitteilung außerhalb des Rahmens die Mitteilungen innerhalb des Rahmens bestimmt, entsteht kein Paradox. Denn es wird im Allgemeinen vorausgesetzt, dass die Metamitteilung „Alle Behauptungen innerhalb dieses Rahmens sind unwahr" sie selbst nicht betrifft und als ernst gemeint angesehen wird.

Mit dem Kamelhaarmantel taucht eine Verwirrung bei der Trennung zwischen den Klassen auf: Es entsteht ein Riss zwischen Feld A und Feld B. Feld B gehört zur Realität, Feld A zur Fiktion. Der Kamelhaarmantel, das Interesse der Leser, das im Feld B ist, schleicht sich in Feld A ein, was dann die Grenze des Rahmens zwischen A und B irritiert und dadurch die Fiktionalität des Romans beschädigt. Denn die Mitteilung „das ist nicht wahr" ist durch den unmittelbaren Einbezug der Realität der Interessen der Leser nicht mehr konsequent vertrauenswürdig. Innerhalb des Rahmens ist nämlich eine Mitteilung aufgetaucht, die nicht zur Fiktionalität gehört. Dies fügt dann der Homogenität der Fiktionalität des ganzen Romans einen Riss zu und beeinträchtigt damit in der weiteren Wirkung die Mitteilung „das ist ernst gemeint". Denn die Irritation durch die Mitteilung „das ist nicht wahr" begründet einen Zweifel, ob die Autorin den Roman nun ernst meint und sie überhaupt darauf abzielt, eine ernste Kunst auszuüben, der in der die Mitteilung „das ist nicht wahr" konsequent eingehalten werden soll.

Die Autorin hält also die metakommunikative Mitteilung „das ist ernst gemeint" nicht durch, während ein richtiger Autor sie für ein „Kunstwerk" immer achtsam berücksichtigen würde. Sie jedoch interessiert sich nicht dafür und schreibt über den Kamelhaarmantel, weil sie glaubt, dass sie damit dem Interesse der Leser entgegenkommt. Darum schweift sie leichthin vom Haupttext auf das triviale Element ab. Die beiden gehören zu verschiedenen kommunikativen Ebenen, doch macht das Springen zwischen diesen Ebenen der Autorin nichts aus, denn sie spürt keine Notwendigkeit, dies zu ändern. Sie gibt sich nicht dem Sinn der Kunst hin, sondern nutzt deren Elemente, um den Lesern einen bestimmten Spaß zu bereiten. Die Autorin und die Leser des Arztromans verfolgen in der Form der Kunst des Romans die profanen und sinnlichen Freuden, die mit dem Grundkonzept der Kunst nicht in Einklang stehen. Dies ist erst dadurch möglich, dass eine Mentalität bewusst oder unbewusst gegeben ist, in der man keine konsequente Überzeugung von einem Sinn hat, der die ganze Welt strukturiert und ihr eine homogene, „normative" Ordnung gibt.

5.6 Fazit

In diesem Kapitel wurde der Frage nachgegangen, inwiefern der Arztroman unernst wirkt und welche Rolle der Kamelhaarmantel dabei spielt. Bei den Erwägungen mehrerer Möglichkeiten, „das ist nicht ernst“ auszulegen, hat sich herausgestellt, dass der Unernst des Arztromans nicht zu einer Art von Ironie oder Täuschung gehört, sondern eine Form des Bullshits ist. Dieser Begriff kennzeichnet unter anderem die besondere Form der Laxheit, die die Schreibweise des Arztromans prägt. Der Bullshitter kümmert sich nicht darum, was etwas in seinem ursprünglichen und wesentlichen Sinne sein soll. Er unterstellt der Welt auch nicht einen konsequenten Sinn, den es zu verfolgen gilt und der dabei seinem Leben eine einheitliche Ordnung vorschreibt. Zwar bemüht auch er sich, mit seiner Arbeit einem bestimmten Zweck möglichst gerecht zu werden. Aber dieser Zweck macht sein Leben nicht bedeutsam, sondern er ergibt sich aus dem Wunsch, sich wohl zu fühlen oder leitet sich pragmatisch her. Der Mensch hat seine Illusion in Bezug auf den Zweck verloren.

Die laxe Einstellung der Autorin, die sie veranlasst, mitten in der Hauptgeschichte ins Triviale abzugleiten, schließt an die Mentatlität des Bullshits an. Die Autorin kümmert sich nicht darum, mit ihrem Roman ernste Kunst zu schaffen. Sie vermischt die verschiedenen Ebenen der Realität und der Fiktion, was die ernste Kunst nicht tun würde. Gerade Der Kamelhaarmantel trägt dazu bei, der fiktiven Ebene einen Riss zuzufügen, damit die Realität sich in sie einschleicht. Darin findet sich der Unernst des Arztromans. Zudem lässt sich von Einstellung der Autorin wie der der Leser als unernst sprechen: Sie finden die Abschweifung von der fiktiven Dimension in die reale nicht problematisch, sondern kommen mit dem „Parallel-Laufen“ der beiden gut klar.

6. Schlussbemerkung

6.1 Zusammenfassung

Diese Arbeit ging von der Annahme aus, dass der Kitsch ein eigenständiges, ästhetisches Gefühl verkörpert. Die Idee von etwas dem Kitsch Eigenen entsprang nicht zuletzt der Beobachtung, dass vieles, was in den westlichen Kulturen als Kitsch gewertet wird, etwa im ostasiatischen Kulturraum nicht mit solch pejorativer Tonart bedacht wird. So gibt es beispielsweise im Koreanischen kein eigenes Wort für Kitsch, was nicht einer sprachlichen Lücke gleichkommt, sondern auf das Nichtvorhandensein einer gleichartigen Empfindung hinweist. Zwar gibt es im Koreanischen andere, „Kitsch" in seiner Bedeutung und seinem Gebrauch nahestehende Wörter. Sie lassen sich aber allenfalls als „kindisch" oder „kindlich" übersetzen oder sie verweisen lediglich darauf, dass etwas altmodisch bzw. grob oder technisch nicht gut gefertigt ist. Der Begriff Kitsch in der westlichen Kultur hingegen verweist auf mehr als das. Dieses Gefälle hat vermuten lassen, dass es eine ästhetische Sensibilität gibt, die Koreanern bzw. Ostasiaten fehlt. Was ist diese besondere Empfindung, die sich etwa von der unterscheidet, die als das Kindliche oder Kindische bezeichnet wird?

Zunächst war darauf hinzuweisen, dass das Wort Kitsch als ein Beurteilungswort verwendet wird, das ein abstoßendes Gefühl ausdrückt. Es richtet sich auch in der westlichen Kultur im Wesentlichen auf einen Gegenstand, der technisch ungeschickt gefertigt ist. Dazu gehören die Prädikate „schematisch", „überholt", „grob", „kindisch", „übertrieben", „schwülstig" usw. Doch wie gesagt, das Gefühl, das im Kitsch Ausdruck findet, dürfte mehr als das sein. Etwas davon, was dieses „mehr" ausmacht, findet sich in der heftigen Reaktion kritischer Rezipienten, die, wenn sie das Wort verwenden, sich auf den eigentümlich hybriden Charakter des Kitsches beziehen. Der Kitsch stellt sich ihnen im Grunde als eine Mischung aus Elementen dar, die gewöhnlich nicht miteinander einhergehen. So wird beispielweise der *Sketsch*, der am Ende des 18. Jahrhunderts für Touristen produziert wurde und in dem, so teilweise die Forschung, der etymologische Ursprung liegt, in zwei Bestandteile zerlegt: Es handele sich einerseits um ein Kunstwerk, das sich von alltäglichen Gebrauchsgegenständen unterscheidet. Er sei andererseits jedoch ein Gegenstand, der den praktischen Bedürfnissen der Touristen entgegenkommt, die es als Souvenir benötigen. Eine ähnliche Struktur ließ sich im Arztroman finden, der in der Form der Kunst ein praktisches Bedürfnis des Lesers einbezieht. Auch kitschige Gebrauchsgegenstände zeigen diese Ambivalenz, auch sie erfüllen sowohl einen ästhetischen als auch einen praktischen Zweck. Diese Hybridität ließ sich ferner in der Mischung von Kontexten nachzeichnen. Ein Kerzenhalter beispielsweise, der den Barockstil nachahmt, wird als Kitsch bezeichnet, wenn der Kontext, in dem er sich befindet, nicht zu ihm passt. Dies kann der Fall sein, wenn der Kerzenhalter auf einem offensichtlich asiatischen Esstisch steht, um etwas ‚europäische Atmosphäre' zu schaffen. Der Kerzenhalter verweist fast wie ein Fetisch auf das Europäische, was zu einer erzwungenen Zusammensetzung sehr heterogener Kontexte führt. Eine Parallele dazu wäre ein asiatischer Fächer an der Wand einer Wohnung in Deutschland, der als Zimmerschmuck dient.

Schließlich kann sich das Phänomen auf Immaterielles wie die Vermengung von Emotion und Sachlichkeit beziehen. Ein Reiskocher, der eine um kleine Melodien bereicherte Sprechfunktion hat, um den Stand des automatisieren Reiskochens anzuzeigen, wird in der westlichen Kultur als kitschig angesehen, denn er bringt etwas Emotionales – hier etwas Fröhliches und Freundliches – in eine Maschine hinein, die rein praktischen Nutzen hat.

Kitsch zeigt sich hier also als pejorativer Begriff, mit dem auf eine solche Mischung miteinander (angeblich) nicht harmonisierender Elemente hingedeutet wird. Es ist eben dieses Gefühl des Abgestoßen-Seins von dem Hybrid, an dem die ‚asiatische' und ‚westliche' Sensibilität auseinanderfallen. Mit dem Wort Kitsch wird anders als in dem analog verwendeten koreanischen Wort „das Kindliche" eine heftige Abwehr gegen das „Unreine" und „Entartete" ausgedrückt. Was ist der Hintergrund für diese ablehnende Reaktion? Hybride Verknüpfungen müssten, wie oben beschrieben, an sich doch eigentlich nicht abgewertet werden.

Der Grund hierfür findet sich unter anderem im Interesse am Authentischen. Nur wer sich dafür interessiert, was echt ist, was es in der Wirklichkeit gibt, wird dazu kommen, einen Gegenstand Kitsch zu nennen und nicht als nur kindisch oder schlampig gefertigt zu kritisieren. Als authentisch gilt das Original, eine bestimmte Art von Kopie gilt als Kitsch. Wenn die Aufmerksamkeit sich darauf richtet, was das Original ist, wird eine solche Mischung als eine gescheiterte Kopie dieses Originals angesehen.

Warum aber soll das Authentische so wichtig sein? Was ist das Gute am Authentischen? Man könnte antworten: Weil das Authentische legitimiert ist. Die Reihenfolge mag umgekehrt sein, aber das ist hier nicht entscheidend, sondern: Unter dem Gesichtspunkt des Authentischen gesehen wird als eine Besonderheit des Kitsches deutlich, dass er etwas nicht Legitimiertes ist. Er täuscht genauer gesagt das Authentische vor. Man kann etwas, das ohne Legitimation das Authentische bloß vortäuscht, ein „*Pseudos*“ [1] nennen. Die bisherige Forschung definiert den Kitsch zumeist als eine Kopie, manchmal auch als *Pseudos*, ohne die beiden Begriffe systematisch zu unterscheiden. Wenn dabei Kitsch als Kopie oder Pseudo bestimmt wird, meint man damit, dass der Kitsch das Original nachmache. Die Kopie ist aber vom *Pseudos* zu trennen. Hilfreich erwies sich dabei der Rekurs auf Gilles Deleuze. Ihm zufolge zielt ein *Pseudos* nur auf einen Effekt, nicht auf eine „innerliche Affinität“[2]. Das *Pseudos* will nur eine äußerliche Affinität behaupten und bemüht sich nicht um eine qualitative Kontinuität zum Original. Demgegenüber enthält die Ähnlichkeit einer Kopie das Bestreben, zum Original zu werden. Insofern ist die Kopie ein gescheitertes Projekt. Sie versucht, etwas wie das Original zu produzieren, wobei sie bereits das herstellende Verfahren nachahmt, was aber vergeblich bleibt. Hingegen ist die Ähnlichkeit bei einem *Pseudos* „unproduktiv.“ Es hat keine Ambition, zum Original zu werden, sondern ist schon zufrieden, wenn die Ähnlichkeit nur einen Effekt erzeugt.

Die These in diesem Zusammenhang ist, dass der Kitsch eher ein *Pseudo* als eine Kopie ist. Bei einer Disneykuckucksuhr geht es nicht darum, dass sie eine echte Uhr kopiert. Das ist nicht ihr Projekt. Sondern mit einer solchen Uhr will man einen Zustand genießen, in dem man sich nicht darum kümmert, was die Wirklichkeit ist, ein Zustand, in dem man spielerisch schwebt und dem Zwang ausweicht, etwas ‚richtig‘ zu produzieren. Diese spielerische Haltung ist erst aufgrund einer *Unbestimmtheit* gegenüber dem möglich, was die Wirklichkeit ist, was die Dinge in Wirklichkeit sind. Dieser Aspekt des Kitsches wurde mit dem Begriff *unernst* gefasst. Der Kitsch ist nicht ernst, weil der Kitschproduzent und der Kitschrezipient sich nicht darum kümmern, was die Realität ist. Es geht ihnen um den Effekt. Ein „Pseudo“ transzendiert die Struktur Original ↔ Kopie. Der Kitschrezipient kann Genuss am Pseudo haben. Er interessiert sich nicht mehr dafür, ob es für dieses ‚Trugbild‘ noch eine als Original geltende Unter- oder Vorlage gibt.

Die spielerische Haltung tritt auch bei der Einstellung jenes Rezipienten in Erscheinung, der auf Kitsch steht, aber mit dem Bewusstsein, dass es Kitsch ist, also Kategorie B nach der vorgenommenen Einteilung. Es ist häufig zu beobachten, dass ein solcher Rezipient, wenn er beispielsweise ein kitschiges Werk wie einen Kampfkunst-Roman liest, er ihn nicht als ein eigenständiges Werk behandelt, sondern als Exemplar eines Genres. Er weiß, dass ihm die Möglichkeit gegeben ist, wieder auf ein solches Werk zugreifen zu können, wenn er will, und er denselben Spaß wiederholen kann. Er erzielt damit auch nicht eine besondere emotionale Erfahrung, die eine ernste Kunst verschafft, und die sich durch Einmaligkeit und Echtheit auszeichnet. Er könnte ggf. auch

---

1 | G. Deuleuze: Trugbild und antike Philosophie, S. 321 (Herv.i.O.).

2 | G. Deleuze, a.a.O.,,S. 316.

diese Werte schätzen, aber er besteht nicht gerade darauf. Diese Flexibilität ermöglicht es ihm, mit einer spielerischen Haltung mit Kitsch umzugehen und dadurch auch den Genuss am Spiel zu erleben. Er weiß, es gibt keinen Grund für Sorge oder Ungeduld, etwas zu verpassen. Wenn nicht jetzt, dann nächstes Mal. Ein fiebriges Verlangen nach einem hic et nunc ist beim Rezipienten nicht zu finden. Wenn er mit einem Werk nicht so viel Spaß haben sollte, kann er auf ein anderes zugreifen, wie man beim Spiel immer wieder mit einer neuen Partie beginnen kann. Die Handlung zielt nie darauf ab, irgendwas zu produzieren oder einen Sinn zu stiften. Der Rezipient hat nicht vor, aus ihr etwas zu lernen oder etwas zu üben, wie man es mitunter in der Kunsterfahrung tun will. Ihm macht die Handlung Spaß, auf der keine Bedeutung bürdet. Sein Verhalten ist mit dem eines Kindes zu vergleichen, das am Strand mit dem Sand wiederholt etwas aufbaut, um es anschließend liegen zu lassen und etwas Neues zu schaffen.

Was jedoch viel mehr interessiert, ist der Unernst des Kitsches in der Kommunikation. Wenn man das Interesse am Authentischen im Kontext der Kommunikation sieht, rückt die Frage der „Wahrhaftigkeit" in den Vordergrund, bei der es darum geht, ob man sich selbst ernst nimmt. Das kann auch anders formuliert werden: Man sagt das, was man glaubt. Wenn man den Eindruck bekommt, dass ein Gegenüber nicht das sagt, was er tatsächlich glaubt, ist man skeptisch, ob er wirklich mit einem kommunizieren will. Selbst eine ironische Ausdrucksweise ist insofern ernst, als man etwas vermitteln will und dabei das sagt, was man glaubt, wenn auch auf eine andere Weise. Der Ironiker versucht, seinen Zuhörer erkennen zu lassen, dass Ironie im Spiel ist. Dem Kitsch geht auch diese Art der Ernsthaftigkeit ab. Beim Kitsch bleibt *unklar*, ob er sich selbst ernst nimmt – und zwar unter anderem dadurch, dass er zwei verschiedene Ebenen der Kommunikation, die eigentlich sorgfältig getrennt bleiben, vermengt.

Dies ließ sich exemplarisch an einem Arztroman aufzeigen. Die Ereignisse innerhalb des Rahmens des Arztromans sind fiktional, wobei eine metakommunikative Mitteilung gemacht wird, derzufolge „die Ereignisse nicht wahr" im Sinne eines bestimmten Realitätsbezugs seien. Die Unterscheidung der beiden Bereiche, der Fiktionalität und der Realität, wird im Fall der Kunst in der Regel konsequent eingehalten. Bei einem Arztroman wird die Grenze zwischen beiden aber durchlässig, wenn innerhalb des Rahmens des Romans plötzlich eine Realität eindringt. So beschreibt die Autorin einen Mantel, den die Protagonistin trägt, in einer Situation, die auf einen zügigen Fortgang der Handlung drängt. Die Autorin führt damit in die Ebene der Fiktionalität das Interesse des Lesers am Sinnlichen ein, welches auf einer bestimmten Realitätsebene angesiedelt ist. Theoretisch präziser ließ sich dies mit der Kommunikationstheorie Batesons fassen: In der Regel hat ein Roman – zunächst einmal eine ausgedachte Geschichte – eine Mitteilung auf der Metaebene: „Das ist nicht wahr". So trennt die Metaebene die Ebene, auf der der Roman liegt, von der Realität. Im Fall des Arztromans entsteht jedoch zwischen den Mitteilungen im künstlerischen Rahmen und der metakommunikativen Mitteilung „das ist nicht wahr" ein Riss, der die Fiktionalität des Romans beschädigt. Dieser Riss lässt die Mitteilung „das ist nicht wahr" nicht mehr konsequent als glaubwürdig erscheinen. Denn innerhalb des Rahmens ist eine Mitteilung aufgetaucht, die nicht zur spezifischen *Fiktionalität* des Romans gehört. Durch diese Mitteilung geraten auch die anderen Mitteilungen innerhalb des Rahmens in den Verdacht, ob nicht vielleicht auch sie auf einen bestimmten Aspekt der *Realität* bezogen sind. Die Metamitteilung „das ist nicht wahr" lässt sich in einer weiteren Konstellation mit einer höheren verbunden Ebene sehen, wo die Mitteilung „das ist ernst gemeint" als eine Metamitteilung herrscht. Diese Mitteilung gilt bei einer normalen Kommunikation in der Regel als vorausgesetzt. Der Riss beeinträchtigt eben diese Metamitteilung „das ist ernst gemeint" auf der Meta-Metaebene. So funktioniert die Meta-Metamitteilung „das ist ernst gemeint" nicht mehr zuverlässig, und es wird in der Folge auch zweifelhaft, ob die Autorin ihren Roman ernst meint und überhaupt auf ernsthafte Kunst abzielt. Denn während die Mitteilung „das ist nicht wahr" eine allgemeine Bedingung ist, die für das Bestehen der Kunst gebraucht wird, ist die Metamitteilung „das ist ernst gemeint" auf den Sprecher, hier also auf die Autorin zurückzuführen.

Warum aber tut ein Autor das? Eine weit verbreitete Meinung ist, er tue es wegen des kommerziellen Interesses – sofern man nicht einfach annimmt, dass der Autor inkompetent ist. Wenn es nicht um den Kitschproduzenten, sondern den -rezipienten geht, weist man oft darauf hin, dass er von der Kulturindustrie manipuliert werde – sofern man nicht einfach annimmt, dass er nicht sonderlich intelligent sei. Diese Möglichkeit wurde zwar nicht ausgeschlossen, aber die Aufmerksamkeit auf eine andere Deutung gelenkt.

Kitschrezipient und -produzent sind bislang fast ausnahmslos nur unter einer bestimmten Voraussetzung betrachtet worden: Danach sind die Handlungen und die Äußerungen ein Ergebnis, dass ein Subjekt bewusst herbeiführt. Dabei wird das Subjekt als ein Akteur angenommen, der aus seinem bewussten, freien Willen entscheidet, was er sagen will und wie er handeln will. So gesehen ist es nicht verwunderlich, dass einem Kitschproduzenten bestenfalls kommerzielles Interesse unterstellt wird. Der Kitschrezipient wird immerhin noch für einen Naivling gehalten, der schlechterdings keine andere Wahl habe, als eine Fehlentscheidung zu treffen. Es ermangele ihm eben einer guten Informationsbasis. Bei dieser Perspektive verfehlt man jedoch die Art und Weise, in der der Kitsch unernst ist, denn darunter versteht man hier entweder, dass der Kitsch lügt oder dass er etwas ironisiert oder parodiert. Ansonsten wird er nur als etwas Absurdes oder schlicht als Unsinn angesehen. Geht man aber von einer anderen Annahme bezüglich des Äußerns und des Handelns aus, eröffnet sich die Möglichkeit, Kitschphänomene anders zu deuten. Wenn der Kitsch, wie aufgezeigt, die Metamitteilung „das ist nicht ernst gemeint" vermittelt, tut er das nicht so, wie ein autonomes Subjekt es tun würde. Man kann nicht einmal sagen, dass er das überhaupt meint. Die Autorin sagt also nie bewusst „das ist nicht ernst gemeint" und sie beabsichtigt auch nicht, dies mitzuteilen. Im Gegenteil schreibt sie ernst über den Kamelhaarmantel. Und dennoch ist es auch wahr, dass sie nicht ernst ist.

Um dieses Verhältnis zu klären, wurde noch einmal auf Batesons Metaebene zurückgegriffen. Mit Bateson wurde dem Kitsch eine Metaebene unterstellt, deren Mitteilung nicht immer mit jener auf der oberflächlichen Ebene kongruent ist. An der Oberfläche zeigt der Kitsch nur die Disneyfiguren oder er schweift zu einem Kamelhaarmantel ab. Auf der Metaebene vermittelt er jedoch, das sei nicht ernst gemeint. Es erscheint dabei schwer vorstellbar, dass dem Kitschproduzenten und -rezipienten bewusst ist, diese Metamitteilung zu senden. Sie könnten für sich selber denken, dass sie mit der Beschreibung des Kamelhaarmantels ihr wirtschaftliches Interesse besser realisieren können, oder dass sie etwas Richtiges im Sinne des Genres tun. Aber das schließt nicht aus, dass sie trotzdem auf der Metaebene die Mitteilung senden: Das ist nicht ernst.

Wie kann man die Zusammenhänge zwischen den Mitteilungen auf den verschiedenen Ebenen erklären und wie funktioniert die Mitteilung auf der Metaebene? Dafür wurde ein kulturwissenschaftlicher Ansatz einbezogen, demgemäß die geistige Haltung eines Zeitalters die Sensibilität und den Geschmack der Leute direkt und indirekt beeinflusst. Mit „geistiger Haltung" ist dabei mehr als eine mögliche ästhetische oder psychologische Einstellung zu einem Gegenstand gemeint. Sie verweist eher auf abstrakte Elemente, die zu einer bestimmten Zeit die Kultur, die Kunst, die generelle geistige Tätigkeit usw. einer Gruppe von Menschen prägen, ohne dass die Subjekte sich dessen sonderlich bewusst wären. Was für eine geistige Haltung der Kitschvorliebe lässt sich an kitschigen Gegenständen wie dem Bismarckkopf-Krug, der Disneykuckucksuhr, dem Arztroman usw. ablesen?

Die geistige Einstellung des Kitsches ließ sich in Anlehnung an Frankfurt mit dem Begriff „Bullshit" fassen. Bei Bullshit geht es für ihn weder nur um etwas, was keinen Sinn macht, noch ausschließlich um etwas, was sich dem Wahrheitsanspruch widersetzt. Vielmehr ist der Begriff mit dem Konzept „Laxheit" verbunden. Mit einer laxen Einstellung kümmert man sich nicht darum, was etwas in seinem ursprünglichen und wesentlichen Sinne sein soll. Es soll damit allerdings nicht gesagt werden, dass ein Bullshitter sich mit Absicht dem Ernst verweigert. Eher fehlt ihm einfach der Wille, sich ernst zu äußern. Denn er denkt, dass es nicht nötig ist und es sich nicht lohnt. Er sieht keinen Sinn darin, eine Sache in einer einheitlichen Ordnung zu erfassen, sie ernst und konsequent zu verfolgen. Es hat keine übergeordnete Bedeutung für ihn, womit er sich abgibt und wovor er Respekt haben soll. Das bedeutet aber nicht, dass er nihilistisch oder dekadent ist. Auch solche eine konsequente Auffassung von der Welt, die ebenfalls eine Willensanstrengung erfordert, geht ihm ab. Ja, er kann sich auch sehr anstrengen, den einen oder anderen Zweck zu verfolgen und gut zu arbeiten. Aber dies hat für ihn immer nur eine pragmatische, utilitaristische Bedeutung.

Mit der Einstellung der Laxheit schweift die Autorin vom Haupttext in die triviale Beschreibung des Kamelhaarmantels ab, womit der Roman den Rahmen der Kunst verlässt und auf eine Realitätsebene trifft. So sind zwei heterogene Ebenen gleichzeitig im Arztroman vorhanden. Das ist nicht der einzige Fall, in dem diese Struktur entdeckt wird. Sie zeichnet den Kitsch prinzipiell aus. Das bestätigt sich übrigens auch im Vorwurf gegen Kitsch, dass er eine unangenehme Mischung sei. Dazu sei auch noch an das Beispiel der Frau erinnert, die ihr Make-up korrigiert, während sie von ihrem sterbenden Mann erzählt. Die Kitschproduzenten und -rezipienten kommen mit dieser Heterogenität bzw. Hybridität klar. Sie bemühen sich nicht, die unpassenden, widersprüchlichen Aspekte des Lebens in einem großen Kontext zu verstehen. Sie kommen gut damit zurecht, dass das Leben aus inkommensurablen Elementen besteht und dass sich die Mühe nicht lohnt, sie unter einem Sinn subsumieren zu wollen.

6.2 Ausblick und Desiderata

In dieser Arbeit wurden nicht alle Gegenstände einbezogen, die praktisch als Kitsch gelten. Dazu gehört der Kitsch, der aus der Mischung verschiedener Kontexte besteht. Ein Beispiel dafür sind jene Gegenstände, die anscheinend nur zum Zweck der Dekoration präsentiert werden wie der Nippes oder der Gartenzwerg. Es kann vermutlich im Zusammenhang mit dem physikalischen oder geschichtlichen Hintergrund dieser Gegenstände erklärt werden, warum sie bei manchen Leuten ein abstoßendes Gefühl hervorrufen und von ihnen als Kitsch abgewertet werden. Beim Nippes scheint man es mit einer Konvention zu tun zu haben, bei der man für eine Art kleinen Altar eine Ecke in der Wohnung vorbehalten hat. Am Anfang dürfte diese Ecke einem religiösen Zweck zugewiesen gewesen sein und ein Gegenstand, der eine dafür passende Bedeutung hat, mag dort hingestellt geworden sein. Unter anderem in der Moderne hat die Religion allmählich ihre Wichtigkeit verloren und in der Folge haben profane Surrogate diese Stelle besetzt. Eine Statue könnte ein solches Surrogat sein. Der Nippes ist vermutlich eine geschrumpfte Form einer solchen Statue, und zwar eine mit profanen Motiven. Ob für diese Gegenstände auch die These gilt, dass sie aus einer Mischung inkommensurabler Elementen bestehen und sich in ihnen eine laxe Weltanschauung äußert, ist noch zu untersuchen.

Darüber hinaus ist anzumerken, dass in der vorliegenden Arbeit jene Anwendung des Begriffs Kitsch in der Kunstszene nicht erschöpfend behandelt worden ist, mit der ein *Kunstwerk* negativ beurteilt wird. Dieser Fall unterscheidet sich von jenem anderen, in dem ein Kitschwerk wie der Arztroman als Kitsch zählt. Denn das kitschige Kunstwerk gehört eben grundsätzlich schon – oder noch – zur Kunstszene, obwohl es als „schlechte" Kunst abgewertet wird. Beim Arztroman ist dies nicht der Fall und in dieser Arbeit wurden im Wesentlichen Kitschwerke thematisiert. Es wäre zu diskutieren, ober kitschige Kunst in derselben Weise analysiert werden kann wie der Arztroman bzw. welche Begrifflichkeiten dafür verwendet werden können oder entwickelt werden müssen.

Auf diese Weise könnte die Systematisierung der kitschigen Gegenstände, die in Kapitel 1 vorgenommen wurde, noch differenzierter ausfallen.

Des Weiteren bleibt das Desiderat, die politischen Implikationen des Kitsches ausführlich zu erörtern. In dieser Arbeit konnte nur kurz darauf hinwiesen werden, dass das Trugbild sich der Logik von Original ↔ Kopie entzieht und damit ein subversives Potenzial aufweist. Ein solches Potenzial aufzuspüren, scheint vor allem reizvoll, wenn man sich daran erinnern, dass der Kitsch bislang als typisches Darstellungsmittel im Dienste reaktionärer Propaganda fungiert oder als solches gesehen wird. Dabei lässt sich sogleich darauf hinweisen, dass der Kitsch in der avantgardistischen Kunstszene genau wegen seines reaktionären Zugs manchmal als ein Mittel verwendet wird, das feststehende Konzept der Kunst zu provozieren oder herauszufordern. Hier scheint die rebellische Bedeutung des Kitsches schon recht deutlich zutage zu treten. In dieser Verwendung wird der Kitsch jedoch gerade in seiner vermeintlichen Minderwertigkeit instrumentalisiert, anstatt sich tatsächlich sein subversives Potenzial zu erschließen. Genau diese Abweichung kann womöglich einen politischen Sinn erzeugen, und zwar auf eine andere Weise. Wie eine passive und naive Einstellung im Kitsch eine Herausforderung für die herkömmliche Ordnung sein kann, wurde zwar mit Baudrillards Begriff Simulation angedeutet, müsste aber noch weit detaillierter erörtert werden. Solche Analyse erscheint umso nötiger vor dem Hintergrund, dass der Kitsch affirmativ Stereotype wie Männer-Frauen-Rollen oder das Begehren nach Aufstieg in der Gesellschaft fordert oder fördert. Kann dem Kitsch trotzdem noch ein Potenzial zur Herausforderung der feststehenden Ordnung zugebilligt werden?

Ferner wurde auf den Begriff Metaebene zugegriffen, um das dynamische Verhältnis zwischen dem Ernst und dem Unernst des Kitsches darzulegen. Das Postulat einer oder mehrerer Metaebene(n) hat es ermöglicht, einem Kitschrezipienten oder -produzenten eine geistige Einstellung zu unterstellen, die ihnen nicht bewusst ist, nämlich „das ist nicht ernst gemeint". Eine Argumentation für diese Annahme lautete, dass eine Handlung vom Subjekt keineswegs immer bewusst unter einem Begriff kategorisiert wird. Ein gehender

Mensch denkt nicht immer daran, dass er gerade geht. Ein spielendes Kind denkt nicht daran, dass es spielt. Jedoch kann man sagen, dass der Mensch geht und das Kind spielt. Das ist auch ein Vorteil, den der Begriff Metaebene im Vergleich zu der Theorie des Sprechakts aufweist, die von einem autonomen Subjekt und dessen vernünftigem Kommunikationswillen und vernünftiger Kommunikationsweise ausgeht. Mit dem Begriff der Metaebene Batesons muss ein solches Subjekt nicht angenommen werden, damit eine Kommunikation sinnvoll zustande kommt. Jedoch konnte nicht ausreichend geklärt werden, wie eine Metaebene zwischen den Betroffenen kommuniziert wird, woran diese zu erkennen ist, was für ein Bild eines Subjekts hier angenommen wird, wie sich das Bewusstsein auf der Metaebene und das auf der oberflächlichen Ebene zueinander verhalten.

Zuletzt rückt nochmals die Grundmotivation für diese Arbeit in den Vordergrund. Wenn das Desinteresse am Authentischen bzw. dem Original eine genuine Eigenschaft des Kitsches ist, sollte man daraus schließen, dass es ein solches Interesse im asiatischen Raum nicht oder weniger gibt? Ohne Zweifel wird auch dort das Original hoch geschätzt. Was bedeutet es dann aber, wenn die Sensibilität für „Kitsch" dort dennoch nicht ähnlich wie in Europa entwickelt ist? Vielleicht weist das Interesse am Original in Korea in seiner Intensivität bzw. in seinem Modus der Entwicklung einen anderen Charakter auf, der das Zustandebringen des Gefühls Kitsch per se nicht begünstigt. Jene kulturwissenschaftliche bzw. ästhetische Voraussetzung, die in dieser Arbeit herangezogen wurde, gibt diesbezüglich den Hinweis, dass die spezifische geistige Einstellung im asiatischen Raum die Sichtweise des Authentischen und des Originals in eine andere Richtung geführt haben könnte als die westliche Sichtweise. Es ist zu vermuten, dass die geistige Haltung im asiatischen Raum mit der Laxheit und dem Unernst zu tun hat, die in dieser Arbeit dem Kitsch zugeschrieben werden. Diese Einstellungen zum Leben und zur Welt könnten in der Mentalität und der Sensibilität der Koreaner verankert sein, was sie in Bezug auf die Gegenstände, die etwa für die Deutschen als Kitsch anmuten, anders fühlen lässt. Diese Erwägungen verweisen auf umfassende Aufgaben für weitere Untersuchungen.

7. Literaturverzeichnis

Ackerknecht, Erwin: Der Kitsch als kultureller Übergangswert (1934), Bremen 1950.

Adorno, Theodor W.: On popular music, in: Studies in Philosophy and Social Science 9 (1941), S. 17-48.

Adorno, Theodor W.: Ästhetische Theorie, Frankfurt a.M. 1973.

Améry, Jean: Kitsch, Kunst, Kitschikunst, in: Schweizer Rundschau (Einsiedeln) 67 (1968), S. 485-488.

Aristoteles: Poetik, übersetzt und erläutert von Arbogast Schmitt, Bd. 5, hg. von Hellmut Flaschar, Darmstadt 2008.

Ausstellung des Hamburger Museums für Kunst und Gewerbe, „Böse Dinge: Eine Enzyklopädie des Ungeschmacks“ 16. Mai bis 15. September 2013.

Ausstellung des Museums der Dinge in Berlin, „Böse Dinge. Eine Enzyklopädie des Ungeschmacks“ 16. Juli 2009 bis 11. Januar 2010.

Ausstellung der neuen Nationalgalerie in Berlin, „Kult des Künstlers: Jeff Koons. Celebration.“ 31. Oktober 2008 bis 8. Februar 2009.

Austins, John L.: Zur Theorie der Sprechakte (1962), Stuttgart 1989.

Avenarius, Ferdinand: Kitsch, in: Kunstwart und Kulturwart 33, Heft 2 (1920), S. 222.

Bateson, Gregory: Eine Theorie des Spiels und der Phantasie, in: Ders.: Ökologie des Geistes: Anthropologische, psychologische, biologische und epistemologische Perspektiven (1972), Frankfurt a.M. 1999, S. 241-261.

Baudrillard, Jean: Agonie des Realen, Berlin 1978.

Bearn, Gordon C.F.: Kitsch, in: Kelly, Michael (Hg.): Encyclopedia of Aesthetics, Bd. 3, 2. Aufl., New York 1988, S. 66-67.

Behler, Ernst: Ironie und literarische Moderne, Paderborn/München 1977.

Benjamin, Walter: Das Kunstwerk im Zeitalter seiner technischen Reproduzierbarkeit (1936), Frankfurt a.M. 1977.

Best, Otto F.: Auf listige Weise Kleinhandel betreiben. Zur Etymologie von „Kitsch“ in: Dettmar, Ute/Küpper, Thomas (Hg.): Kitsch. Texte und Theorien, Stuttgart 2007, S. 105-109.

Bloch, Ernst: Traumschein, Jahrmarkt und Kolportage, in: Ders.: Erbschaft dieser Zeit (1935), Frankfurt a.M. 1979, S. 173-180.

Blumenberg, Hans: „Nachahmung der Natur." Zur Vorgeschichte der Idee des schöpferischen Menschen, in: Ders.: Wirklichkeiten in denen wir leben (1957), Stuttgart 1999, S. 55-103.

Blumenberg, Hans: Wirklichkeitsbegriff und Möglichkeit des Romans, in: Haverkamp, Anselm (Hg.): Ästhetische und metaphorologische Schriften (1964), Frankfurt a.M. 2001, S. 47-73.

Bohrer, Karl Heinz: Der Romantische Brief – Die Entstehung der ästhetischen Subjektivität (1987), Frankfurt a.M. 1989.

Bourdieu, Pierre: Die feinen Unterschiede. Kritik der gesellschaftlichen Urteilskraft (1979), Frankfurt a.M. 1987.

Braungart, Wolfgang: Kitsch. Faszination und Herausforderung des Banalen und Trivialen. Einige verstreute Anmerkungen zur Einführung, in: Ders. (Hg.): Kitsch. Faszination und Herausforderung des Banalen und Trivialen, Tübingen 2002, S. 1-24.

Broch, Hermann: Einige Bemerkungen zum Problem des Kitsches (1933), in: Arendt, Hannah (Hg.): Erkennen und Dichten, Zürich 1955, S. 295-310.

Bußman, Hadumond (Hg.): Lexikon der Sprachwissenschaft, Stuttgart 2008.

Calinescu, Matei: Kitsch, in: Ders.: Five faces of Modernity, Ontario 1977, S. 225-262.

Deleuze, Gilles: Trugbild und antike Philosophie, in: Ders.: Logik des Sinns (1969), Frankfurt a.M. 1993, S. 311-340.

Deschner, Karlheinz: Kitsch, Konvention und Kunst. Eine Literarische Streitschrift, München 1957.

Dettmar, Ute/Küpper, Thomas (Hg.): Kitsch. Texte und Theorien, Stuttgart 2007.

Dorfles, Gillo: Der Kitsch, Tübingen: Wasmuth 1969.

Eagleton, Terry: Einführung in die Literaturtheorie (1983), Stuttgart 1997.

Egenter, Richard: Kitsch und Christenleben (1958), München 1962.

Franze, Jana/Wycisk, Nicole/Koopmann, Johanna: Entengießkannen wollen Enten sein. Ein Interview mit der Künstlerin Ellen Druwe, in: Kampmann, Sabine/Karentzos, Alexandra/Käufer, Birgit/Kittner, Alma-Elisa/Küpper, Thomas/Petri, Jörg/Stoltz, Ulrike (Hg.): Nippes. Querformat. Zeitschrift für Zeitgenössisches, Kunst, Populärkultur, Heft 1 (2008), S. 57-58.

Elias, Norbert: Kitschstil und Kitschzeitalter (1934), Münster 2004.

Emmer, C.E.: Kitsch against Modernity, in: Art Criticism 13/1 (2008), S. 53-80.

Farges, Patrick: Kitsch-Parade. Der deutsche Schlager zwischen Ur-Kult und Kultur, in: Agard, O./Helmreich, C./Vinckel-Roisin, H. (Hg.): Das Populäre. Untersuchungen zu Interaktionen und Differenzierungsstrategien in Literatur, Kultur und Sprache, Göttingen 2011, S. 205-222.

Fischer, Marie Louise: Der Frauenarzt, Bergisch Gladbach 1973.

Fornemann, Wilhelm: Das Erbe Wolgasts. Ein Querschnitt durch die heutige Jugendschriftenfrage, Langensalza 1927.

Frankfurt, Harry: Bullshit (2005), Frankfurt a.M. 2006.

Frege, Gottlob: Über Sinn und Bedeutung (1892), in: Patzig, Günther (Hg.): Funktion, Begriff, Bedeutung, Göttingen 1986, S. 40-65.

Freud, Sigmund: Der Dichter und das Phantasieren (1908), Studienausgabe Bd. X: Bildende Kunst und Literatur, Frankfurt a.M. 1969, S. 169-180.

Fröhlich, Armin: Kitsch in soziologischer Sicht, in: Muttersprache 72 (1962), S. 102-107.

Gebauer, Gunter/Wulf, Christoph (Hg.): Praxis und Ästhetik. Neue Perspektiven im Denken Pierre Bourdieus, Frankfurt a.M. 1993.

Gebauer, Gunter/Wulf, Christoph: Das Spiel, in: Ders. (Hg.): Spiel, Ritual, Geste. Reinbek bei Hamburg 1998, S. 187-234.

Gebauer, Gunter: Wittgensteins anthropologisches Denken, München 2009.

Geiger, Moritz: Beiträge zur Phänomenologie des ästhetischen Genusses, in: Jahrbuch für Philosophie und phänomenologische Forschung Bd. I, Teil 2 (1931), S. 567 -684.

Gelfert, Hans-Dieter: Was ist Kitsch?, Göttingen 2000.

Giesz, Ludwig: Phänomenologie des Kitsches. Ein Beitrag zur anthropologischen Ästhetik (1960), Heidelberg 1971.

Goffman, Erving: Moduln und Modulationen, in: Ders.: Rahmen-Analyse. Ein Versuch über die Organisation von Alltagserfahrungen (1974), Frankfurt a.M. 1977, S. 52-97.

Goffman, Erving: Pläne und Täuschungsmanöver, in: Ders.: Rahmen-Analyse. Ein Versuch über die Organisation von Alltagserfahrungen (1974), Frankfurt a.M. 1977, S. 98-142.

Goffman, Erving: Primären Rahmen, in: Ders.: Rahmen-Analyse. Ein Versuch über die Organisation von Alltagserfahrungen (1974), Frankfurt a.M. 1977, S. 31-51.

Gombrich, Ernst H.: Die Macht der Gewohnheit, in: Ders.: Ornament und Kunst. Schmucktrieb u. Ordnungssinn in der Psychologie des dekorativen Schaffens, Stuttgart 1979, S. 183-206.

Gombrich, Ernst H.: Einleitung. Das Rätsel des Stils und die Psychologie, in: Ders.: Kunst und Illusion. Zur Psychologie bildlichen Darstellung (1959), Stuttgart/Zürich 1986, S. 19-50.

Greenberg, Clement: Avantgarde und Kitsch (1936), in: Lüdeking, Karlheinz (Hg.): Die Essenz der Moderne, Dresden 1997, S. 29-55.

Habermas, Jürgen: Vorbereitende Bemerkungen einer Theorie der kommunikativen Kompetenz, in: Habermas, Jürgen/Luhmann, Niklas: Theorie der Gesellschaft oder Sozialtechnologie – Was leistet die Systemforschung? (1971), Frankfurt a.M. 1982, S. 101-141.

Habermas, Jürgen: Was heißt Universalpragmatik? in: Ders.: Vorstudien und Ergänzungen zur Theorie des kommunikativen Handelns (1976), Frankfurt a.M. 1989, S. 353-440.

Heidegger, Martin: Der Ursprung des Kunstwerkes (1935/6), in: Ders.: Holzwege (1950), Frankfurt a.M. 1963, S. 7-68.

Huizinga, Johan: Homo Ludens. Vom Ursprung der Kultur im Spiel, Reinbeck bei Hamburg 1956.

Hume, David: Of the Standard of Taste, in: Green, T.H./Grose, T.H. (Hg.): The Philosophical Works, Bd. III: Essays Moral, Political and Literary (1882), Aalen 1964, S. 266-284.

Jäger, Georg: Der Kampf gegen Schmutz und Schund. Die Reaktion der Gebildeten auf die Unterhaltungsindustrie, in: Archiv für Geschichte des Buchwesens 31 (1998), S. 163-191.

Kant, Immanuel: Kritik der Urteilskraft, in: Kant's Gesammelte Schriften, hrsg. von der Königlich Preußischen Akademie der Wissenschaften, Bd. V, Berlin 1908/13 [Akademie Ausgabe: AA].

Karpfen, Fritz: Der Kitsch. Eine Studie über die Entartung der Kunst, Hamburg 1925.

Kelly, Michael (Hg.): Encyclopedia of Aesthetics, Bd. 3, New York 1998.

Killy, Walther: Deutscher Kitsch. Ein Versuch mit Beispielen (1962), Göttingen 1962.

Kliche, Dieter: Kitsch, in: Barak, Karlheinz/Fontius, Martin/Schlenstedt, Dieter/Steinwachs, Burkhart/Wolfzettel, Friedrich (Hg.): Ästhetische Grundbegriffe, Bd. 3, Stuttgart/Weimar 2001, S. 272-288.

Koelwel, Eduard: Kitsch und Schäbs, in: Muttersprache. Zeitschrift des Deutschen Sprachvereins 52 (1937), S. 58-60.

Kulka, Tomáš: Kitsch and Art, Pennsylvania 1996.

Lapp, Edgar: Linguistik der Ironie, Tübingen 1922.

Liessmann, Konrad Paul: Kitsch! Oder warum der schlechte Geschmack der eigentlich gute ist, Wien 2002.

Locker, Melissa: ‚You Just Got Robbed': Thieves Make Up Fake Reality Show to Hold Up Pizzeria, in: Time Online im Internet: URL: http://newsfeed.time.com/2012/08/07/you-just-got-robbed-thieves-make-up-fake-reality-show-to-hold-up-pizzeria/ (Stand 08.07.2013).

Lyons, William: „On looking into Titian's Assumption", in: Laver, Sue/Hjort, Mette (Hg.): Emotion and the Arts, New York 1997, S. 139-156.

Mennemeier, Franz Nobert: Kind des Massenzeitalters. Die „Trivialliteratur" – von Marlitts Familienromanen zur Science-Fiction, in: Ders.: Literatur der Jahrhundertwende. Europäische-deutsche Literaturtendenzen 1870-1910, Berlin 2001, S. 219-228.

Moles, Abraham: Psychologie des Kitsches (1971), München 1972.

Ogden, Charles K./Richard, Ivor A.: Thoughts, Words and Things, in: Constable, John (Hg.): The meaning of meaning: a study of the influence of language upon thought and of the science of symbolism (1923), London 2001, S. 21-42.

Pascal, Fania: Meine Erinnerungen an Wittgenstein, in: Rush, Rhees (Hg.): Ludwig Wittgenstein. Porträts und Gespräche, Frankfurt a.M. 1987.

Pazaurek, Gustav E.: Guter und schlechter Geschmack im Kunstgewerbe (1912), Bremen 2012.

Platon: Der Staat, bearbeitet von Peter Staudacher. Griechischer Text von Auguste Diès. Deutsche Übersetzung von Friedrich Schleiermacher, Werke in 8 Bänden, Bd. 4, hg. von Gunther Eigler, Darmstadt 1971.

Pross, Harry: Kitsch oder nicht Kitsch? in: Ders. (Hg.): Kitsch. Soziale und politische Aspekte einer Geschmacksfrage, München 1985, S. 19-30.

Pross, Harry: Medium „Kitsch" und Medienkitsch, Berlin 1984.

Putz, Claudia: Kitsch – Phänomenologie eines dynamischen Kulturprinzips, Bochum 1994.

Richter, Gert: Kitsch-Lexikon von A bis Z. Zu Nutz und Frommen eines geschmackvollen Lesers präsentiert und kommentiert von Hrn. Gert Richter, Doctor philosophiae, Gütersloh/Berlin/München 1972.

Römer, Stefan: Über die Unzeitgemäßheit des Begriffs „Kitsch". Strategien der Popularisierung in der zeitgenössischen Kunst, in: Braungart, Wolfgang (Hg.): Kitsch. Faszination und Herausforderung des Banalen und Trivialen, Tübingen 2002.

Sartre, Jean-Paul: Das Sein und das Nichts (1943), Hamburg 2003.

Scheier, Claus-Artur: Kitsch-Signal der Moderne? in: Braungart, Wolfgang (Hg.): Kitsch. Faszination und Herausforderung des Banalen und Trivialen, Tübingen 2002, S. 25-34.

Schenda, Rudolf: Volk ohne Buch: Studien zur Sozialgeschichte der populären Lesestoffe; 1770-1910, München 1977.

Schulte-Sasse, Jochen: Die Kritik an der Trivialliteratur seit der Aufklärung – Studien zur Geschichte des modernen Kitschbegriffs, München 1971.

Schulte-Sasse, Jochen: Literarische Wertung (1971), Stuttgart 1976.

Schulte-Sasse, Jochen: Einleitung, in: Ders. (Hg.): Literarischer Kitsch: Texte zu seiner Theorie, Geschichte und Einzelinterpretation, Tübingen 1979.

Sedlmayr, Hans: Kunst und Wahrheit. Zur Theorie und Methode der Kunstgeschichte, Hamburg 1958.

Sklovskij, Victor: Kunst als Verfahren, in: Striedter, Jurij (Hg.): Russischer Formalismus (1916), München 1971, S. 4-35.

Sontag, Susan: Notes on „Camp", in: Ders.: Against Interpretation and other Essays (1961), New York 1966, S. 275-292.

Stein, Peter: Vormärz, in: Beutin, Wolfgang/Ehlert, Klaus/Emmerich, Wolfgang/Kanz, Christine/Lutz, Bernd/Meid, Volker/Opitz, Michael/Opitz-Wiemers Carola/Schnell, Ralf/Stein, Peter/Stephan, Inge: Deutsche Literaturgeschichte. von den Anfängen bis zur Gegenwart, Stuttgart/Weimar 2001, S. 239-292.

Stephan, Inge: Aufklärung, in: Beutin, Wolfgang/Ehlert, Klaus/Emmerich, Wolfgang/Kanz, Christine/Lutz, Bernd/Meid, Volker/Opitz, Michael/Opitz-Wiemers Carola/Schnell, Ralf/Stein, Peter/Stephan, Inge: Deutsche Literaturgeschichte: von den Anfängen bis zur Gegenwart, Stuttgart; Weimar 2001, S. 148-11.

Ueding, Gert: Glanzvolles Elend. Versuch über Kitsch und Kolportage, Frankfurt a.M. 1973.

Waldmann, Günter: Literarischer „Kitsch" als Wertungsästhetisches Problem, in: Schulte-Sasse, Jochen (Hg.): Literarischer Kitsch. Texte zu seiner Theorie, Geschichte und Einzelinterpretation, Tübingen 1979, S. 89-123.

Watzlawick, Paul: Menschliche Kommunikation. Formen; Störungen; Paradoxien (1969), Bern 1982.

Weinrich, Harald: Linguistik der Lüge, Heidelberg 1974.

Wetz, Franz Josef: Hans Blumenberg zur Einführung (1993), Hamburg 2000.

Wolff von, Christian: Vernünftige Gedanken von Gott, der Welt und der Seele des Menschen, auch allen Dingen überhaupt. Den Liebhabern der Wahrheit mitgetheilet, Halle 1720.

Worringer, Wilhelm: Abstraktion und Einfühlung. Ein Beitrag zur Stilpsychologie München 1959.

Edition Moderne Postmoderne

Andreas Hetzel
Vielfalt achten
Eine Ethik der Biodiversität

Dezember 2016, ca. 200 Seiten, kart., ca. 24,99 €,
ISBN 978-3-8376-2985-9

Ann-Cathrin Drews, Katharina D. Martin (Hg.)
Innen – Außen – Anders
Körper im Werk von Gilles Deleuze
und Michel Foucault

November 2016, ca. 400 Seiten, kart., ca. 34,99 €,
ISBN 978-3-8376-3575-1

Harald Lemke
Ethik des Essens
Einführung in die Gastrosophie

Mai 2016, 592 Seiten, kart., 39,99 €,
ISBN 978-3-8376-3436-5

Leseproben, weitere Informationen und Bestellmöglichkeiten finden Sie unter www.transcript-verlag.de